비경, 미식 그리고 캠핑

홋카이도 드라이브 여행

불곰 지음

알에이치코리아

약삭빠르고 술수에 능한 여우들 사이에서 우직하고 진실한 곰이 되길 꿈꾼 사람

사실 '불곰'은 캠퍼보다는 주식 전문가로 우리에게 더 잘 알려져 있다. 속고 속이는 대한민국 주식투자문화를 바꾸기 위해 2010년 '불곰주식연구소'를 설립했고, 진정성을 영업의 신조로 삼고 71개월간 60개 매도 종목으로 평균 수익률 62%를 달성했다. 2016년 개인 투자자가 증권가의 장삿속에 휘둘리지 않고 좀 더 편하고 안전하게 투자할 수 있도록 자신의 투자 노하우와 데이터를 수록한 《불곰의 주식투자 불패공식》을 출간해 경제·경영 분야 1위 베스트셀러 작가가 되었다.

주식 투자자이자 베스트셀러 작가, 동시에 항상 가족과 함께하는 15년 차 캠퍼

그러나 이제는 주식 투자만큼이나 드라이브·캠핑 여행에 전문가가 되었다. 국내 방방곡곡 불곰의 발길이 닿지 않은 곳이 없을 만큼 수많은 캠핑장을 샅샅이 훑어 내리던 그는 3년 전 홋카이도를 자유롭게 여행하며 광활한 자연을 누비는 드라이브·캠핑 여행에 완전히 매료되었다. 이후 한국인이 흔히 편하게 생각하는 패키지, 혹은 대중교통 중심의 해외여행 문화를 바꾸고 싶다는 생각을 하게 되었다. 조금만 용기 내 운전대를 잡으면 그간 보지 못했던 완전히 다른 세상이 눈앞에 펼쳐지기 때문이다. 그래서 광고와 홍보에 현혹되지 않고 초보 캠퍼도 편안하고 안전한 여행을 할 수 있는 홋카이도 드라이브 여행 안내서이자 캠핑 가이드북을 만들기로 결심했다. 그리고 캠핑으로 교류한 한국과 일본 캠퍼 20명을 모아 2016년 팀 불곰 Team Bulgom을 구성했다.

총 주행거리 약 15,000km, 2년 동안의 취재

팀 불곰 Team Bulgom은 지난 2년 간 홋카이도 전역을 완주했다. 그리고 가족여행을 꿈꾸는 초보캠퍼의 시선으로 홋카이도 캠핑장의 시설, 환경, 풍경을 채점하고, 홋카이도 여행의 꽃인 스키장을 여러 차례 탐방했다. 생생한 정보 전달을 위해 드론 촬영을 진행했으며, 매력적인 여행지의 풍경과 소리를 오롯이 담아냈다. 현지인 추천 맛집도 늘 팀원들과 의견을 나누며 맛·가성비 등을 철저히 따져봤다. 그리고 가치를 매길 수 없는 현지인들의 인생 스토리를 함께 담아 온기를 가진 한 권의 책을 완성했다.

이주영 기획·편집·감수 (성신여대 일문과 졸업)

BULGOM & TEAM BULGOM

/ STAFFS /

BULGOM | 드론 촬영 총감독
이주영 | 기획 · 편집 · 감수
OKUMURA SATOSHI | 사진
박재범 | 현지 운전 · 캠핑장 감수
이범득 | 사진 · 캠핑장, 스키장 감수
임혜정 | 사진 · 캠핑장, 스키장 감수
신명주 | 캠핑장 감수 및 선정
이혜임 | 스키장 감수
박종관 | 현지 운전 · 사진 · 동영상 편집
박선목 | 촬영 보조
TATSUYA TOKUTAKE | 현지 안내 및 조언
YUKA KOJIMA | 현지 안내 및 조언
이다연 | 캠핑장 리서치
이다은 | 캠핑장 리서치

/ FRIENDS /

TERANISHI NORIHITO | 현지 안내 및 조언
HASEGAWA EMIKO | 현지 안내 및 조언
김리우 | 현지 코디
김승한 | 현지 운전
서지연 | 사진
최진영 | 현지 운전 · 사진
김현주 | 사진
최예성 | 사진
최다원 | 사진
CHICO SHIRAI | 현지 안내 및 조언
서주희 | 사진
NAOYA ITOU | 홋카이도 바이크 여행 조언
YUKI HAMADA | 사진
KENTO ABE | 사진

일러두기

이 책에 실린 모든 정보는 2018년 8월까지 진행된 취재를 바탕으로 합니다. 정확한 정보를 싣고자 노력했지만 출간 이후 현지 상황에 따라 변동 사항이 있을 수 있습니다. 이 책의 지명, 인명, 상호는 여행자에게 통용되는 명칭으로 표기했습니다. 도서에 반영하거나 수정할 내용이 있다면 아래 메일로 제보 부탁드립니다. 더 많은 여행자가 정확한 정보로 여행할 수 있도록 빠른 시간 내 수정하겠습니다.

불곰 oskhaolee@daum.net / RHK 여행출판팀 hjko@rhk.co.kr

본문 구성

꼼꼼한 여행준비

렌터카 예약에서 픽업, 반납까지의 자세한 진행 과정과 일본에서 운전하는 방법 등을 알기 쉽게 소개합니다.

홋카이도 미리보기

이색적이면서도 아름다운 풍경, 오감을 만족시키는 음식, 꼭 필요한 캠핑 준비물과 캠핑장 예약 방법 등 여행을 떠나기 전에 꼭 알아야 할 다양한 정보를 미리보기에 담았습니다.

드라이빙 루트

본문은 홋카이도 여행 거점이 되는 핵심 도시 15개로 구성했습니다. 그리고 각 도시별 베이스캠프를 기준으로 주변의 인기 명소와 맛집을 한눈에 볼 수 있도록 드라이빙 루트 맵을 만들었습니다.

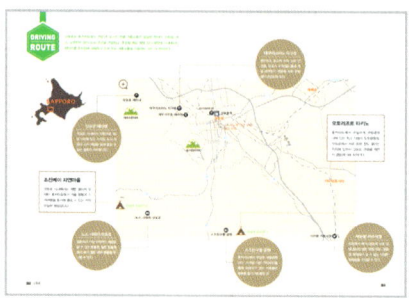

가이드 맵

홋카이도에서 가장 인기 있는 캠핑장을 선별하여 베이스캠프로 정하고, 캠핑장에 대한 명확한 이해를 위해 가이드 맵을 그렸습니다. 각 텐트 사이트와 개별 숙소의 이용 요금과 시설 정보를 꼼꼼하게 안내합니다.

불곰 가이드

한국과 일본의 전문 캠퍼 20명과 함께 2년 동안 홋카이도 전역을 완주하면서 취재한 경험을 바탕으로 모든 명소와 맛집을 객관적으로 평가했습니다. 여행을 계획할 때 참고하면 좋습니다.

요리 또는 풍경이
특별히 훌륭한 스폿

요리 또는 풍경을
보기 위해 찾아갈 만한 스폿

이곳만을 위해 여행을
떠나도 좋을 만한 스폿

인터뷰

미슐랭 맛집, 현지인 추천 맛집, 미디어 맛집 등 수많은 곳을 찾아다니며 취재한 정보를 바탕으로 셰프들의 인터뷰 페이지를 구성했습니다. 그들의 요리에 대한 열정과 자부심, 인기 맛집으로 거듭나게 된 계기 등 다양한 이야기를 들려줍니다.

CONTENTS

프롤로그 002
일러두기 004

PREPARATION
여행 준비

렌터카 여행 준비 014
홋카이도에서 운전하기 019
공항에서 이동하기 022
스마트폰 체크 포인트 024

PREVIEW
홋카이도 미리보기

홋카이도 기본 정보 028
홋카이도 한눈에 보기 030
홋카이도 10대 명소 032
홋카이도에서 꼭 먹어야 하는 음식 036
신선한 바다를 가득 담은 홋카이도 해산물 042
홋카이도 캠핑 048
베스트 여행 코스 054

ROUTE 01
삿포로

DRIVING ROUTE
드라이빙 루트 068

BASE CAMP
오토리조트 타키노 070

BASE CAMP
조잔케이 자연마을 074

BASE CAMP
도미 인 프리미엄 삿포로 075

INTERVIEW
삿포로에서 만난 사람들 088

SPECIAL
삿포로 테이네 090

ROUTE 02
오타루

DRIVING ROUTE
드라이빙 루트 094

BASE CAMP
아사리가와 온천 오토캠핑장 096

INTERVIEW
오타루에서 만난 사람들 106

SPECIAL
키로로 리조트 스키장 107

SPECIAL
아사리가와 온천 스키장 108

ROUTE 03
노보리베츠

DRIVING ROUTE
드라이빙 루트 112

BASE CAMP
오토리조트 토마코마이 아루텐 114

ROUTE 04
도야호

DRIVING ROUTE
드라이빙 루트 128

BASE CAMP
그린 스테이 도야코 130

BASE CAMP
우타사이 오토캠핑장 루피크 134

ROUTE 05
하코다테

DRIVING ROUTE
드라이빙 루트 146

BASE CAMP
시로이시 공원 오토캠핑장 148

BASE CAMP
키지히키 고원 캠핑장 152

ROUTE 06
아사히카와

DRIVING ROUTE
드라이빙 루트 168

BASE CAMP
21세기 숲 패밀리존 캠핑장 170

BASE CAMP
마아부 오토캠핑장 174

BASE CAMP
도미 인 아사히카와 175

INTERVIEW
아사히카와에서 만난 사람들 185

SPECIAL
카무이 스키 링크스 186

ROUTE 07
후라노 · 비에이

DRIVING ROUTE
드라이빙 루트 190

BASE CAMP
히노데 공원 오토캠핑장 192

SPECIAL
후라노 스키장 206

ROUTE 08
루모이

DRIVING ROUTE
드라이빙 루트 210

BASE CAMP
오비라초 망양대 캠핑장 212

INTERVIEW
루모이에서 만난 사람들 220

ROUTE 10
에리모

DRIVING ROUTE
드라이빙 루트 246

BASE CAMP
햐쿠닌하마 오토캠핑장 248

BASE CAMP
한간다테 삼림공원 캠핑장 252

INTERVIEW
에리모에서 만난 사람들 261

ROUTE 09
오비히로

DRIVING ROUTE
드라이빙 루트 224

BASE CAMP
사츠나이카와 정원 캠핑장 226

INTERVIEW
오비히로에서 만난 사람들 242

ROUTE 11
구시로

DRIVING ROUTE
드라이빙 루트 264

BASE CAMP
닷코부 오토캠핑장 266

INTERVIEW
구시로에서 만난 사람들 281

ROUTE 14
왓카나이

DRIVING ROUTE
드라이빙 루트 318

BASE CAMP
슈마리나이 호반 캠핑장 320

BASE CAMP
카가미누마 해변공원 캠핑장 324

ROUTE 12
시레토코

DRIVING ROUTE
드라이빙 루트 284

BASE CAMP
니지베츠 오토캠핑장 286

BASE CAMP
국설 시레토코 야영장 290

INTERVIEW
네무로에서 만난 사람들 299

ROUTE 15
니세코

DRIVING ROUTE
드라이빙 루트 338

SKI RESORT
니세코 그랜드 히라후 스키장 340

SKI RESORT
니세코 안누푸리 스키장 342

SKI RESORT
루스츠 리조트 스키장 344

INTERVIEW
니세코에서 만난 사람들 357

찾아보기 358

ROUTE 13
아바시리

DRIVING ROUTE
드라이빙 루트 302

BASE CAMP
도립 오호츠크 공원 텐트 랜드 304

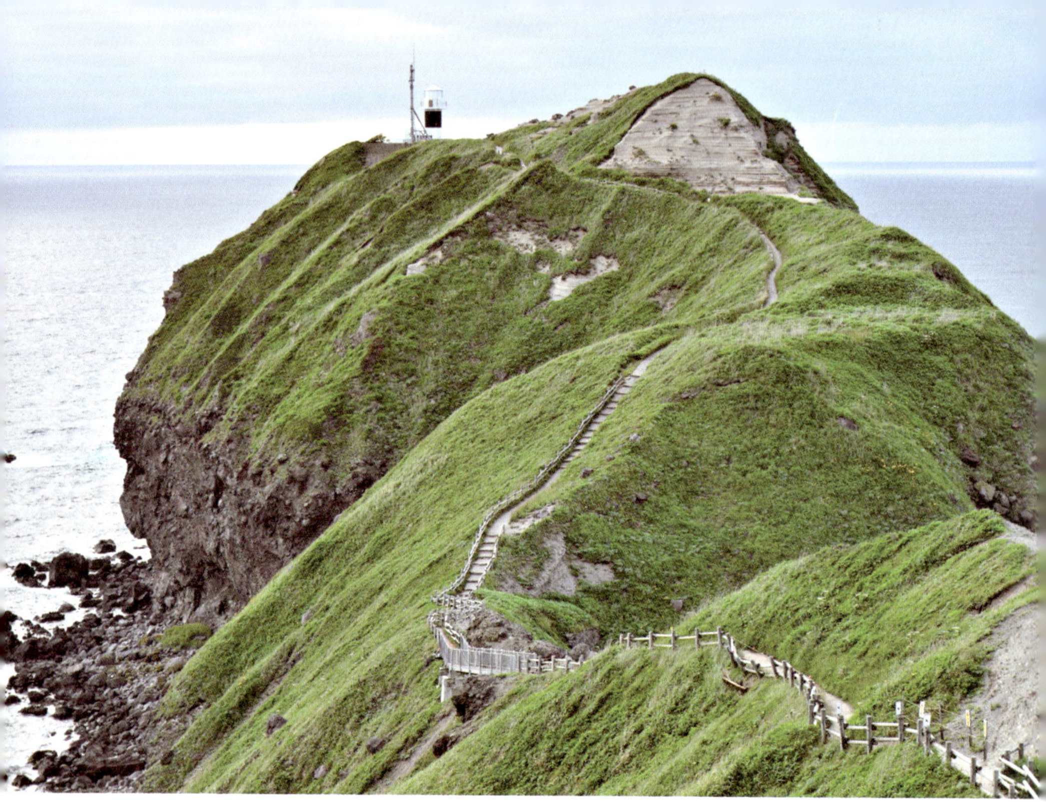

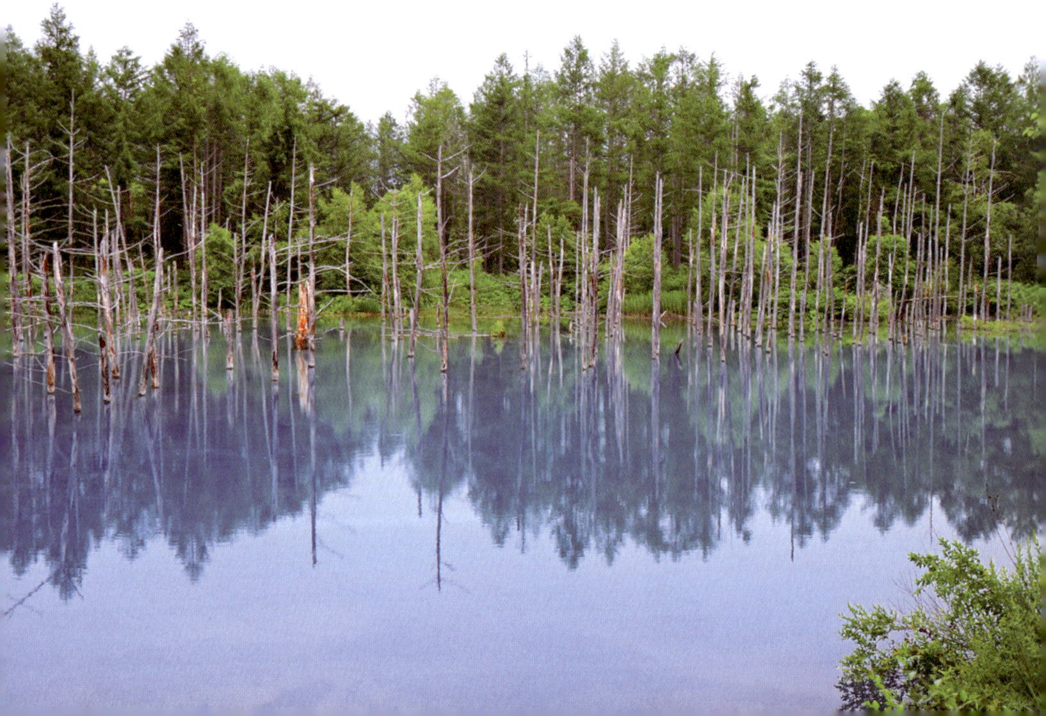

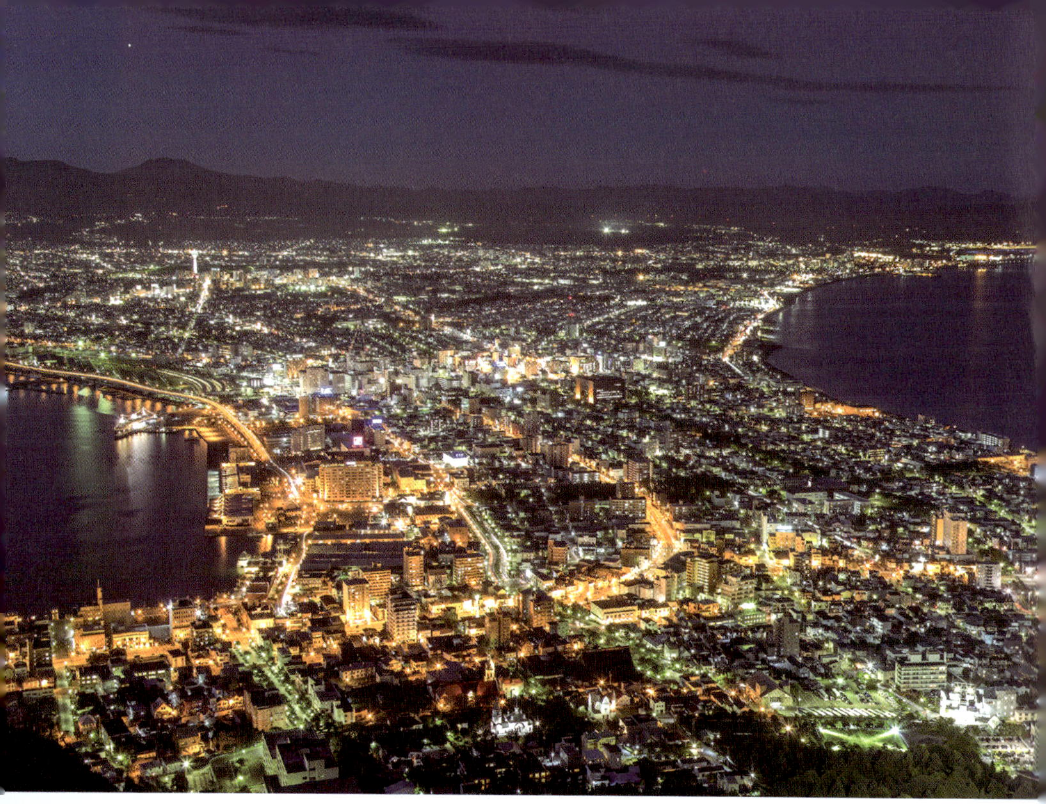

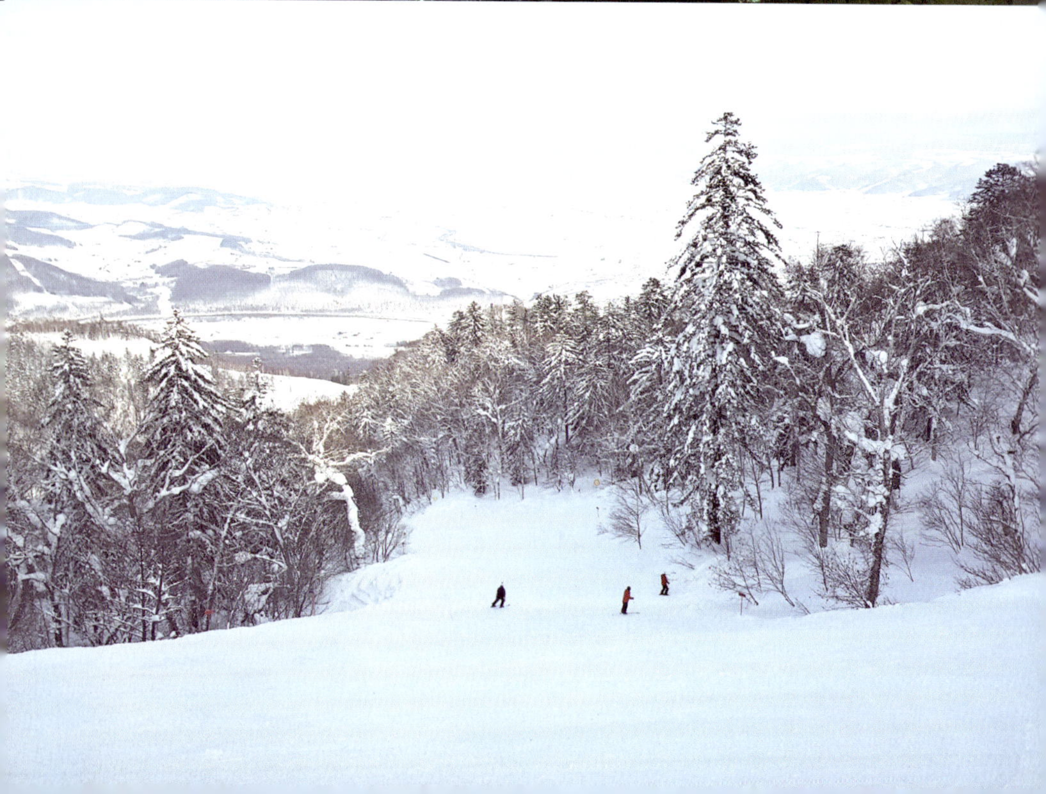

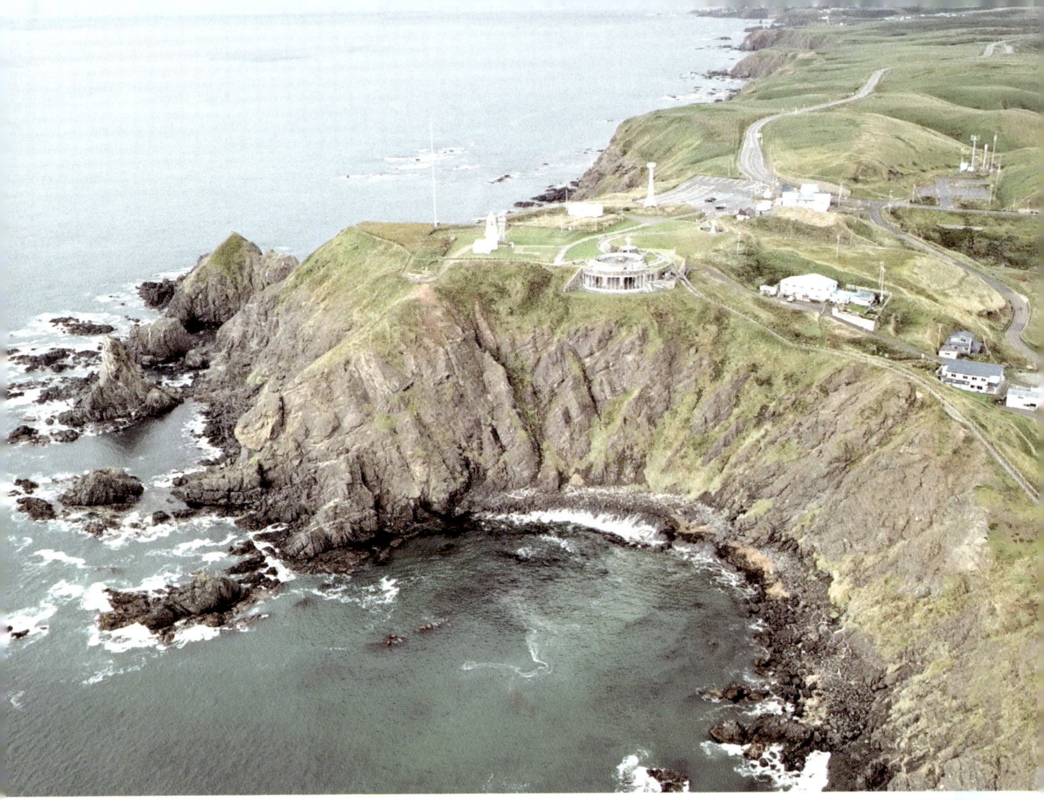

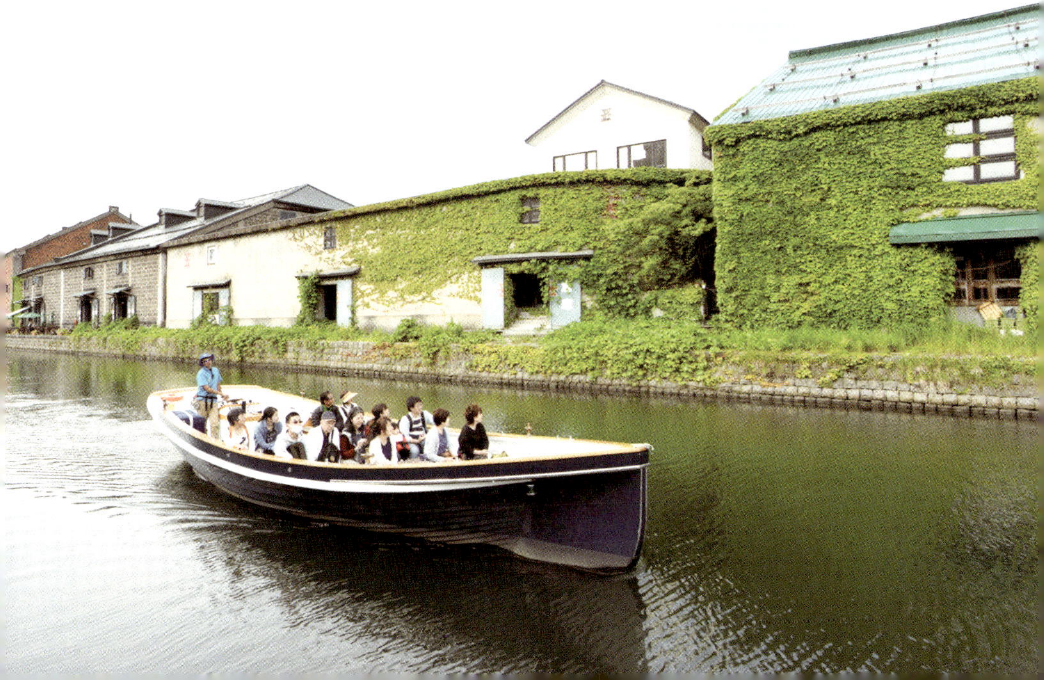

PREPARATION 01

렌터카 여행 준비

홋카이도의 아기자기한 소도시와 광활한 자연을 만끽하려면 렌터카를 이용하는 것이 좋다. 예약부터 픽업, 반납까지 렌터카로 드라이브 여행을 하기 위해 필요한 과정을 알아보자.

1 국제운전면허증 발급

일본에서 렌터카 여행을 하려면 가장 먼저 해야 할 일이다. 국제운전면허증은 전국 운전면허시험장 혹은 경찰서에서 발급받을 수 있는데, 본인 여권(사본 가능), 운전면허증, 6개월 이내 촬영한 여권용 사진 1매(3.5cm x 4.5cm, 여권용 사진 이외는 불가) 등이 필요하며 유효기간은 1년이다. 수수료는 8,500원.

2 렌터카 예약

다양한 렌터카 예약사이트가 있는데 성능, 가격, 서비스 등 여러 가지를 비교해봤을 때 가성비가 가장 좋은 곳은 토요타렌터카 한국대리점(toyotarent.co.kr)이다. 외국인에 한해 특별 할인가가 적용되므로 일본 현지에서 예약하는 것보다 훨씬 저렴하다. 예약 신청을 하면 24시간 내에 확인 문자와 등록된 메일주소로 확인증을 보내준다.

3 ETC와 HEP

ETC(Electronic Toll Collection)는 일본에서 고속도로와 유료도로를 이용할 때 우리나라의 하이패스 기능을 하는 편리한 카드이므로 렌터카 예약 시 함께 신청을 하는 게 좋다. 최종 ETC 요금은 렌터카를 반납할 때 정산하며, ETC를 사용한다면 고속도로에서는 반드시 ETC가 적혀 있는 출구를 이용해야 한다. 그리고 HEP(Hokkaido Expressway Pass)는 정액요금으로 홋카이도 고속도로를 무제한 이용할 수 있는 교통패스인데, 일정상 고속도로를 많이 이용한다면 엄청난 득이 된다. 예를 들어, 신치토세공항에서 하코다테까지 편도 고속도로 통행료가 5,430엔, 아사히카와까지의 편도 고속도로 통행료는 4,730엔이다. 그런데, 이틀 동안 무제한 고속도로를 이용할 수 있는 2days HEP 요금이 3,600엔이므로 이럴 때는 무조건 HEP를 구입하는 것이 이득이다.

4 자동차 보험

기본 보험

대부분의 렌터카 회사에서 제시하는 차량 렌트비에는 기본 보험료(대인, 대물, 자차, 자손)가 포함되어 있으므로 따로 가입을 할 필요가 없다. 그리고 사고가 발생했을 때는 기본 보험의 한도 내에서 손해 처리가 가능하다. 단, 자기부담금인 NOC 비용은 기본 보험과 상관없이 추가로 지불을 해야 한다.

NOC 비용

NOC(None Operation Charge)란 사고, 고장, 훼손 등을 일으켜 차량의 수리나 청소가 필요한 경우에 발생하는 영업 손실 부담금을 말한다. 경미한 사고로 운전이 가능한 경우는 20,000엔, 견인차를 불러야 할 경우는 50,000엔을 지불해야 한다.

NOC 안심 보험

사고 발생 시 무조건 부담해야 하는 NOC 비용을 보상해주는 완전면책 풀커버리지 보험이다. 또한, 기본 보험으로 커버하지 못하는 타이어 펑크, 휠캡 분실 파손 등도 보상받을 수 있다. 대부분의 렌터카 회사에서 가입할 수 있으므로 운전이 다소 미숙하다면 미리 가입해두는 것이 좋다.

가입 요금

시간	요금
24시간	8,000원
48시간	16,000원
72시간	24,000원

(토요타렌터카 기준)

사고 발생 후 환불 절차

한국에서 NOC 안심 보험에 가입했다면, 사고가 발생한 뒤 관련 비용은 현지에서 먼저 지불하고 한국에 돌아온 후 절차에 따라 환불받으면 된다.

- 사고 난 부분과 차량 전체의 사진을 반드시 찍어야 한다.
- NOC 안심 보험에 가입한 렌터카 회사 이메일로 예약번호, 이용 날짜, 사고 경위, NOC 지급 영수증 스캔본과 환급계좌를 보내주면, 확인 절차를 거쳐서 1~2일 내로 비용을 지급해준다.

5 차종 선택

차종 분류 기준은 렌터카 회사마다 조금씩 다르지만, 예약 사이트에 자동차 모델명과 크기, 정원 등이 사진과 함께 나와 있기 때문에 구분하는데 어려움은 없다. 여기에서는 토요타렌터카를 기준으로 알아본다.

짐이 많지 않고 단거리 여행을 계획하고 있다면 P1이나 P2를 추천한다. 요금이 가장 저렴하다. 4인 가족이라면 P4 정도는 되어야 편하게 여행을 즐길 수 있다.

- P4 2500cc 소나타 급. 대표차량 마크엑스(MARK-X)

- P1 1000cc 모닝 급. 대표차량 비츠(VITS)

- P3 1800cc 아반떼 급. 대표차량 필더(FIELDER)

- P2 1300cc 엑센트 급. 대표차량 탱크(TANK)

하이브리드는 같은 급의 일반 승용차들보다 요금이 약간 비싸지만 소음이 적고 연비가 좋기 때문에 고속도로를 많이 타는 장거리 여행을 계획한다면 추천할 만하다. 커플여행이라면 HV1, 4인 가족이라면 HV2가 적당하다.

- HV3 2400 2500 그랜저 급. 대표차량 캠리(CAMRY)
- HV4 제네시스 급. 대표차량 크라운(CROWN)

미니밴·왜건

4명 이상 가족여행이라면 W1이 적당하다. 4명 이상에 캠핑 또는 겨울철 스키여행처럼 장비가 많을 경우에는 W2 혹은 W3를 추천한다.

- W1 1500cc 카렌스 급.
  대표차량 위쉬(WISH) 6명 승차 가능

- W4 2700cc 미니버스. 10명 승차 가능.
  대형면허 필요

- W2 2000cc 카니발 급.
  대표차량 노아(NOAH) 7명 승차 가능

- W3 2400cc 스타렉스 급.
  대표차량 알파도(ALPHARD) 8명 승차 가능

- HV1 1500cc 프라이드 급.
  대표차량 아쿠아(AQUA)

- HV2 2000cc 소나타 급.
  대표차량 프리우스(PRIUS)

6 렌터카 픽업

예약 확인 및 접수

신치토세공항 도착 후 1층으로 내려오면 중간 부분에 있는 종합안내소(Information)에 사람들이 몰려 있는데, 이곳에 렌터카 예약 서류를 제시하면 안내소 직원이 렌터카 대리점에 연락하여 픽업 요청을 한다. 조금 기다리고 있으면 직원이 와서 렌터카 대리점으로 데리고 간다. 렌터카 대리점까지는 버스로 이동하며 10분 정도 소요된다.

렌터카 수속

렌터카 대리점에 도착하면 카운터에서 순서대로 손님 이름을 호출하며 렌터카 수속을 시작한다. 예약 시 신청한 내용, 자동차보험 가입 범위, ETC 카드 사용 여부, HEP 가입 여부 등을 확인하고 운전 시 주의사항을 들은 후 인도 서류에 사인을 하면 된다.

차량 확인

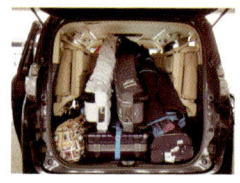

배정받아 준비된 차량의 외부 상태를 렌터카 직원과 함께 검사하고 짐을 차 트렁크에 잘 싣는다. 짐을 실었다고 바로 출발하지 말고 렌터카 직원이 옆에 있을 때 내비게이션 및 차량 조작법을 전체적으로 다시 확인하는 것이 좋다.

7 렌터카 반납

예약 시 지정한 시간까지 렌터카 대리점으로 차를 가지고 가면 된다. 카운터에서 계약 서류 확인을 한 후 직원과 함께 손상 부분이 있는지, 가솔린이 채워져 있는지 체크하면 모든 절차는 끝. 가솔린이 가득 차 있는 상태로 렌터카를 인수받기 때문에 반납할 때에도 가솔린을 가득 채워 가는 것이 기본이다. 주유를 하지 않고 반납해도 상관은 없지만, 직원이 측정한 가솔린 비용을 지불해야 한다. 다만, 주유소보다 비싼 경우가 많으므로 가급적이면 가득 채워 반납하는 게 좋다.

※ 토요타렌터카는 전 차량 가솔린이므로 경유로 주유하지 않도록 주의한다.

PREPARATION 02

홋카이도에서 운전하기

우리나라와 주행 방향도 다르고 핸들도 반대. 과연 운전을 제대로 할 수 있을까 걱정이 앞서지만, 차분히 하나하나 준비하면 의외로 쉽게 적응할 수 있다.

❶ 자동차는 좌측통행

일본은 한국과 반대인 좌측통행, 우측핸들이다. 그래서 운전이 어렵다고 생각할 수 있는데, 한 가지만 염두에 두고 있으면 일본에서의 운전도 간단하다. 염두에 둘 것은 ==중앙선은 항상 운전자의 오른쪽에 있다==는 것이다. 회전 깜박이 레버와 와이퍼 레버도 한국과 반대다.

❷ 안전벨트 착용

어떤 도로에서든 전 좌석 안전벨트를 착용해야 한다. 그리고 만 6세 미만의 유아는 반드시 차일드시트를 이용해야 하므로 렌터카 예약 시 반드시 요청해야 한다.

❸ 우회전 · 좌회전

일본의 우회전은 기본적으로 비보호 우회전이다. 따라서 우회전할 때는 반대편 직진차량이 없으면 직진신호등이 초록색이라도 보행자를 주의하며 우회전할 수 있다. 단, 녹색 화살표가 있는 경우에는 신호등이 빨간색이더라도 화살

019

표 방향으로 갈 수 있다. 일본의 좌회전은 한국의 우회전과 같은데, 크게 다른 점은 신호등이 빨간색일 경우에는 무조건 정지해야 한다는 것. 즉, 파란불일 때만 좌회전이 가능하다.

❹ 고속도로 운행

고속도로 1차선은 반드시 추월할 때만 이용해야 한다. 1차선 계속 주행은 불법이기 때문에 추월 후에는 2차선으로 복귀해야 한다. 따라서 익숙하지 않은 길이라면 2차선을 이용하는 것이 좋다. 고속도로 속도 규정은, 특별히 속도지정 표지판이 없다면 최저 속도는 시속 50km, 최고 속도는 시속 100km다.

❺ 내비게이션 이용 (한국어 변경 가능)

일본에서 렌트카 여행을 할 때 목적지를 찾아가기 위해 흔하게 사용하는 방법은 내비게이션 메뉴에 있는 전화번호로 검색하는 것이다. 다만, 전화번호가 나오지 않는 장소도 있고 간혹 이상한 곳을 안내해주기도 한다. 그럴 때는 책에 나오는 구글맵 위치 정보를 이용하면 제대로 찾아갈 수 있다.

❻ 주차위반

일본에서 운전하면서 가장 주의해야 할 것이 주차위반이다. 호텔 투숙객에게 허락된 주차장, 음식점 쇼핑몰 자체 주차장 또한 휴일이라 하더라도 전부 허가를 받은 후에 주차해야 한다. 주차

위반 벌금은 10,000~25,000엔으로 우리나라보다 훨씬 비싸다. 따라서 아무리 짧은 시간이더라도 주차는 반드시 유료주차장에 해야 한다.

❼ 일시정지

일본에서 운전하면서 교통위반으로 가장 많이 걸리는 것이 바로 '일시정지' 위반이다. 표지판이나 도로 위에 '토마레 止まれ'가 쓰여 있다면 차가 없더라도 무조건 정지해야 하고 좌우를 살핀 후에 다시 출발해야 한다.

❽ 음주운전

일본에서는 음주운전으로 적발되면 운전자뿐만 아니라 동승자 그리고 운전을 할 것을 알면서 술을 권한 사람 모두 무거운 처벌을 받는다. 2~5년 이하의 징역 또는 100만 엔 이하의 벌금을 내야 한다. 음주운전은 절대 금물이다.

❾ 사고 발생 시 대처 방법

사고가 나면 먼저 다른 차량의 주행에 방해가 되지 않도록 안전한 장소로 차를 이동시킨 후 시동을 끈다. 부상자가 발생했을 경우에는 소방서(119번)에 전화를 하고 구급차와 의료진이 도착할 때까지 지혈과 같은 기본적인 응급조치를 한다. 또한, 곧바로 경찰서(110번)에도 신고하고 경찰관을 기다려야 하는데, 부상자가 없더라도 경찰관이 도착할 때까지 사고 현장을 떠나지 말아야 한다.

경찰관이 도착하면 렌터카 대리점과 경찰관이 사고 수습을 할 수 있도록 전화로 연결해 준다. 사고 후에 경찰을 부르지 않으면 아무런 보험혜택을 받을 수 없다.

소방서에 전화할 때 필요한 일본어

▷ 교통사고로 다쳤습니다. 장소는 OO입니다. 저는 OO입니다.
交通事故で怪我をしました。場所はOOです。私はOOです。
코-츠-지코데 케가오시마시타. 바쇼와 OO데스. 와타시와 OO데스.

경찰서에 전화할 때 필요한 일본어

▷ 교통사고가 있었습니다. 장소는 OO입니다. 저는 OO입니다.
交通事故がありました。場所はOOです。私はOOです。
코-츠-지코가 아리마시타. 바쇼와 OO데스. 와타시와 OO데스.

TIP

홋카이도 겨울철 운전

홋카이도는 겨울에 눈이 많이 오기 때문에 렌터카 이용을 기피하는 경우가 많은데, 한국에서 겨울철 운전을 해 본 경험이 있다면 큰 문제는 없다. 먼저 겨울이 되면 홋카이도 전역에서 제설작업이라는 전쟁을 치른다. 고속도로 같은 경우는 금세 제설작업이 이루어지기 때문에 과속만 하지 않으면 큰 문제는 없다. 다만, 집중 폭설로 인하여 가끔 도로통행이 금지될 때가 있는데, 이때는 주의하도록 한다.

PREPARATION 03

공항에서 이동하기

신치토세공항에서 주요 도시로 가는 방법을 알아본다. 공항에서 렌터카를 픽업해서 드라이브 여행을 시작해도 되지만, 삿포로나 오타루 등 드라이브 여행의 거점이 되는 도시를 먼저 즐긴 후에 주변 지역으로 떠나는 것도 좋은 방법이다.

❶ 신치토세공항

홋카이도에서 가장 큰 국제공항으로, 우리나라에서 홋카이도로 갈 때는 모두 신치토세공항을 이용한다. 국내 대형항공사는 물론, 다양한 저가항공사도 취항하고 있으며, 인천, 김해, 대구에서 직항편을 이용할 수 있다. 신치토세공항은 삿포로 도심에서 약 48km 거리에 있어 삿포로의 관문으로 불리기도 하는데, 철도, 버스 등 교통편도 잘 정비되어 있어 주변 도시까지 편하게 이동할 수 있다. 버스 정류장은 국제선, 국내선 양쪽 터미널 1층에 있지만, JR 역은 국내선터미널에만 있기 때문에 국제선터미널에서 연락통로를 통해 건너가야 이용할 수 있다. 연락통로에는 아이들이 좋아하는 도라에몽, 로이스 초콜릿의 테마파크가 있으니 시간이 있다면 들러보자.

Web www.new-chitose-airport.jp/ko

❷ 공항에서 주요 도시로 이동하기

삿포로

공항버스는 도중에 정차하는 정류장도 많고 교통상황에 따라 많이 막힐 때도 있으므로 JR 철도를 이용하는 것이 좋다. 국내선터미널로 이동한 후 지하 1층으로 내려가 삿포로역으로 가는 티켓을 구매하고 탑승하면 된다.

| 신치토세공항역 | ▶▶ JR 쾌속 에어포트
약 40분 소요, 1,070엔 ▶▶ | 삿포로역 |

오타루

공항에서 삿포로를 거쳐 오타루역까지 바로 가는 직행 JR 열차가 있다. 삿포로역으로 갈 때와 마찬가지로 국내선터미널 지하 1층에서 열차를 타면 된다.

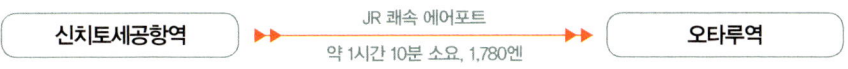

신치토세공항역 → JR 쾌속 에어포트 약 1시간 10분 소요, 1,780엔 → 오타루역

노보리베츠

노보리베츠역이 있긴 하지만 주요 명소가 모여 있는 온천 지역으로 가려면 다시 버스를 타야 한다. 공항에서 한 번에 가는 버스를 이용하는 것이 편하다.

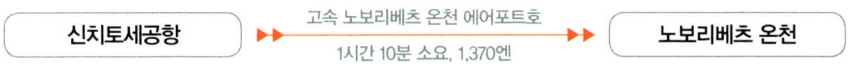

신치토세공항 → 고속 노보리베츠 온천 에어포트호 1시간 10분 소요, 1,370엔 → 노보리베츠 온천

※ 아사히카와, 후라노, 비에이, 하코다테, 구시로, 아바시리, 시레토코 등 신치토세공항에서 다소 멀리 떨어져 있는 도시는 한 번에 가는 교통편이 없다. 일단 공항에서 JR 쾌속 에어포트를 타고 삿포로역까지 이동한 후에 다른 열차로 갈아타야 한다.

❸ 공항에서 렌터카로 이동하기

공항에서 렌터카를 픽업해서 바로 드라이브 여행을 시작한다면, 먼저 공항 1층 종합안내소에서 렌터카 예약 확인을 해야 한다. 공항에서 바로 렌터카를 받는 것은 아니고 직원과 함께 공항 근처에 있는 렌터카 대리점으로 셔틀버스를 타고 이동한다. 준비해간 서류로 수속을 마치고 차량 상태를 확인하면 모든 절차는 끝. 내비게이션에서 목적지를 검색해서 떠나면 된다.

공항에서 주요 목적지까지의 거리 · 시간

목적지	거리	시간
삿포로	58km	약 1시간
오타루	88km	약 1시간 30분
노보리베츠	73km	약 1시간
도야호	126km	약 1시간 40분
아사히카와	177km	약 2시간 10분
후라노	125km	약 2시간
비에이	159km	약 2시간 40분
하코다테	273km	약 3시간 30분
구시로	265km	약 3시간 30분
왓카나이	370km	약 5시간 20분

(평상시 교통상황, 고속도로 우선 경로 기준)

PREPARATION 04

스마트폰 체크 포인트

스마트폰은 전 세계 어디서나 사용할 수 있어 여행 시에도 유용하다. 일본에서 스마트폰을 적극 활용하기 위해 여행 전 체크해두면 좋은 정보를 소개한다.

포켓 와이파이 vs. 심카드 vs. 데이터

	포켓 와이파이	심카드	데이터 로밍
신청	인터넷 예약	인터넷/현지 구매	공항 부스/전화
수령	공항	택배/공항	-
데이터 구성	와이파이 무제한	LTE 데이터 LTE 무제한 LTE+저속 무제한	LTE 데이터 LTE+저속 무제한 저속 무제한
공유	최대 5명 권장	개인용 핫스팟	개인용 핫스팟
비용	1일 4,000원~	5일 1만 원~	1일 9,900원~

✅ 포켓 와이파이

휴대폰과 함께 휴대용 와이파이 기기를 가지고 다니면서 무선 인터넷을 무제한으로 사용하는 것이다. 와이파이 발신기를 가지고 다닌다고 생각하면 된다. 와이파이인 만큼 여러 명이 함께 사용할 수 있어 편리하고, 비용도 저렴해 일본 여행 시 가장 대중적으로 사용한다. 1일 4,000~6,000원 정도로 최대 5명까지 동시에 사용 가능하다. 다만, 기기를 가지고 다녀야 하고 충전도 필요하다. 기기는 100% 충전할 경우 평균 8시간 정도 사용할 수 있다. 배터리 소모를 최소화하려면 인터넷을 사용할 때만 켜는 것이 좋다.

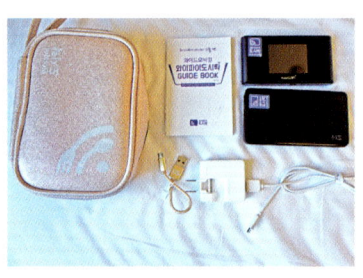

> **TIP**
> **무료 와이파이**
>
> 유명 관광지를 비롯해, 공항, 버스정류장, 지하철역, 편의점 등 도심 어디서나 무료 와이파이를 쉽게 만나볼 수 있다. 와이파이 목록 중 프리 와이파이가 있다면 간단한 동의와 이메일 인증 후 30분~1시간 정도씩 이용할 수 있다. 시간이 초과되면 다시 인증하거나, 한번 인증해두면 계속 사용할 수 있는 곳도 있다.

✅ 심카드

현지 심카드로 교체해 사용하는 방식으로, 기간과 데이터 구성이 다양해 원하는 상품으로 구입할 수 있다. 4일에서 길게는 30일까지도 있고, 데이터도 LTE 500MB부터 무제한까지 다양하다. 현지 통화나 문자가 가능한 상품도 있지만 수요는 많지 않다. 현지 공항이나 편의점에서도 판매하지만, 한국에서 미리 구매하면 한글 설명서를 볼 수 있고, 가격 면에서도 더 유리하다. 현지 심카드로 교체하면 현지 번호가 부여되므로 한국에서 오는 전화나 문자는 받을 수 없다.

✅ 로밍

귀차니스트에게는 최적의 상품으로, 통신사를 통해 어디서나 간편하게 신청할 수 있다. 다만, 요금이 비싼 데다가 데이터 무제한 상품으로 광고하는 것도 알고 보면 일정량의 LTE나 3G 사용 후 속도가 현저히 떨어져 불편이 따른다. 한국에서 오는 전화가 수신되는 것은 장점이지만 국제전화를 사용하게 되므로 통화료 또한 비싼 편이다. 중요한 연락을 받아야 할 일이 있거나 급하게 떠나는 짧은 여행이라면 고려해볼 만하다.

유용한 애플리케이션

✅ 구글맵
필수 지도 애플리케이션. 기본적인 지도와 더불어 현재 위치를 확인할 수 있고, 목적지까지의 거리, 교통편, 거리, 요금, 이동방법 등을 상세하게 안내해준다.

✅ 트래블맵
전 세계 호텔, 항공, 렌터카 가격비교를 통해 최저가를 알려주는 애플리케이션. 온라인 여행 사이트와 제휴하여 다양한 여행정보도 제공한다.

✅ 파파고
일본어에 특화되었다고 할 수 있을 정도로 자연스러운 번역·통역 애플리케이션. 여행에 필요한 기본적인 의사소통은 대부분 가능하다.

✅ 트리플라
일본의 레스토랑, 액티비티, 투어 등 다양한 예약 서비스를 대행해준다. 간단한 클릭으로 진행하는 것이 아니라 채팅으로 예약하는 방식이다.

✅ 트립어드바이저
5억 건 이상의 여행 정보를 담고 있는 글로벌 여행 정보 애플리케이션·사이트. 맛집, 숙박, 명소 등 여행에 필요한 모든 정보를 얻을 수 있다.

✅ 트라비포켓
총예산을 입력한 후 지출 내역을 추가하면 잔여 예산이 자동으로 계산되는 애플리케이션. 환율을 자동 환산해주어 현지통화와 원화를 동시에 확인할 수 있다.

✅ 구루나비
일본 전역의 맛집을 검색할 수 있는 애플리케이션. 한국어 서비스를 제공해 어렵지 않게 지역별, 요리별로 검색할 수 있다.

✅ 포켓일본어사전
필기 인식 어플리케이션. 여행길에서 모르는 일본어 간판이나 메뉴를 스마트폰에 직접 써서 검색할 수 있다.

홋카이도 기본 정보 | 홋카이도 한눈에 보기 | 홋카이도 10대 명소
홋카이도에서 꼭 먹어야 하는 음식 | 신선한 바다를 가득 담은
홋카이도 해산물 | 홋카이도 캠핑 | 베스트 여행 코스

홋카이도 미리보기
PREVIEW

PREVIEW 01
홋카이도 기본 정보

이미 알고 있는 기초적인 내용이라도 여행에 앞서 미리 복습해두면 익숙하고도 낯선 여행지 홋카이도를 더욱 알차고 깊게 여행할 수 있다.

국명 일본 日本
아시아 대륙 동쪽에 홋카이도, 혼슈, 시코쿠, 규슈 4개의 큰 섬을 중심으로 북동에서 남서 방향으로 이어지는 섬나라. 일본어로 닛폰 にっぽん 혹은 니혼 にほん이라 읽는다.

국기 일장기 日章旗
명칭은 닛쇼키 日章旗지만 일반적으로 히노마루노하타 日の丸の旗, 줄여서 히노마루 日の丸라고 부른다. 흰 바탕에 해를 상징하는 붉은 동그라미가 있다.

면적 83,423km²
일본의 전체 면적은 377,930㎢이며 홋카이도의 면적은 83,423㎢로 강원도를 제외한 우리나라 전체 면적과 비슷하다.

홋카이도 北海道
일본 최북단에 위치한 섬으로 주도는 삿포로다. 일본 열도에서는 두 번째, 세계적으로는 21번째로 큰 섬이다. 아름다운 자연환경과 미식의 섬으로도 유명하다.

언어 **일본어**

한자, 히라가나, 가타카나를 병용한다. 일반적으로 히라가나를 쓰지만 외래어나 한자어는 가타카나로 표기한다.

통화 **엔(¥)**

지폐는 1만 엔, 5,000엔, 1,000엔 3종류가 통용되며 동전은 500엔, 100엔, 50엔, 10엔, 5엔, 1엔까지 6종류가 있다. 2,000엔짜리 지폐도 있지만 도쿄에서는 거의 사용하지 않는다.

종교 **신도 神道**

토착 신앙인 신도 神道가 가장 넓고 깊게 자리 잡고 있다. 일본 사람들은 생활 관습으로서 신도와 불교를 받아들일 뿐 종교로 여기지 않는다.

비행시간 **2시간 30분**

인천・국제공항 출발 신치토세공항 도착 기준 2시간 30분 정도 소요된다. 한국과 같은 동경 135도(GMT+9) 표준시를 사용해 시차가 없으며 해가 비교적 빨리 뜨고 진다.

와이파이 **보통**

와이파이 보급은 잘 되어 있는 편이나 다소 느리고 사용 제한도 많아서 여행 중에는 포켓 와이파이를 대여하는 방법이 일반적이다.

전압 **110V**

한국과 달리 110V를 사용하기 때문에 11자 형 어댑터, 일명 '돼지코'가 필요하다. 멀티탭을 따로 준비하면 어댑터는 1개만 챙겨도 된다.

비자 & 여권 **무비자**

한국 여권 소지자는 단순 여행 목적의 경우 비자가 필요하지 않으며 최대 90일까지 무비자로 체류할 수 있다.

교통 **철도・버스 중심**

삿포로, 오타루, 하코다테, 아사히카와 등 중심 도시는 철도 노선이 잘 정비되어 있지만, 외곽 노선은 부족한 편이라 버스를 함께 이용해야 한다.

PREVIEW 02
홋카이도 한눈에 보기

천리 길은 한 걸음부터. 여행의 시작은 지도 읽기부터. 홋카이도에 어떤 도시들이 있는지 미리 위치를 확인하고 여행계획을 세워보자.

오타루
감성과 낭만이 흐르는 운하의 도시. 〈미스터 초밥왕〉의 본고장답게 최고의 스시를 맛볼 수 있다.

삿포로
사계절 내내 아름다운 풍경과 최고의 요리를 맛볼 수 있는 홋카이도 여행의 중심

노보리베츠
여행의 피로를 말끔하게 씻어줄 홋카이도의 대표 온천 마을. 유황온천이 유명하다.

하코다테
일본 3대 야경과 거리 곳곳에서 레트로한 감성을 즐길 수 있는 문화 도시

도야호

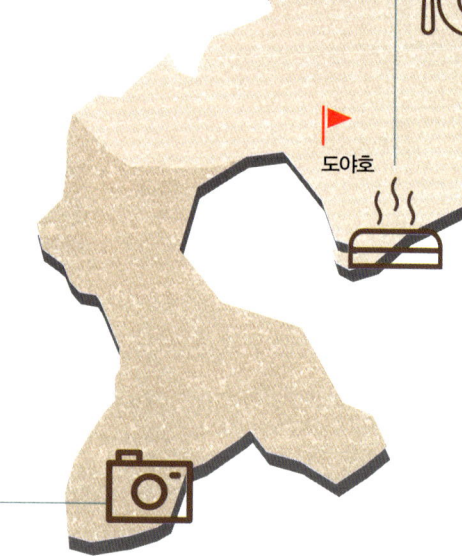

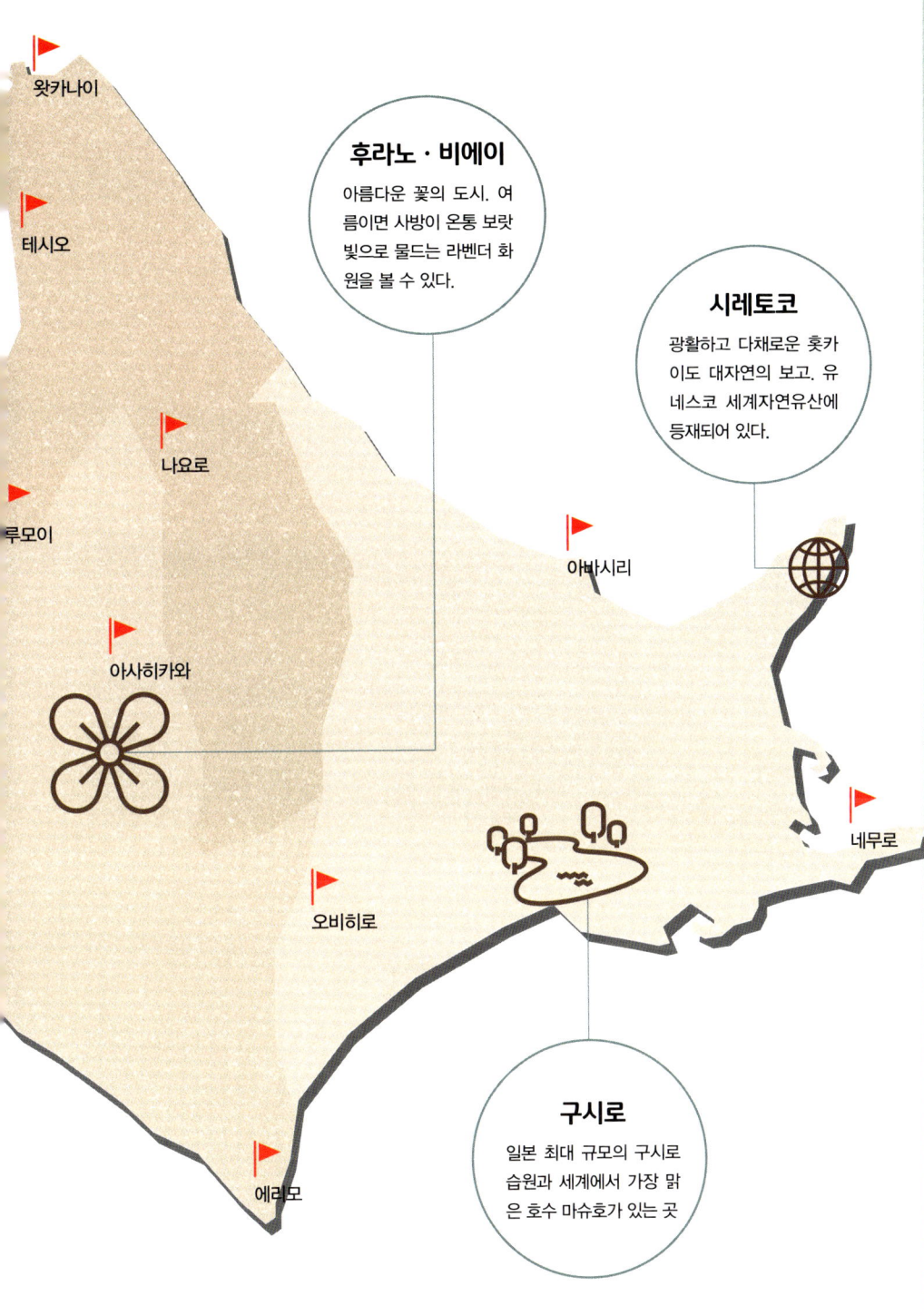

PREVIEW 03
홋카이도 10대 명소

이색적이면서도 아름다운 풍경을 볼 수 있는 비경의 집합소 홋카이도. 발길 닿는 곳 어디든 그대로 그림이 되는 명소 10곳을 골랐다.

1

오타루 운하
오타루를 감성과 낭만 넘치는 여행지로 만든 일등공신

2

지옥계곡
무시무시한 활화산의 진면목을 볼 수 있는 노보리베츠의 명소

하코다테 야경
일본 3대 야경으로 손꼽히는 하코다테 최고의 비경

후라노
지평선 끝까지 펼쳐진 라벤더의 향연

아오이이케
에메랄드색 물감을 풀어놓은 듯 신비로운 파란 빛깔의 호수

에리모곶
태평양을 향해 뻗어 있는 홋카이도 최남단의 곶

6

마슈호
환상적인 푸른빛이 감도는 일본에서 가장 맑은 호수

7

구시로 습원
대자연의 웅장함을 느낄 수 있는 일본 최대 규모의 습원

오로론라인
오타루에서 왓카나이까지 380km 길이의 해안 드라이브 코스

노츠케반도
이색적인 자연경관을 만끽할 수 있는 시레토코 최고의 명소

PREVIEW 04
홋카이도에서 꼭 먹어야 하는 음식

일본에서 가장 신선한 제철 채소, 바다에서 갓 잡아 올린 자연산 제철 해산물, 오감을 만족시키는 독특한 지역 요리. 미식가의 천국 홋카이도에서 즐기는 식도락 여행

징기스칸

홋카이도의 전통 양고기 구이. 다양한 채소와 함께 불판에 구워 먹는데, 양고기 특유의 냄새를 잡아 깔끔하면서도 육즙이 살아있는 것이 특징이다. 홋카이도에 가면 무조건 먹어봐야 하는 음식 1순위.

후라노

히츠지노오카 ひつじの丘

2017년 미슐랭에 등재된 징기스칸 전문점. 최상 품질의 생고기만 사용하며, 주문을 받은 후에 양고기를 양념에 버무리는 등 양고기 본연의 맛을 끌어올리기 위해 노력하고 있다.

오비히로

징기스칸 시라카바 ジンギスカン白樺

살코기와 비계를 균등하게 맞춰서 고기를 자르고, 식감을 최대한 살리기 위해 등심과 삼겹살, 허벅지살을 적절하게 혼합하는 등 양고기의 맛을 극한까지 끌어올렸다.

아사히카와

징기스칸 다이코쿠야 成吉思汗大黒屋

최상의 맛과 극강의 가성비를 자랑하는 진짜배기 징기스칸을 만날 수 있다. 메뉴는 부위별로 나뉘는데 모두 맛이 훌륭해 다양한 부위를 골고루 주문해서 맛보도록 하자.

수프 카레

삿포로의 소울 푸드. 스튜처럼 국물이 많고 비주얼도 낯설지만, 의외로 깊은 카레의 맛을 느낄 수 있다. 한 번 맛을 보면 계속 생각나는 마성의 카레. 채소와 고기와 국물을 한 숟가락 가득 담아 떠먹으면 몸과 마음이 함께 든든해진다.

`삿포로`

스아게플러스 Suage+

삿포로 스스키노역 근처에 위치한 수프 카레 전문점. 한국인의 입맛에 가장 어울리는 풍미로 현지인들에게도 명성이 자자해 항상 많은 사람으로 붐빈다. 메인 재료를 정하고 매운 정도와 토핑을 순서대로 선택하면 된다.

`나요로`

최강 수프 카레 붓다
最強スープカリーブッダ

나요로에서 가볍게 식사하기 좋은 수프 카레 전문점. 수프 카레의 종류는 돼지고기, 닭고기, 채소, 낫토 총 네 가지. 카레의 매운맛은 5단계로 기호에 맞게 요청할 수 있다.

`하코다테`

라마이 Asian Bar RAMAI

하코다테의 명물 수프 카레 전문점. 치킨 수프를 베이스로 과일과 양배추를 넉넉하게 넣어 만드는 것이 가장 큰 특징이며, 매운맛이 덜해 누구나 부담 없이 먹기 좋다.

라멘

일본인이 좋아하는 3대 음식으로 꼽히는 라멘. 면과 육수, 고명의 변주가 라멘 맛을 결정한다. 여기에서는 국물을 좋아하는 한국인의 입맛에 맞는 홋카이도의 인기 라멘 전문점을 엄선하여 소개한다.

삿포로

키라이토 喜来登

파를 좋아하는 사람이라면 거부할 수 없는 마성의 라멘가게. 가장 인기 있는 메뉴는 미소라멘 味噌ラーメン으로 라멘 위에 마치 탑을 세운 듯 파가 올라간다.

도야호

잇폰테이 一本亭

라멘 하나로 미슐랭에 등재된 식당. 간장으로 국물 맛을 낸 소유쿠로라멘 正油黒ラーメン과 간장과 소금을 적절하게 조합하여 만든 소유아카라멘 正油赤ラーメン이 일품이다.

에리모

라멘 키이치로 らーめん 喜一郎

한국산 고춧가루와 일본 라멘의 환상적인 콜라보를 경험할 수 있는 라멘 가게. 대표 라멘은 매운 된장 라멘 카라미소 からみそ(780엔). 얼큰한 맛이 한국인의 입맛에 꼭 맞는다.

니세코

나카마 なかま

소금으로 간을 맞춘 시오라멘으로 미슐랭 맛집이 된 곳. 나카마의 시오라멘은 손수 만든 매실 소금으로 라멘 육수의 맛을 잡아 짜지 않고 담백한 것이 특징이다.

소바

소바라고 하면 흔히 대나무 발 위에 메밀 면을 얹어놓고 간장 소스에 찍어 먹는 냉소바를 떠올리지만, 뜨겁게 우린 육수에 말아 먹는 온소바도 맛있다. 홋카이도 최고의 소바 맛집을 소개한다.

후라노

만사쿠 まん作

메밀을 맷돌에 직접 갈고 손으로 뽑아낸 면으로 소바를 만드는 미슐랭 원스타 맛집. 비교적 저렴한 가격에 깔끔한 정통 판모밀 소바를 맛볼 수 있어 매력적이다.

삿포로

테우치소바노 타구토
手打蕎麦のたぐと

홋카이도 최고의 수타 소바 전문점. 오로지 수작업을 통해 면을 제작하기 때문에 하루 판매량이 한정되어 있다. 인기 메뉴는 닭 우엉소바 토리고보세이로 とりごぼうせいろ.

구시로

치쿠로엔 竹老園

150년 전통을 자랑하는 홋카이도 최초의 소바집으로 미슐랭에도 등재되어 있다. 소바를 김에 감싸 스시처럼 간장에 찍어 먹는 소바스시 そば寿司가 명물이다.

꼬치구이

야키토리 焼き鳥로 불리는 꼬치구이는 닭고기를 메인으로 여러 재료들을 작은 크기로 잘라 꼬치에 끼워 구워내는 일본의 대표적인 술집 안주다. 크게 소금구이 시오야키 塩焼와 소스를 발라 굽는 타레야키 タレ焼로 구분한다.

인기 꼬치구이 메뉴

네기마 ねぎま

닭의 허벅지 살과 가슴살 그리고 파를 번갈아 끼운 꼬치구이. 일본인 인기 메뉴 부동의 1위

모모 もも

부담 없이 주문할 수 있는 고소한 맛이 나는 닭다리 살. 한국인에게 인기 최고

무네 むね

기름기가 적은 고단백 가슴살. 사사미 ささみ라고도 한다.

테바사키 手羽先

껍질과 날개 살을 함께 먹을 수 있고 연골이 많아 인기 메뉴

카와 皮

주로 닭의 목 부분 껍질을 사용해서 바삭하게 구워서 먹는다. 술안주로 최고

레바 レバー

돼지 간보다 진한 맛이 나는 닭 간으로 만든 일품 꼬치. 키모 キモ라고도 한다.

스나기모 砂ぎも

닭똥집을 소금과 후추로 간을 한 후 구운 인기 메뉴. 쫄깃쫄깃 씹는 맛이 있다.

난코츠 軟骨

무릎과 흉골 부위에 있는 연골을 구운 꼬치. 오돌뼈와 식감이 비슷하다.

츠쿠네 つくね

다진 닭고기에 계란 노른자를 넣고 동그란 모양으로 빚어 구운 꼬치

본지리 ぼんじり

기름이 많은 닭의 꼬리살. 육즙이 일품

세세리 せせり

닭이 운동을 많이 하는 목 주변 살이라 씹는 맛이 좋다.

인기 꼬치구이 전문점

노보리베츠 **야키토리 히데짱** やきとり秀ちゃん

현지인들에게 열렬한 사랑을 받는 꼬치구이 전문점. 소금구이 시오야키 塩焼와 소스구이 타레야키 タレ焼 두 종류가 있고, 꼬치 하나당 300~350엔 정도로 가격도 괜찮다.

아사히카와 **스미비야키토리 료** 炭火やき鳥 りょう

직접 만든 소금과 최상등급의 비장탄 備長炭, 그리고 시레토코 知床 지역의 닭만을 엄선하여 닭꼬치를 만드는 인생 꼬치구이 식당. 특히, 츠쿠네 つくね가 맛있다.

오비히로 **쿠시 바 오하나** 串 Bar OHANA

미슐랭에 이름을 올린 고급스런 인테리어의 닭고기꼬치 전문점. 가게 이름 오하나 Ohana는 가족이란 뜻의 하와이말로, 손님을 가족처럼 모시겠다는 오너의 철학을 담았다.

PREVIEW 05
신선한 바다를 가득 담은 홋카이도 해산물

똑같은 해산물이라도 홋카이도에서 먹으면 뭔가 다르다. 자연산 제철 생선이 풍부해서 기본적으로 신선하고, 다른 지역보다 바다 온도가 낮아 생선 육질이 단단하고 감칠맛이 나기 때문이다. 스시든 회든 홋카이도에 왔다면 무조건 해산물을 잔뜩 먹어보자.

 홋카이도라서 더 맛있는 스시

생선

참치
アカミ 아카미

참치의 중앙 부위로 힘줄이 거의 없는 붉은 살 부분. 일본 사람들이 가장 즐겨먹는 메뉴다.

참치 중뱃살
中トロ 츄토로

기름기가 적당한 참치 뱃살. 지방의 단맛과 감칠맛을 함께 즐길 수 있는 부위다.

참치 대뱃살
大トロ 오토로

참치 뱃살 중 기름기가 가장 많고, 가장 비싸다. 입에 넣으면 녹는다는 표현이 어울린다.

가다랑어
カツオ 카츠오

저장식품 및 카츠오부시를 만드는 데 많이 사용되는 생선이지만 초밥으로도 먹을 수 있다.

도미
たい 타이

지방이 적고 단백질이 많아 담백하다. 돌돔이나 감성돔보다 참돔을 많이 쓴다.

광어
ヒラメ 히라메

쫄깃한 식감과 고소한 맛이 일품. 지느러미인 엔가와 エンガワ가 특히 인기 있다.

고등어
サバ 사바

'가을 고등어는 싫어하는 며느리에게는 먹이지 말라.'는 일본 속담이 있을 정도로 맛있다.

장어
ウナギ 우나기

바다와 강에서 동시에 사는 우리나라의 민물장어라고 생각하면 된다. 구이로 많이 먹는다.

붕장어
アナゴ 아나고

바다에서만 사는 장어. 우나기와 달리 튀김, 조림, 구이 등 다양한 요리에 쓰인다.

오징어 · 문어

갑오징어
コウイカ 코우이카

등판이 넙적하고 다리가 짧다. 오징어 종류 중엔 갑오징어의 맛을 최고로 평가한다.

한치
ヤリイカ 야리이카

오징어와 비슷하지만, 오징어보다 씹히는 맛이 훨씬 쫄깃하고 감칠맛이 난다.

꼴뚜기
ホタルイカ 호타루이카

스시 전문점에서 자주 볼 수 있는 식재료. 주로 삶아서 먹는다.

오징어
スルメイカ 스루메이카

가장 흔한 오징어이기 때문에 여러 요리에 다양하게 쓰인다.

문어
タコ 타코

홋카이도 문어는 고소하고 담백한 것이 특징이다. 주로 삶아서 먹는다.

문어와사비
たこわさ 타코와사

문어를 와사비에 절여 숙성시킨 것. 톡 쏘는 맛이 매력적이다.

조개

전복
アワビ 아와비

주로 회로 많이 먹지만 버터구이나 술찜 사카무시 さかむし로도 먹는다.

소라
サザエ 사자에

대부분이 뿔소라로 전복과 비슷한 맛이 난다. 회로 주문하면 내장과 뚜껑을 빼고 준다.

가리비
ホタテ 호타테

보통 호타테라 하면 가리비의 관자 가이바시라 かいばしら를 말한다.

굴
カキ 카키

생굴 나마가키 生ガキ 또는 굴튀김 카키후라이 カキフライ로 많이 먹는다.

함박조개
ホッキガイ 홋키가이

노보리베츠 주변의 항구 도시 토마코마이에서 많이 잡히는 명품 조개

왕우럭조개
ミルガイ 미루가이

고둥과 맛이 비슷하지만, 식감이 좋고 더 고소하다.

홋카이도 스시 맛집

스시킨 鮨金

홋카이도 현지인이 적극 추천하는 미슐랭 맛집. 항상 제철 생선으로 스시를 만들기 때문에 언제나 가장 맛좋은 해산물로 만든 신선한 스시를 한껏 즐길 수 있다.

(삿포로)

니시즈카 に志づか

번잡스럽지 않은 분위기에서 고급 해산물로 만든 스시를 맛볼 수 있는 미슐랭 맛집. 40년 넘게 스시만을 만들어 파는 스시 전문점으로, 합리적인 가격이 매력적인 곳이다.

(오타루)

슌미소사쿠 하시오네
旬味創作はしをね

일본 각지에서 최상의 재료를 가져와 만드는 미슐랭 맛집. 지역 명물과 제철 채소 등 언제나 최고급 식재료로 요리를 한다.

(오타루)

새우

키조개
タイラギ 타이라기

대형조개이므로 보통 관자를 회로 먹거나 구워서 먹는다.

모란새우
ボタンエビ 보탄에비

한국에는 없는 일본 특산종으로 새우 중에서 가장 맛이 좋다는 평이 많다.

단새우
アマエビ 아마에비

머리를 자르고 냉장, 냉동 보관하여 스시 전문점에 유통하는 새우로 단맛이 강하다.

고둥
つぶ貝 츠부가이

쫄깃쫄깃한 식감과 고소한 맛이 매력. 오래 씹으면 단맛이 난다.

보리새우
クルマエビ 구루마에비

진한 줄무늬가 있는 새우로 새우 튀김에 가장 많이 쓰인다.

갯가재
シャコ 샤코

일본, 중국, 이탈리아만 먹는 식재료. 물에서 올리면 바로 죽기 때문에 삶아서 초밥용으로 사용한다.

마루키 丸喜

지역 주민에게 열렬한 지지와 애정을 받는 미슐랭 스시 전문점. 최고급 어종으로 푸짐하게 구성한 모둠 사시미 오즈쿠리가 대표 메뉴인데, 가격 또한 합리적이다.

(루모이)

스시 야마시타 鮨やまし田

동네 사랑방에 온 것 같은 따스함이 느껴지는 스시 전문점. 모든 메뉴는 냉동식품을 일절 사용하지 않고, 필요할 때마다 제철 재료를 엄선하여 먹기 좋게 요리한다.

(아바시리)

스시 하나요시 鮨花吉

인근에서 견줄만한 곳을 찾기 어려울 정도로 맛있는 스시 전문점. 홋카이도 주요 어시장에서 신선도를 확인하고 구매한 재료를 직접 숙성하여 회와 스시를 제공한다.

(니세코)

홋카이도에서 꼭 먹어야 할 회

복어
フグ 후구

일본의 양식 복어는 저렴하면서도 맛이 뛰어나다. 주로 회와 샤브샤브로 먹는다.

전갱이
アジ 아지

맛이 좋은 생선이라 이름을 아지라고 칭한다. 적당한 기름기와 감칠맛이 조화롭다.

쥐치
カワハギ 카와하기

한국에서는 회로 먹기 힘든 생선. 일본에서는 쥐치의 간도 회로 먹는다.

방어
ブリ 부리

일본인들이 선호하는 횟감. 산란기 직전인 겨울에 지방이 많아 가장 맛있다.

방어새끼
ハマチ 하마치

방어 양식이 잘 되어 있는 일본에서는 어디를 가도 기름기 있는 하마치를 맛볼 수 있다.

잿방어
カンパチ 칸파치

전갱이과에 속하고 방어처럼 대형 고급 어종이다. 뱃살이 특히 맛있다.

팔각어
ハッカク 핫가쿠

가을과 겨울이 제철. 얇게 썰면 복어와 비슷한 맛이 난다. 장점은 싸고 맛있다는 것

꽁치
サンマ 산마

우리나라에서는 먹기 힘든 꽁치회를 홋카이도에서는 맛볼 수 있다. 예상외로 담백하다.

청어
ニシン 니신

홋카이도에서 많이 잡히는 어종. 일본에서는 자손 번성을 기원하며 청어 알을 먹는다.

최고의 맛을 자랑하는 홋카이도 3대 게

털게
ケガニ 케가니

홋카이도산 털게를 최고로 친다. 조리 방법에 따라 유데가니 ゆでガニ(삶기)와 무시가니 蒸しガニ(찜)로 나뉜다.

대게
ズワイガニ 즈와이가니

우리나라에서 파는 영덕대게와 비슷하다. 게의 산지인 홋카이도에서는 회로도 많이 먹는다.

킹크랩
ダラパガニ 다라바가니

홋카이도 킹크랩은 살이 통통하고 꽉 차있어 먹기가 편하다. 담백하면서도 고소한 맛이 매력적이다.

 ## 홋카이도에서 먹으면 더 맛있는 일본의 3대 진미

성게알
ウニ 우니

홋카이도에서 흔히 먹을 수 있는 일본 3대 진미 중 하나. 말똥성게를 최상급으로 친다.

숭어알 소금 절임
カラスミ  카라스미

일본 3대 진미 중 하나. 알의 지방에서 나오는 약간 쓰면서도 깊은 단맛이 독특하다.

해삼내장 젓갈
コノワダ 코노와다

성게알과 쌍벽을 이루는 일본 3대 진미. 바다 향 가득한 고소한 맛이 일품이다.

PREVIEW 05
홋카이도 캠핑

홋카이도는 일본에서 가장 캠핑하기 좋은 곳으로 정평이 나 있다. 홋카이도에서 캠핑을 할 때 필요한 준비물과 예약하는 방법 등을 알아본다.

홋카이도 캠핑의 장점

저렴한 숙박비

자연과 함께한다는 중요한 부분을 말하지 않더라도 성인 4인 가족 혹은 부모님과 함께 가는 5~6인 정도의 가족여행자가 일본에서 일반 호텔을 예약하려면 최소한 2개 이상의 방을 예약해야 한다. 하지만, 텐트가 없더라도 캠핑장에 있는 캐빈이나 방갈로를 이용한다면 호텔보다 훨씬 저렴한 숙박비로 온 가족이 자연 속 오두막에서 편안하고 색다른 여행의 맛을 즐길 수 있다. 특히, 텐트를 지참하고 배낭여행 혹은 자전거/바이크 여행을 즐기는 젊은이들에게는 많은 캠핑장에서 제공하는 입장료만 내고 텐트를 칠 수 있는 무료 텐트 사이트도 도움이 많이 된다.

세계적인 수준의 캠핑장

이 책에 소개하는 홋카이도 캠핑장들은 대부분 세계적인 캠핑 환경을 보유한 곳이다. 모든 캠핑장에는 관리가 잘 되어 있는 잔디가 깔려 있는데 한국의 골프장 잔디와 견줄 만하다. 국내에서 전문적으로 캠핑을 즐기는 캠퍼들에게도 홋카이도 캠핑은 꼭 경험해보라고 권하고 싶다. 새로운 캠핑 인생을 시작할 수 있을 정도로 차원이 다른 멋진 경험을 할 수 있다.

풍부한 산해진미

모든 지역별 베이스캠프에는 홋카이도산 식재료를 구할 수 있는 마트 정보를 실었다. 어느 지역을 가더라도 개인 취향에 맞는 재료를 마음껏 구매할 수 있다. 홋카이도는 고기, 생선, 채소, 우유 등 거의 모든 재료가 신선하고 맛있기 때문에 여유만 된다면 캠핑장에서 만들어먹는 게 최고. 아름다운 자연에 둘러싸여 먹는 홋카이도의 산해진미는 일본 어떤 맛집보다도 맛있다.

캠핑장 예약하기

다양한 호텔 예약 사이트가 생기면서 해외 숙박 업소에 대한 예약이 쉬워졌지만, 캠핑장은 호텔 예약 사이트에 없는 경우가 많아 예약이 쉽지 않다. 물론, 일본어가 가능하다면 간단하게 전화로 예약할 수 있지만, 그 또한 쉬운 일은 아니다. 다만, 최근 들어 캠핑장 홈페이지가 업그레이드되면서 인터넷으로 예약할 수 있는 길이 열렸다. 크게 어렵지 않으니 한 번 도전해보자.

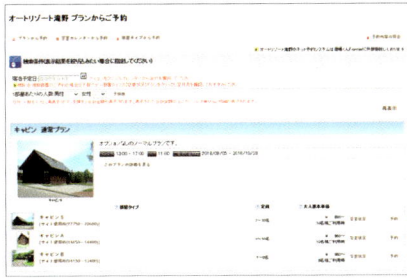

인터넷으로 예약하기

캠핑장 홈페이지에 들어가면 인터넷 예약 또는 문의(お問い合わせ)를 통해 예약하는데 이때 이름 · 후리가나 · 주소 · 전화번호 등을 필수로 적어야 하는 경우가 있다. 단, 한국 주소와 전화번호를 넣으면 오류가 발생하기 때문에 후리가나 부분은 후리가나 일본어를 그냥 복사해서 붙이고 주소와 전화번호도 캠핑장 주소와 전화번호를 복사한 후 붙여넣기를 해야 한다. 그리고 궁금한 내용은 질문과 요망(ご質問·ご要望) 부분에 적어주면 이메일을 통해 예약 관련 답신을 받을 수 있다. 기본적인 문장은 번역 사이트를 통해 간단하게 해결할 수 있다.

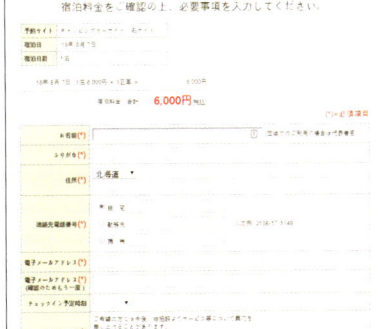

캠핑장비 소개 및 준비

캠핑을 해본 캠퍼들은 짐 싸기가 간단할 수 있겠지만 처음 시도해 보려는 사람들은 무엇을 준비해야 할지 대략난감일 수 있다. 특히 해외원정캠핑은 일단 비행기의 수화물 규정에 맞는 무게로 준비하는 것이 중요하기 때문에 원정용 캠핑장비가 필요할 수 있다. 대형항공사의 홋카이도 1인당 무료 위탁 수하물은 대한항공은 23kg이하, 아시아나는 20kg이하이고 저가 항공사의 경우에는 15kg이하. 여기에 기내 수하물은 10kg ~12kg까지 가능하다는 것을 염두에 두고 캠핑장비를 준비해야 한다. 그런데 일반캠핑장비는 부피나 무게가 제법 나가는 것들이 많다. 이런 것들은 원정캠핑엔 맞지 않는다. 원정캠핑장비는 가볍고 수납이 잘 되는 것이 좋다. 흔히 백패킹이나 미니멀용으로 나온 장비들이 적당하다.

텐트

장비 중에서 가장 많은 무게를 차지한다. 인원을 고려하여 가볍고 간단한 것을 고른다. 1~2인용 백패킹용 텐트는 2~3kg 정도 나간다. 요즘은 힐레베르그, MSR, 몽벨 등 다양한 브랜드의 제품들이 있다.

침낭

캠핑장은 주로 산이나 산 근처에 위치한 경우가 대부분이라 밤에는 기온이 떨어지기 때문에 가볍고 보온력이 좋은 오리털이나 구스 침낭이 좋다. 몽벨 침낭의 경우 1kg 정도의 무게. 공기주입식 베개도 함께 준비하면 좋다.

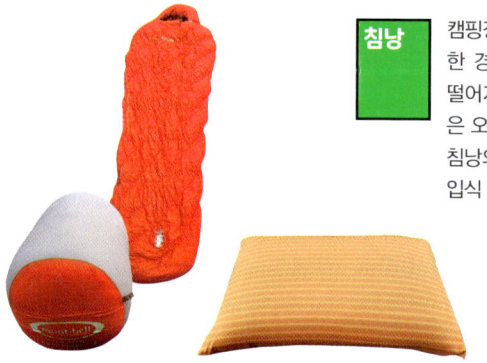

버너

가스스토브로 머리 부분만 있는 것들은 수납상자에 넣으면 부피를 차지하지 않는다. 특히, MSR 리액터 같은 경우는 위에 있는 포트(POT)와 아래쪽 버너를 결합해서 쓰는 형태로, 포트를 떼어 내면 난로처럼 쓸 수 있어서 무척 유용하다. 버너 종류는 위탁수하물에 걸리기 때문에 기내반입을 해야 한다.

침낭 패드

침낭 밑에 까는 두툼한 패드로 바닥 냉기를 막아주고 취침 시 쿠션감을 준다. 은근 부피를 많이 차지하는 품목이다. 발포 매트 같은 경우는 가볍긴 하지만, 부피를 많이 차지하여 적당하지 않다. 바람을 넣어 부풀리는 형태의 매트가 수납에 용이하여 해외캠핑용으로 좋다. EXPED의 경우 접어서 넣으면 15x28cm정도고 무게도 1kg 정도로 가벼운 편이다.

의자

의자는 패킹이 중요하다. 무게와 수납상태가 좋은 것을 선택해서 고르는 것이 좋다. 헬리녹스 라지체어의 무게는 1kg 정도다.

타프

비, 햇빛, 이슬 등을 피하고 좀 더 아늑한 그늘을 만들기 위해 필요하다. 가능하다면 타프는 등산할 때 사용하는 알파인 타프 중에서 고르는 것이 좋다. 대략 1~2kg 정도 나간다.

랜턴

작은 가스랜턴이나 충전식 랜턴 중에서 취향에 맞게 준비하면 된다. 일본의 캠핑장은 전기와 수도시설이 함께 있는 사이트가 많아서 충전식 랜턴도 편리하게 사용할 수 있다. 충전식 랜턴의 경우 기내반입을 해야 한다. 랜턴 외에 분위기 있는 캔들도 캠핑을 더욱 따뜻하게 해 준다.

테이블

조립식이나 미니 테이블 1~2개 정도는 필요하다. 큰 것 하나보다는 작은 것 여러 개가 쓸모 있다.

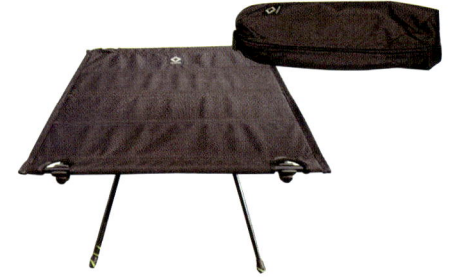

스피커

캠핑여행에서 반드시 가져가야 할 필수품 1개를 고르라고 한다면 음질 좋은 스피커를 선택할 것이다. 음악은 캠핑을 더욱 풍요롭게 만들기 때문이다.

쿨러백

슈퍼에서 식재료 구매를 할 때 회나 해산물 등 상할 수 있는 식재료 보관에 유용하다. 얼음도 같이 구매하면 남은 음식물의 신선도 유지에 큰 도움이 된다.

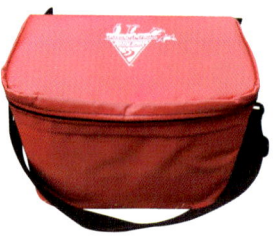

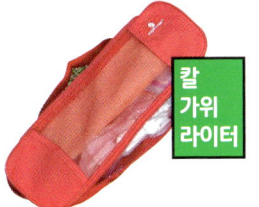

칼 가위 라이터

칼과 가위는 위탁수하물로 보내고 라이터의 경우는 위탁수하물이 불가능하므로 기내에 반입해야 한다. 라이터는 1인당 1개만 가능하다.

식기

최소한의 식기들만 들고 간다. 일본 마트엔 1회용품들이 다양하고 비싸지도 않아 장 볼 때 같이 구매하면 된다.

캠핑 가방

일반 여행 캐리어는 기본적으로 무게가 많이 나가기 때문에 캠핑 장비를 넣기에는 적합하지 않다. 일명 더플백, 카고백이라는 천으로 만든 가방을 추천한다. 제로그램 저니 더플백 90의 경우 무게가 1.4kg이다.

> **TIP**
>
> ### 텐트 없이 캐빈이나 방갈로 이용 시 필수 준비물
>
> 이 책에 소개된 모든 베이스캠프에는 캠핑사이트 외에 캐빈과 방갈로 같은 오두막 숙박시설이 있기 때문에 텐트 없이도 숙박이 가능하다. 또한, 대부분의 캠핑장에서 버너, 화로, 바비큐 도구는 물론, 텐트를 빌려주기도 한다. 다만, 1박에 5,000엔 정도의 방갈로에는 대부분 침구류가 없기 때문에 침낭과 침낭패드는 반드시 지참하는 것이 좋다.
>
>

베스트 여행 코스

PREVIEW 06

홋카이도의 아름다운 자연 경관을 감상하고, 최고의 맛집에서 먹거리를 즐기는 드라이브와 캠핑여행의 진수. 홋카이도 베스트 여행 코스를 소개한다.

COURSE 01 3박 4일 베스트 코스 1

후라노, 비에이, 아사히카와, 루모이, 삿포로

- 신치토세공항 오전 도착) 10:00 제주항공 / 10:20 이스타항공 / 11:00 진에어
- 신치토세공항 오전 출발) 11:50 제주항공 / 11:20 이스타항공 / 12:10 진에어

관광객들이 가장 선호하는 홋카이도 여행코스로, 후라노와 비에이의 라벤더를 필두로 한 수많은 꽃들을 구경하기 위해 간다. 또한, 수많은 맛집이 즐비한 아사히카와와 해안 드라이브 코스로 유명한 오로론라인을 거쳐 삿포로 시내관광까지 할 수 있어서 홋카이도를 처음 찾는 분들에게 추천한다.

1DAY 후라노, 비에이

10:30
신치토세공항 입국 수속

11:20
1층 인포메이션센터에서 렌터카 수속

12:00
렌터카 대리점 이동 후 수속 및 픽업
자동차 10분

12:10
Menya-Ray(라멘)에서 점심
자동차 2시간 10분

15:20
팜 토미타에서 라벤더 풍경 감상
자동차 7분

16:27
팡야 야마나카에서 빵 구매(5시 폐점)
자동차 13분

17:00
히노데 공원 오토캠핑장 체크인
자동차 7분

18:00
슈퍼 체인 후지에서 식재료 구매

18:30
캠핑장에서 저녁

2DAY 아사히카와

09:35
히노데 공원 산책
자동차 25분

10:00
하쿠긴소에서 온천욕
자동차 13분

11:13
시라히게노타키 관광
자동차 4분

11:37
아오이이케 관광
자동차 25분

12:32
만사쿠(소바)에서 점심
자동차 48분

14:20
아사히야마 동물원 관람
자동차 40분

17:10
이온몰 아사히카와역점에서 식재료 구매
자동차 45분

17:55
마아부 오토캠핑장 체크인

● **HOTEL OPTION**
아사히야마 동물원에서 자동차 30분

17:00
도미 인 아사히카와 호텔 체크인

18:00
징기스칸 다이코쿠야(양고기) or 스미비야키토리 료(꼬치구이)에서 저녁

20:00
휴식

3DAY 루모이, 삿포로

11:00
스시 전문점 마루키에서 점심

12:00
오로론라인 남단코스 드라이브
자동차 1시간 30분

13:30
디아만 퓨르에서 커피와 디저트
자동차 1시간 10분

15:40
삿포로 시내관광과 식재료 구매
자동차 30분

18:00
오토리조트 타키노 캠핑장 체크인

● **HOTEL OPTION**
디아만 퓨르에서 자동차 1시간 10분

15:40
도미 인 프리미엄 호텔 체크인

16:30
삿포로 시내관광 및 쇼핑

18:00
셋카테이(게 요리) or 키라이토(라멘) or 타베고토야 고자루(이자카야)에서 저녁

4DAY 공항

08:00
렌터카 반납대리점으로 출발
자동차 1시간

09:00
렌터카 반납 수속
렌터카 송영버스 10분

09:30
신치토세공항 도착

COURSE 02 — 3박 4일 베스트 코스 2

토마코마이, 노보리베츠, 도야호, 무로란, 오타루

✈ 신치토세공항 오후 도착   12:55 대한항공 / 13:05 티웨이항공
✈ 신치토세공항 오후 출발   14:15 대한항공 / 14:05 티웨이항공

신치토세공항 도착과 출발이 오후인 관광객들에게 제안하는 코스. 공항에서 30분이면 도착할 수 있는 토마코마이를 시작으로 홋카이도 최고의 온천 지역인 노보리베츠와 한겨울에도 얼지 않는 도야호 그리고 고풍스러운 분위기의 오타루 운하 관광을 여유롭게 할 수 있다.

1DAY 토마코마이

13:00 신치토세공항 입국 수속

13:50 1층 인포메이션센터에서 렌터카 수속

14:30 렌터카 대리점 이동 후 수속 및 픽업
자동차 30분

15:00 이온몰 토마코마이에서 식재료 구매
자동차 30분

16:00 토마코마이 아루텐 캠핑장 체크인
도보 10분

16:10 유노미노유에서 온천욕

17:10 토마코마이 시내관광 or 리조트 산책
자동차 20분

17:30 야키도리 히데짱(꼬치구이)에서 저녁

2DAY 노보리베츠, 무로란, 도야호

09:00 노보리베츠로 출발
자동차 40분

09:40 다테시대촌 관광
자동차 10분

11:30 노보리베츠 지옥계곡 & 천연 족욕탕
자동차 40분

13:40 무로란 지큐곶 관광
자동차 40분

15:10 이온몰 다테점에서 식재료 구매
자동차 40분

16:20 더 윈저 호텔 전망대
자동차 10분

17:30 레이크 힐 팜에서 디저트
자동차 7분

18:37 그린 스테이 도야코 캠핑장 체크인

3DAY 오타루

08:00
카무이곶으로 출발
자동차 2시간 10분

10:10
카무이곶 산책 및 관광
자동차 1시간 30분

12:40
니시즈카(스시)에서 점심
자동차 10분

13:50
오타루 운하와 석조창고 산책
자동차 10분

16:00
이온몰 오타루점에서 식재료 구매
자동차 15분

16:45
아사리가와 온천 오토캠핑장 체크인

4DAY 오타루, 공항

08:00
오타루 삼각시장 관광

08:30
타키나미 식당(털게)에서 아침
자동차 1시간 30분

11:00
신치토세 렌터카 반납 수속(20분)
렌터카 송영버스 10분

11:30
신치토세공항 도착

HOTEL OPTION
오타루 운하에서 자동차 10분

16:00
도미 인 프리미엄 오타루 호텔 체크인 및 온천

18:00
라쿠텐(퓨전 이자카야) or 하시오네(창작요리)
에서 저녁

20:00
휴식

COURSE 03 — 4박 5일 베스트 코스 1

쿠로마츠나이, 하코다테, 도야호, 삿포로

✈ 신치토세공항 오전 도착 | 10:00 제주항공 / 10:20 이스타항공 / 11:00 진에어
✈ 신치토세공항 오전 출발 | 11:50 제주항공 / 11:20 이스타항공 / 12:10 진에어

자연 속에 숨어 있는 명소 위주로 구성한 코스. 라듐온천을 즐길 수 있는 쿠로마츠나이와 홋카이도의 최남단 하코다테의 역사적인 거리와 에산의 화산 풍경을 보면서 해안도로를 드라이브할 수 있다. 또한, 도야호 주변의 자연풍경과 특색 넘치는 동물원을 포함하여 삿포로 시내관광까지 할 수 있다.

1DAY 쿠로마츠나이

10:30
신치토세공항 입국 수속

11:20
1층 인포메이션센터에서 렌터카 수속

12:00
렌터카 대리점 이동 후 수속 및 픽업
자동차 10분

12:10
Menya-Ray(라멘)에서 점심
자동차 35분

13:15
이온몰 토마코마이에서 식재료 구매
자동차 2시간 5분

15:20
우타사이 오토캠핑장 루피크 체크인
자동차 30분

16:20
후타마타 라듐온천에서 온천욕
자동차 30분

17:50
키쿠젠(스시) or 캠핑장에서 저녁

2DAY 하코다테

08:00
하코다테로 출발
자동차 2시간

10:00
러키 피에로(햄버거)에서 간식
자동차 15분

10:45
카네모리 붉은 벽돌 창고 관광
도보 5분

12:30
하치만사카와 모토마치 산책
자동차 15분

13:45
호텔 반소에서 온천욕
자동차 10분

14:55
슈퍼아쿠스 토쿠라점에서 식재료 구매
자동차 25분

15:50
시로이시 캠핑장 체크인
자동차 25분

16:20
하코다테테이(털게) or 캠핑장에서 저녁

3DAY 하코다테 에산&도야호

09:00
에산으로 출발
자동차 45분

09:45
에산 산책 및 전망대 관광
자동차 2시간 25분

13:30
하마 짬뽕(나가사키 짬뽕)에서 점심
자동차 1시간

15:30
우로코 아부타점에서 식재료 구매
자동차 25분

16:25
더 윈저 호텔 전망대 관광
자동차 10분

17:35
레이크 힐 팜에서 디저트
자동차 7분

18:42
그린 스테이 도야코 캠핑장 체크인

4DAY 삿포로

08:40
삿포로로 출발
자동차 1시간 20분

10:00
호헤이쿄 온천에서 온천욕 후 점심
자동차 15분

11:45
노스 사파리 삿포로 동물원 관광
자동차 45분

14:00
도미 인 프리미엄 삿포로 호텔 체크인
도보 1분

15:00
시내관광 및 쇼핑
도보 5분

18:00
셋카테이(게 요리) or 키라이토(라멘) or 타베고토야 고자루(이자카야)에서 저녁

5DAY 공항

08:00
렌터카 반납대리점으로 출발
자동차 1시간

09:00
렌터카 반납 수속
렌터카 송영버스 10분

09:30
신치토세공항 도착

COURSE 04 — 4박 5일 베스트 코스 2

토마코마이, 니캇푸에리모, 구시로, 오비히로

- ✈ (신치토세공항 오후 도착) 12:55 대한항공 / 13:05 티웨이항공
- ✈ (신치토세공항 오후 출발) 14:15 대한항공 / 14:05 티웨이항공

홋카이도 여행을 자주 해본 여행자들을 위한 일정으로, 낭만적인 해안도로 드라이브를 즐길 수 있는 코스다. 토마코마이에서 시작하여 해안선을 따라 에리모곶의 광활한 자연을 감상하면서 황금도로를 거쳐 구시로까지 이틀간 아름다운 해안도로 드라이브를 7시간 동안 즐길 수 있다.

1DAY 토마코마이

13:00
신치토세공항 입국 수속

13:50
1층 인포메이션센터에서 렌터카 수속

14:30
렌터카 대리점 이동 후 수속 및 픽업
자동차 30분

15:00
이온몰 토마코마이에서 식재료 구매
자동차 30분

16:00
토마코마이 아루텐 캠핑장 체크인
도보 10분

16:10
유노미노유에서 온천욕

17:10
토마코마이 시내관광 or 리조트 산책
자동차 20분

17:30
야키도리 히데짱(꼬치구이)에서 저녁

2DAY 시즈나이, 에리모

09:00
에리모 방면으로 출발
자동차 1시간 40분

10:40
시내 관광, 브랑제리 라팡에서 빵 구매

11:30
아마야(제철 식재료 창작요리)에서 점심
자동차 5분

12:35
이온몰 시즈나이점에서 식재료 구입
자동차 1시간 55분(해변도로 드라이브)

15:00
에리모곶 산책 및 관광
자동차 15분

16:15
햐쿠닌하마 오토캠핑장 체크인 후 휴식

3DAY 구시로

09:00
아침식사 후 구시로 방면으로 출발
자동차 15분

09:15
황금도로 망양대 드라이브 및 전망대
자동차 2시간 50분

12:20
이온몰 구시로쇼와점에서 식재료 구매
자동차 20분

13:10
치쿠로엔(소바)에서 점심
자동차 40분

14:50
구시로습원 호소오카 전망대 관람
자동차 20분

15:50
닷코부 오토캠핑장 체크인

16:20
닷코부 호수 산책 및 휴식
자동차 35분

18:00
키신(가이세키 요리) or 캠핑장에서 저녁

4DAY 구시로, 오비히로

09:20
오비히로로 출발
자동차 35분

10:00
누사마이바시 관광
자동차 10분

11:10
회전스시 마츠리야에서 점심
자동차 1시간 45분

13:55
자작나무 가로수길 산책
자동차 25분

14:30
토카치 전망대 관광
자동차 45분

15:30
도미 인 오비히로 체크인 및 온천

18:00
프티 플래지르(프랑스요리) or 로바타 우오센(화로구이) or 쿠시 바 오하나(꼬치구이)에서 저녁

5DAY 신치토세공항

08:45
공항 렌터카대리점으로 출발
자동차 2시간 15분

11:00
신치토세 렌터카 반납 수속
렌터카 송영버스 10분

11:30
신치토세공항 도착

COURSE 05 — 6박 7일 베스트 코스

후라노, 비에이, 아사히카와, 아바시리, 시레토코, 구시로, 오비히로

✈ 신치토세공항 오전 도착) 10:00 제주항공 / 10:20 이스타항공 / 11:00 진에어
✈ 신치토세공항 오전 출발) 11:50 제주항공 / 11:20 이스타항공 / 12:10 진에어

홋카이도의 진면목을 즐길 수 있는 자유여행의 핵심 코스. 가장 인기가 많은 후라노, 비에이를 포함하여 아사히카와, 아바시리, 구시로, 오비히로를 완주하는 코스로, 도중에 세계 자연유산인 시레토코 지역도 지나기 때문에 홋카이도의 자랑인 자연환경과 일본 최고의 식재료들을 모두 즐길 수 있다.

1DAY 후라노, 비에이

10:30
신치토세공항 입국 수속

11:20
1층 인포메이션센터에서 렌터카 수속

12:00
렌터카 대리점 이동 후 수속 및 픽업
자동차 10분

12:10
Menya-Ray(라멘)에서 점심
자동차 2시간 10분

15:20
팜 토미타에서 라벤더 풍경 감상
자동차 7분

16:27
팡야 야마나카에서 빵 구매(5시 폐점)
자동차 13분

17:00
히노데 공원 오토캠핑장 체크인
자동차 7분

18:00
슈퍼 체인 후지에서 식재료 구매

18:30
캠핑장에서 저녁식사, 산책 및 휴식

2DAY 아사히카와

09:35
히노데 공원 산책
자동차 25분

10:00
하쿠긴소에서 온천욕
자동차 13분

11:13
시라히게노타키 관광
자동차 4분

11:37
아오이이케 관광
자동차 25분

12:32
만사쿠(소바)에서 점심
자동차 48분

14:20
아사히야마 동물원 관람
자동차 30분

17:00
도미 인 아사히카와 호텔 체크인
도보 5분

18:00
징기스칸 다이코쿠야(양고기) or 스미비 야키토리 료(꼬치구이)에서 저녁

20:00
휴식

3DAY 아바시리

09:00
아바시리로 출발
자동차 2시간 45분

11:45
키타호노카(사누키우동)에서 점심
자동차 55분

13:40
도립 오호츠크 공원 텐트 랜드 체크인
자동차 50분

14:50
왓카 원생 화원 관광
자동차 50분

16:40
코프 삿포로 아바시리 숍에서 식재료 구매

17:00
키하치(고래 고기, 회) or 스시 야마시타 (스시)에서 저녁

19:00
캠핑장 복귀 후 휴식

4DAY 시레토코

08:00
점심 간식 준비해서 시레토코로 출발
자동차 2시간

10:00
시레토코 다섯 호수 산책
자동차 35분

13:35
시레토코 고개 주차장 관광
자동차 2시간

16:00
니지베츠 오토캠핑장 체크인

18:00
캠핑장에서 저녁식사

5DAY 구시로

09:00
구시로 방면으로 출발
자동차 35분

09:35
마슈호 산책 및 관광
자동차 30분

10:05
산코 온천에서 온천욕
자동차 25분

11:30
세이류(중화요리)에서 점심
자동차 1시간 20분

13:50
구시로습원 호소오카 전망대 관광
자동차 20분

14:50
닷코부 오토캠핑장 체크인

15:20
닷코부 호수 산책 및 휴식

18:00
키신(가이세키 요리) or 캠핑장에서 저녁

6DAY 구시로, 오비히로

09:20
호수산책 후 오비히로로 출발
자동차 35분

10:00
누사마이바시 관광
자동차 10분

11:10
회전스시 마츠리야(스시)에서 점심
자동차 1시간 45분

13:55
자작나무 가로수길 산책
자동차 25분

14:30
토카치 전망대 관광
자동차 45분

15:30
도미 인 오비히로 체크인 및 온천

18:00
프티 플래지르(프랑스요리) or 로바타 우오센(화로구이) or 쿠시 바 오하나(꼬치구이)에서 저녁

7DAY 신치토세공항

08:45
공항 렌터카대리점으로 출발
자동차 2시간 15분

11:00
신치토세 렌터카 반납 수속
렌터카 송영버스 10분

11:30
신치토세공항 도착

ROUTE
01

1972년 동계 올림픽 개최 이래로 전 세계의 주목을 받게 된 삿포로는 일본여행의 모든 장점을 다 누릴 수 있는 곳이라고 할 수 있다. 갓 잡은 자연산 해산물들로 요리한 최고의 음식, 여름에도 쾌적하고 선선한 날씨, 겨울에는 세계적으로 인정하는 눈으로 덮인 아름다운 겨울왕국이 펼쳐지기에 4계절 내내 여행을 즐길 수 있다.

삿포로 札幌
SAPPORO

DRIVING ROUTE

삿포로는 홋카이도에서 가장 큰 도시인 만큼 대중교통이 발달한 편이다. 지하철, 버스, 노면전차 등이 도심 곳곳을 연결하고, 혼잡할 때도 제법 있기 때문에 시내에서는 렌터카를 주차장에 세워두고 도보 또는 대중교통을 이용하는 것이 더 편리하다.

SAPPORO

삿포로 테이네

테이네야마

테우치소바노 타구토
테우치우동 테라야

모이와야

삿포로 테이네
삿포로 시내에서 자동차로 40분 거리에 있는 스키장. 도시 여행과 스키 여행을 함께 즐길 수 있는 절호의 위치에 있다.

조잔케이 자연마을
삿포로 시내에서는 제법 떨어져 있지만, 홋카이도에서 겨울 캠핑과 스키여행을 동시에 즐길 수 있는 거의 유일한 캠핑장이다.

BASE CAMP 2

노스 사파리 삿포로

노스 사파리 삿포로
일본에서 가장 이색적인 체험을 할 수 있는 동물원. 일반 동물원에서 보기 힘든 희귀 동물을 만나볼 수 있다.

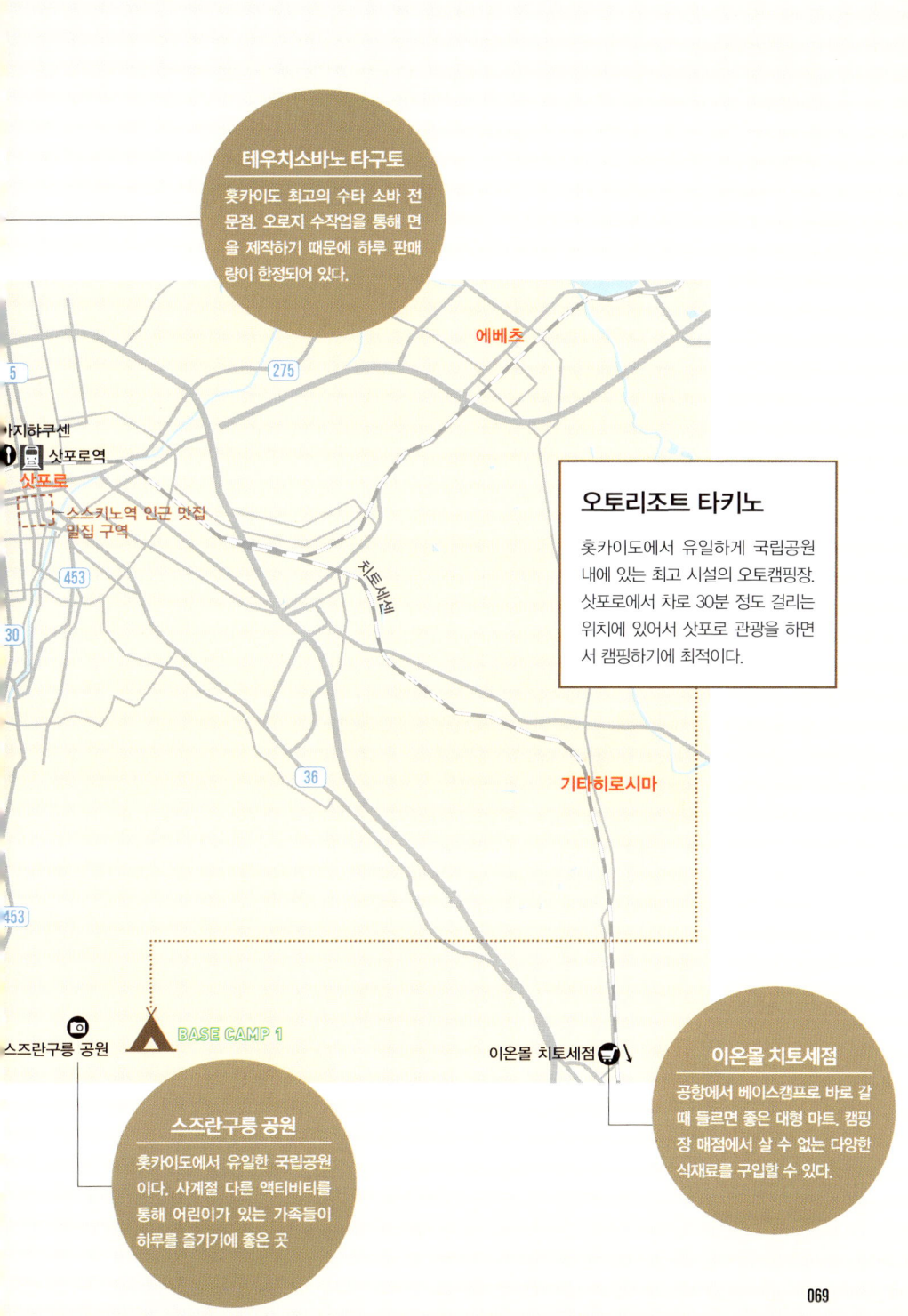

BASE CAMP

01

오토리조트 타키노
オートリゾート滝野

google 42.912961, 141.389753
Access 신치토세공항에서 차로 1시간 **Open** 4월 20일~10월 31일 / 체크인 13:00, 체크아웃 11:00 **Tel** 011-594-2121 **Web** takinopark.com
Reservation takino.otomari.info/vacancy/list

홋카이도에서 유일하게 국립공원 내에 자리한 오토캠핑장. 삿포로 시내에서 차로 40분 정도면 갈 수 있는 곳이라 도심 여행과 캠핑을 함께 즐길 수 있다는 장점이 있다. 또한, 일본 오토캠핑협회에서 별 5개 만점을 받을 정도로 주변 환경과 시설이 뛰어나다. 오토캠핑 사이트뿐만 아니라 시냇가 근처에 있는 프리텐트 사이트에도 잔디가 골프장처럼 잘 정돈되어 있다. 캠핑장 주변에는 놀거리가 풍부한 스즈란구릉 공원(すずらん丘陵公園)이 있어서 아이들과 함께 여행하는 가족들에게 추천한다.

🌱 TIP

게이트 차단기 조작 방법

게이트 차단기 옆에 있는 장치에서 (*) 표시를 누른 후 4자리의 비밀번호를 입력하고, 마지막으로 (開) 버튼을 누르면 차단기가 열린다. 비밀번호는 인터폰을 통해 물어보면 되는데, 일본어를 못한다면 다음 두 마디를 연습해서 통과하도록 하자.

☐ 예약했습니다.
　予約しました。 요야쿠시마시타

☐ 암호는 영어로 알려주세요
　パスワードは英語で教えてください
　파스와-도와 에이고데 오시에테구다사이

부대시설 및 대여용품

부대시설
☐ 매점　　　☐ 샤워실
☐ 빨래방　　☐ 건조기
☐ 잔디광장　☐ 놀이기구
☐ 전망대

대여용품
☐ 캠핑용품
☐ 바비큐용품
☐ 조리 도구 및 식기
☐ 스포츠 장비
☐ 전원 연장 코드
☐ 침구

오토리조트 타키노

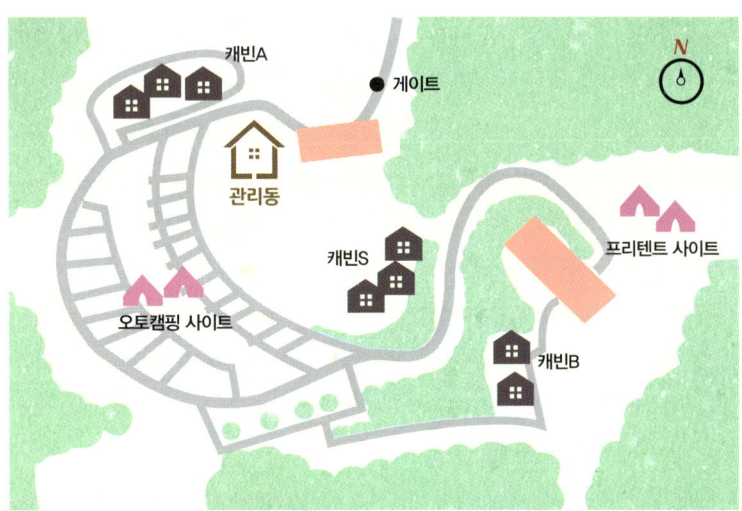

캐빈S(6~10인용)
- 요금: 1박 15,450엔~
- 시설: 화장실, 부엌, TV, 등유 난방기, 냉장고, 조명 설비, 테라스, 매트리스, 테이블 및 의자, AC 콘센트

캐빈A(6~10인용)
- 요금: 1박 8,250엔~
- 시설: 등유 난방기, 냉장고, 조명 설비, 매트리스, 좌식 테이블, AC 콘센트

오토캠핑 사이트
- **요금** 1박 4,100엔
- **시설** AC 콘센트, 공동취사장, 다목적 화장실

프리텐트 사이트
- **요금** 1박 1,550엔
- **시설** 전면 잔디

개수대

장보기 편한 주변 마트

 이온몰 치토세점
イオン千歳店

공항에서 베이스캠프로 바로 갈 때 들르면 좋은 대형 마트

google 42.828855, 141.648095 **Access** 신치토세공항에서 차로 약 10분, 베이스캠프 1에서 차로 약 1시간 **Address** 北海道千歳市栄町6丁目51 **Open** 8:00~21:00 **Tel** 0123-24-3100 **Web** www.aeon-hokkaido.jp/chitose **Parking** 무료

 도산쇼쿠자이 HUG
道産食彩HUG

관광객보다는 현지인이 애용하는 홋카이도산 식재료 전문점

google 43.057118, 141.350491 **Access** 스스키노역에서 도보 5분, 베이스캠프 1에서 차로 약 45분 **Address** 北海道札幌市中央区南2条西5丁目 **Open** 10:00~19:00 **Holiday** 연말연시 **Tel** 011-242-8989 **Web** www.s-hug.jp

02

조잔케이 자연마을
定山渓自然の村

google 42.931379, 141.152059
Access 신치토세 공항에서 차로 약 1시간 30분 Open 체크인 13:00, 체크아웃 11:30 Holiday 연중무휴 Cost 코티지(5명) 4,700엔 / 1박 1실, 텐트하우스(7명) 3,900엔 / 1박 1실, 텐트사이트(5명) 500엔 / 1구역 Tel 011-598-3100

텐트하우스 내부

홋카이도에서 겨울 캠핑과 스키여행을 동시에 즐길 수 있는 거의 유일한 캠핑장이다. 홋카이도에는 한겨울에 문을 여는 캠핑장이 많지 않은데 이곳은 삿포로시에서 직접 운영하기 때문에 1년 내내 오픈한다. 스키여행으로 인기 높은 니세코까지 차로 1시간 20분, 루스츠까지 차로 55분 정도 소요되어 입지도 괜찮은 편. 숙소는 5인이 숙박할 수 있는 방 2개의 코티지 10동과 7명이 숙박할 수 있는 몽골풍 텐트하우스 10동을 보유하고 있다. 코티지에는 난방시설, 냉장고, 싱크대, 다락방, 화장실이 붙어 있는데, 텐트하우스에는 난방시설과 매트, 담요만이 구비되어 있으니 상황에 따라 선택하도록 하자.
차로 5분 거리에는 물 좋기로 소문난 호헤이쿄 온천 豊平峡温泉이 있어서 편리하지만 마트가 주변에 없어서 식재료는 반드시 시내에서 구매한 후에 와야 한다.

텐트하우스▶

03

도미 인 프리미엄 샷포로

Dormy Inn PREMIUM Sapporo

google 43.057062, 141.348839 **Access** 스스키노역에서 도보 약 5분 **Open** 체크인 15:00 / 체크아웃 11:00 **Holiday** 연중무휴 **Tel** 011-232-0011 **Web** hotespa.net/hotels/sapporo **Parking** 1박 1,300엔

근성, 깔끔한 분위기의 천연 온천과 다양한 해산물 요리를 맛볼 수 있는 조식은 도미 인 프리미엄 샷포로 호텔의 장점이다. 무엇보다 오후 9시 30분부터 11시까지 무료 제공하는 야식 요나키라멘 夜鳴きラーメン만으로도 도미 인 프리미엄 샷포로 호텔에서 묵을 이유는 충분하다. 만약 도미 인 프리미엄 샷포로 호텔이 만실이라면 바로 건너편에 위치한 도미 인 샷포로 아넥스 Dormy Inn Sapporo ANNEX를 이용하자. 두 호텔은 같은 회사의 계열사로 주차장도 공용으로 사용하며 숙박 조건도 큰 차이가 없다.

베이스캠프를 샷포로 시내로 한다면 추천하고 싶은 호텔. 스스키노역 인근에 위치한 높은 접

스즈란구릉 공원
すずらん丘陵公園

google 42.913505, 141.387009 **Access** 베이스캠프 1에서 차로 약 5분 **Open** 봄·가을 09:00~17:00, 여름 09:00~18:00 겨울 09:00~16:00, 2월~4월 중순 휴무 (자세한 일정은 홈페이지 참조) **Holiday** 11월 11일~12월 22일(홈페이지 확인 필수) **Cost** 일반 450엔, 12월 23일~3월 31일 무료 **Tel** 011-592-3333 **Web** takinopark.com **Parking** 1대당 410엔

계절에 따라 다양한 체험이 가능한 홋카이도 유일의 국립공원. 오토리조트 타키노에서 캠핑을 하면 무료로 입장할 수 있고 계절마다 다양한 활동을 할 수 있어 사계절 내내 인기를 끈다. 봄에는 튤립, 여름엔 라벤더, 가을엔 코스모스가 공원 내 구릉에 만발해 자신도 모르게 카메라에 손이 가고, 겨울엔 구릉이 눈썰매장으로 변신해 동심을 자극한다. 원내에 있는 어린이 계곡 こどもの谷 에는 달걀 모양의 쿠션 위에서 아이들이 방방 뛰어놀 수 있는 쿠신쿠신 타마고 スウフワエッグ, 용암을 본떠 만든 '용암 미끄럼틀 溶岩すべり台' 등 각종 어린이용 놀이기구가 무료로 개방되어 있어 온 가족이 하루를 알차게 보내기 좋다.

노스 사파리 삿포로
North Safari Sapporo

google 42.947886, 141.223325 **Access** 베이스캠프 1에서 차로 약 40분 **Address** 札幌市南区豊滝 469-1 **Open** 9:00~18:00(매월 영업시간이 상이하므로 반드시 홈페이지 참조 **Holiday** 부정기 (홈페이지 확인 필수) **Cost** 하계(4월말~11월) 일반 1,500엔 어린이 500엔, 동계(12월~4월말) 일반 1,100 어린이 400엔 **Tel** 011-596-5300 **Web** north-safari.com **Parking** 가능

일본에서 가장 이색적인 체험을 할 수 있는 동물원. 일반 동물원에서 볼 수 없는 희귀 동물을 눈으로 보고 손으로 쓰다듬을 수 있을 뿐 아니라 일본에서 유일하게 사자 낚시 ライオン釣り를 체험할 수 있어 호기심을 자극한다. 이외에도 벵골 호랑이나 기린에게 직접 먹이 주기, 펭귄과 아기 여우 안기, 올빼미 팔에 앉히기, 그리고 겨울에는 개썰매도 운영하는 등 일반 동물원에서는 해보기 힘든 재미있는 체험으로 가득하다. 동물을 좋아하는 사람이라면 말할 것도 없고 동물을 무서워하던 사람이라면 동물과 한걸음 가까워지는 경험을, 가족이나 연인과 함께 방문한다면 잊지 못할 추억을 만들 수 있을 것이다.

테우치소바노 타구토
手打蕎麦のたぐと

google 43.076718, 141.284593 **Access** 스스키노역에서 차로 약 20분, 베이스캠프 1에서 차로 약 50분 **Address** 北海道札幌市西区西野一条3-2-2 **Open** 11:00~15:00 **Holiday** 일요일 · 국경일 **Tel** 011-663-6733 **Web** 없음 **Parking** 가능

홋카이도 최고의 수타 소바 전문점. 사과농장의 벽돌창고를 개조해 만들어 수수하면서도 정감 있는 외관은 인증샷을 부르고, 천장이 높고 카페처럼 아담한 실내 분위기는 편안하게 한 끼 식사를 즐기기에 안성맞춤이다. 기계를 일절 사용하지 않고 오로지 수작업을 통해 면을 제작해서 하루 판매량이 한정되어 있기 때문에 타구토의 소바를 맛보려면 가게 문을 여는 11시에 가는 것이 좋다. 선착순으로 지급하는 플라스틱 표를 받아야만 수타 소바를 맛볼 수 있으므로 아침 일찍 발걸음을 옮겨야 한다.

가장 인기 있는 메뉴는 토리고보세이로 とりごぼうせいろ(닭 우엉소바, 1,220엔)로 잡내가 전혀 없는 닭고기와 바삭한 우엉튀김의 조화가 절묘하다. 면이 엉겨 붙는 걸 방지하기 위해 두 번에 나누어 제공하는 센스도 인상적이다. 사이드 메뉴인 에비텐푸라 えび天ぷら(새우튀김, 600엔)와 이카텐푸라 いか天ぷら(오징어튀김 1개, 200엔)도 재료 본연의 맛을 그대로 느낄 수 있는 신선한 맛이다. 주전자에 담아주는 소바유(메밀당수)는 입맛을 끊임없이 돋운다.

TIP
플라스틱 쿠폰 사용법
차가운 소바를 많이 먹고 싶은 사람은 입장할 때 청색 1개 백색 1개를 집어서 주문할 때 보여주면 면 3판을 먹을 수 있다.

따뜻한 소바
1인분 적색 / 0.5인분 황색

차가운 소바
1인분 청색 / 0.5인분 백색

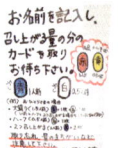

◀ 소바유

새우튀김 ▶

FOOD

아지햐쿠센
味百仙

google 43.069072, 141.348632
Access 삿포로역에서 도보 약 5분, 베이스캠프 1에서 차로 약 50분
Address 北海道札幌市北区北七条西4 宮澤興業ビル B1F **Open** 월요일~금요일 5:00~24:00, 토요일 17:00~23:00 **Holiday** 일요일·공휴일 **Tel** 011-716-1000 **Web** ajihyaku.exblog.jp **Parking** 불가

일본 선술집 이자카야에 관한 책만 50권을 쓴 오타카즈히로 太田和彦 작가도 맛을 보고 극찬한 삿포로 이자카야. 작가는 일본 전역의 이자카야집을 돌아보고 204곳을 엄선하여 추천했는데 홋카이도 지역에서 유일하게 선정된 이자카야가 바로 이곳이다. 일본의 유명 사케부터 민속주까지 다양한 술이 빠짐없이 준비되어 있고 안주로 나오는 요리는 술맛을 해치지 않고, 술맛을 음미하도록 적절하게 돕는다. 가게의 간판 메뉴인 감자샐러드 포테토 사라다(500엔)뿐만 아니라 오토시로 나오는 간장에 절인 타라코 たらこ(대구알), 여섯 가지 제철 생선으로 구성한 사시미모리아와세 刺身盛り合わせ(모둠회, 2,000엔, 1인분), 카키토고르곤조라 カキとゴルゴンゾーラ(굴과 고르곤졸라, 650엔), 쿠지라베이콘 鯨ベイコン(고래베이컨, 1,500엔), 츠부가이 つぶ貝(고동, 1,200엔), 아나고텐푸라 アナゴテンプラ(아나고튀김, 950엔), 미가키니신 네기미소 身欠きにしんねぎ味噌(말린 청어와 파 된장, 450엔) 등도 훌륭하다. 전좌석이 금연이라 쾌적하다는 것도 이 가게의 장점. 단, 예약을 하지 않고 방문할 경우 대기 시간이 길어질 수 있으므로 꼭 예약을 하고 방문하자.

키라이토
喜来登

google 43.056875, 141.349236
Access 스스키노역에서 도보 5분. 베이스캠프 1에서 차로 약 45분 **Address** 北海道札幌市中央区南2条西6丁目3-2 岡田ビル **Open** 11:00~22:30 **Holiday** 목요일 **Tel** 011-242-6070 **Parking** 불가

파를 좋아하는 사람이라면 거부할 수 없는 마성의 라멘가게. 한 번 맛을 본 사람이라면 호텔 조식 뷔페도 마다하고 개점 시간에 맞춰 갈 만큼 그 맛에서 헤어나지 못한다. 가장 인기 있는 메뉴는 미소라멘 味噌ラーメン(800엔)으로 라멘 위에 마치 탑을 세운 듯 파가 올라간다. 된장으로 맛을 냈음에도 국물은 짜지 않고, 육수의 열기에 파가 살짝 익으면 파향이 라멘 육수에 고루 퍼져 맛을 더한다. 그렇게 열기에 익은 파를 먹어보면 생각도 못한 파의 깊은 맛에 반하고 만다.

우동, 라멘, 소바의 차이

- **우동** : 면 반죽은 오로지 밀가루, 소금, 물로만 한다.
- **라멘** : 라멘의 면 반죽도 밀가루가 주원료. 다만 면발에 탄력과 풍미를 더하기 위해 순두부를 응고시킬 때 사용하는 간수를 밀가루에 배합한다는 점에서 우동 면 반죽과 다르다.
- **소바** : 면 반죽에 메밀을 30% 이상 사용하면 소바라고 부른다.

현지인이 극찬하는 일본식 퓨전 선술집. 이곳에선 메뉴판을 매일 새로 만든다. 날마다 신선한 재료를 공수해서 그날그날 다른 음식을 만들기 때문. 그렇게 만들어진 정갈한 요리에 아늑한 인테리어가 더해져 고자루만의 멋스러운 분위기가 완성된다. 메뉴판에서 원숭이 그림이 그려진 음식이 가게의 추천 요리. 가게의 추천 요리 이외에도 오토시 お通し로 나오는 호박차왕무시(380엔)나 오키나와 특산품인 우미부도우 海ブドウ(바다포도, 580엔)는 다른 가게에서 맛보기 힘든 음식이므로 꼭 먹어보도록 하자. 참고로, 가게 이름 고자루 ござる는 5마리 원숭이란 뜻이다. 2004년 원숭이해에 5명이 힘을 합쳐 오픈했다고 해서 붙인 이름이다.

타베고토야 고자루
たべごと屋 ござる

google 43.056547, 141.35673 **Access** 스스키노역(すすきの駅)에서 도보 5분, 베이스캠프 1에서 차로 약 45분 **Address** 北海道札幌市中央区南四条西1-5-5 酒井ビル 1F **Open** 17:00~24:00 **Holiday** 일요일 **Tel** 011-232-9550 **Parking** 불가

▲ 바다포도

▶ 모둠회

▲ 부루고뉴풍 표고버섯과 고동

▼ 호박차왕무시

오뎅 잇페이
おでん一平

google 43.056391, 141.353660
Access 스스키노역에서 도보 2분 5층에 위치, 베이스캠프 1에서 차로 약 45분 **Address** 北海道札幌市中央区南三条西3 克美ビル 5F **Open** 17:00~21:30 **Holiday** 일요일·월요일·국경일 **Tel** 011-251-1688 **Parking** 불가

오뎅 하나만으로 미슐랭에 등재된 오뎅 전문점이다. 주방장은 무려 53년 동안 어묵을 만들어 온 장인, 손님과 대화하는 와중에도 오뎅의 상태를 알뜰히 살피는 프로다. 제철 재료로 오뎅을 만들기 때문에 그날 오뎅 재료를 손으로 적어 벽에 걸어두고 시가에 따라 판매한다. 오뎅을 삶는 육수가 맛의 경지에 이르러 어떤 재료로 만든 오뎅이라도 육수에 넣어 삶는 순간 최고의 요리가 된다. 그중에서도 신선도가 높은 타치 たち (대구 곤이)와 가게 주인이 적극 추천하는 미츠바 みつば(미나리), 그리고 흔히 먹을 수 없는 카니슈마이 かにしゅうまい(게 만두)는 꼭 주문해서 먹어보자. 그밖에 현지인들이 대부분 주문하는 다이콘 大根(무), 홋키가이 ほっきがい(함박조개), 채소, 두부, 당면 등을 유부로 싼 칸모도키 がんもどき 등도 맛있다. 인당 대략 3,000엔에서 5,000엔 정도의 예산이 필요하며 술은 생맥주와 정종만 판매한다.

◀ 오뎅솥

미나리 ▲   ◀ 대구 곤이

은행 ▶

표고버섯 게 만두 ▲

TIP
일본어로 주문하기

일본어 사용이 어려운 방문객이라면 주문과 계산에 어려움을 겪을 수도 있다. 가게 주인이 영어를 전혀 사용하지 못하기 때문. 일본어를 못하지만 꼭 이 곳에 가고 싶다면 기본 일본어와 주문하고 싶은 메뉴의 이름은 반드시 암기하고 가자. 노력할 만한 가치가 있다.

- 일인분 一人前 이치닌마에
- 이인분 二人分 후타리분
- 삼인분 三人分 산닌분
- **게 만두 3인분 주세요.**
  かにしゅうまい 三人分ください
  카니슈마이 산닌분 구다사이

▲ 함박조개

성게알 ▶

셋카테이
雪華亭

google 43.056785, 141.352138
Access 스스키노역에서 도보 약 5분, 베이스캠프 1에서 차로 약 45분
Address 北海道札幌市中央区南三条西4 J-BOXB1 **Open** 17:00~23:00
Holiday 연중무휴 **Tel** 011-251-1366 **Web** sekkatei.com **Parking** 불가

삿포로의 대표음식 게 요리를 제대로 맛보고 싶다면 이곳이 바로 정답. 삿포로엔 다양한 게 요리 전문 프렌차이즈가 있지만, 게 요리 하나로 25년을 넘게 달려온 설화정은 매장 인테리어나 서비스 면에서 한층 높은 품격을 보여준다. 단, 가격이 부담스럽다면 단품 위주로 주문하자. 인기 메뉴인 카츠게가니 活毛蟹(활털게, 7,800엔)는 사시미 刺身(회)·유데 茹で(데침)·무시 蒸し(찜) 세 가지 조리방법 중 하나를 선택해서 주문할 수 있는데, 찜 요리로 주문하는 경우가 대부분이다. 게 샤부샤부의 경우 게 종류에 따라 가격이 천차만별이다. 제일 비싼 킹크랩은 다리 한쪽에 2,880엔이고, 마츠바가니 松葉ガニ는 상대적으로 저렴하다. 게 샤부샤부를 먹고 남은 육수에 계란 등을 넣고 만든 죽을 먹으면 더할 나위 없는 완벽한 한 끼 식사가 완성된다.

◀ 활털게

▲ 킹크랩과 마츠바가니 샤부샤부

야채죽 ▶

슈보우신센
酒房 しんせん

google 43.053542, 141.354750
Access 스스키노역에서 도보 5분, 베이스캠프 1에서 차로 약 40분
Address 北海道札幌市中央区南六条西3 秋水ビル 1F **Open** 17:30~23:00 **Holiday** 일요일 · 국경일 **Tel** 011-512-3721 **Web** 없음 **Parking** 불가

▲ 배도라치 구이와 말린 열매

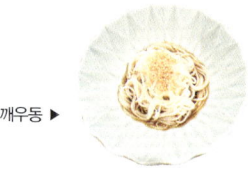
◀ 깨우동

◀ 흑돼지 수프

▲ 알을 품은 모란새우

슈보우신센은 삿포로의 대표적인 갓포 割烹 요리 전문점으로 미슐랭 투 스타로 평가받는 검증된 맛집이다. 갓포 요리란 양념이나 조리를 강하게 하지 않아 재료 본연의 맛을 최대한 살려 즉석에서 만드는 일본의 고급 요리를 일컫는다. 재료의 신선도가 갓포 요리의 맛을 좌우하기에 슈보우신센의 주인은 직접 산지를 방문해 생산 환경과 생산자를 만나보고 재료를 구매한다. 슈보우신센의 코스 요리는 일인당 10,000엔으로 상당히 비싼 편이지만, 한국에서 경험할 수 없는 홋카이도 사슴고기 꼬치, 내장까지 신선한 오징어 회, 시레토코산 닭과 흑돼지 수프, 코모치보탄에비 子持ちボタンエビ(알을 품은 모란새우), 가재미회, 나마시샤모 生ししゃも(생열빙어), 샤코샤코(갯가재), 카니미소 かに味噌(게 내장) 등 전국의 명품 식재료가 차례로 식탁을 채운다. 마지막에 제공되는 고마우동 ごまうどん(깨우동)과 흑자두는 식사를 깔끔하게 마무리하기 좋다.

튀김을 명품 요리로 승화시켜 미슐랭에 이름을 올린 텐푸라 전문점. 주요 메뉴는 동경식 텐푸라 코스 요리로 양에 따라 인당 5,000엔에서 7,000엔의 예산이 필요하다. 아나고 あなご(붕장어) 뼈와 새우를 시작으로 새우 내장, 생선, 표고버섯 그리고 붕장어 등 튀김이 쉴 새 없이 나온다. 튀김 요리 사이사이엔 대구 곤이로 만든 두부, 가지치즈구이, 미역 샐러드 등이 나와서 지루할 틈을 주지 않는다. 튀김 소스는 레몬즙, 오키나와해염, 녹차 소금 세 가지가 있어 기호에 맞게 찍어 먹을 수 있다. 마지막으로 식사는 세 가지 종류 중 하나를 고를 수 있는데, 그중 오차즈케 위에 야채 튀김을 올린 텐차 天茶가 괜찮다. 반주를 한다면 튀김과 의외로 궁합이 잘 맞는 와인 추천.

텐푸라젠
てんぷら膳

google 43.055185, 141.354272
Access 스스키노역에서 도보 약 5분, 베이스캠프 1에서 차로 약 45분
Address 北海道札幌市中央区南4条西3丁目第32桂和ビル 4F **Open** 17:00~23:30 **Holiday** 월요일 **Tel** 011-522-2515 **Web** tempurazen.com **Parking** 불가

모츠노아사다치
モツの朝立ち

google 43.056087, 141.351957
Access 스스키노역에서 도보 약 3분, 베이스캠프 1에서 차로 약 45분
Address 北海道札幌市中央区南3条西4-9 カミヤビル 1F Open 화요일~토요일 18:00~03:00, 일요일·국경일 17:00~24:00 Holiday 월요일·두번째 화요일 Tel 011-233-0088 Parking 불가

신선하고 영양가 높은 양 곱창을 저렴한 가격으로 배불리 먹을 수 있는 식당. 한국의 양 곱창집에서 아이디어를 얻고 중화식당과 고깃집에서 경력과 기술을 쌓아 직접 개발한 독창적인 곱창 요리를 판매한다. 가게에서 적극적으로 추천하는 메뉴는 계란이 들어간 곱창전골, 모츠노니코미 타마고이리 モツの煮込み 玉子入り(600엔). 얼핏 보면 빨간 국물이 매울 것 같지만 한 숟갈 떠먹으면 맵지 않고 담백한 맛에 반한다. 미노 ミノ(양)를 복어처럼 얇게 썰어 회로 제공하는 후구모도키 ふぐもどき(550엔)도 일품.

▶ 미노

◀ 아보카도 구이

▲ 곱창전골   ◀ 후구모도키

스시킨
鮨金

google 43.055859, 141.352667
Access 스스키노역에서 도보 3분, 베이스캠프 1에서 차로 약 45분
Address 北海道札幌市中央区南四条西4-5-4 松岡ビル 1F Open 18:00~22:00(예약제 운영) Holiday 수요일 Tel 011-251-9521 Parking 불가

홋카이도 현지인이 적극 추천하는 미슐랭 원스타 스시 맛집. 스시킨에서는 간장이나 와사비를 별도로 첨가하여 먹지 않아도 된다. 생선별로 직접 만든 소스를 가미하여 스시를 만들기 때문. 흥미로운 점은 여기서 끝이 아니다. 스시킨은 홋카이도가 아닌 도쿄 어시장에서 해산물을 공수한다. 가장 질 좋은 홋카이도 해산물은 현지에서 판매되지 않고 도쿄 어시장으로 보내지기 때문이라는 것이 마츠바시 셰프의 설명. 항상 제철 생선으로 스시를 만들기에 계절에 따라 가장 맛좋은 해산물로 만든 신선한 스시를 한껏 즐길 수 있다. 메뉴는 코스 요리 하나로 가격은 15,000엔이다.

▲ 갈치와 대두   ▼ 고등어   ▲ 재첩국

삿포로엔 반드시 머리를 스님처럼 밀어야 일을 할 수 있는 신기한 식당이 있다. 음식에 머리카락을 떨어뜨리지 않는 몸가짐이 셰프의 기본자세라고 생각하기 때문. 맛에 대해서도 철저하다. 우동의 생명인 최고의 면발을 뽑아내기 위해 수많은 시행착오를 겪고, 결국 홋카이도산 밀가루와 호주산 밀가루를 절묘하게 배합해 만든 면발로 테라야는 미슐랭에 등재되는 우동 맛집으로 거듭나게 되었다. 따뜻한 국물을 부어 먹는 일반 우동도 맛있지만, 테라야에서는 국물을 살짝 뿌려 먹는 냉 우동 붓카케텐푸라 ぶっかけ天ぷら(1,040엔)를 추천한다. 쯔유 베이스의 국물 소스와 바삭바삭한 튀김, 그리고 곱게 간 무와 파가 탱글탱글한 우동면과 최고의 궁합을 보여준다. 한쪽에서 판매하는 어묵도 별미. 놓치지 말고 주문해서 먹어보자.

테우치우동 테라야
手打ちうどん 寺屋

google 43.068390, 141.295132 **Access** 삿포로역에서 차로 약 20분, 베이스캠프 1에서 차로 약 50분 **Address** 北海道札幌市西区山の手3条6丁目1-10 **Open** 화요일~금요일 11:00~14:30, 18:00~21:00, 토요일 · 일요일 · 국경일 11:00~17:00 **Holiday** 월요일 · 매달 셋째 주 화요일 **Tel** 011-622-4828 **Web** udonteraya.com **Parking** 무료

▼ 튀김우동

붓카케텐푸라 ▼

🧭 TIP
주차할 때 주의사항
홋카이도에서 드라이브 여행을 할 때 주의해야 할 점은 바로 주차 문제다. 삿포로 같은 대도시에는 유료 주차가 대부분이다. 빈 공간이 보이더라도 주차가 가능한지 우선 확인하고 주차를 해야 한다. 불법 주차 구역에 5분 이상 주차를 할 경우 벌금이 무려 18,000엔에 달하므로 주의하자. 수타 우동 전문점 테라야는 가게 뒤편에 무료 주차가 가능하다. 5대 정도가 주차할 수 있는 넓지 않은 공간이지만 식당 회전율이 빨라 조금만 기다리면 주차할 수 있다.

삿포로에서 만난 사람들

오뎅 잇페이 타니키 셰프

미슐랭에 등재된 오뎅 전문점을 운영하는 타니키 슈쿠 셰프는 53년 동안 오로지 오뎅만 만들어 온 장인. 셰프라는 말을 붙이기도 미안할 만큼 음식을 다루는 내공이 엄청나다. 간단한 요리 하나에도 정성을 다하는 모습은 77세라는 나이가 무색할 정도. 아쉽게도 타니키 씨는 영어를 못하기 때문에 오뎅을 제대로 맛보려면 간단한 오뎅 용어를 미리 숙지하고 가는 것이 좋다.

◀ 대구 곤이

슈보우신센 에치고 셰프

에치고 셰프는 '요리사란 좋은 재료가 손님들에게 제대로 평가받을 수 있도록 중개하는 일'이라 정의한다. 이러한 철학 때문에 채소를 비롯하여 사용하는 모든 식재료는 산지까지 직접 찾아가서 생산 환경을 살펴보고 생산자를 만나본 뒤 최종적으로 선택한다고 한다. 이 사실을 알고 나니 일품요리가 나올 때마다 왜 모든 식재료의 생산지를 힘주어 설명하는 지 이해가 된다.

▲ 말린 무화과 / 사슴고기꼬치

◀ 연어알

▲ 시레토코산 닭 / 명란 / 청어 / 홍합 / 땅콩

🍴 모츠노아사다치 우치자와 셰프

일상에 지친 샐러리맨들에게 영양 많은 곱창을 싸게 서비스하겠다는 일념으로 소곱창 전문점을 운영하는 우치자와 内沢 셰프. 가게 이름 아사다치 朝立ち에서 알 수 있듯 사람들이 건강한 아침을 맞이할 수 있도록 직접 개발한 다양한 곱창 요리를 제공하는데, 대부분 우리나라의 양곱창 가게에서 힌트를 얻었다고. 가성비가 좋아 누구나 편하게 음식을 즐길 수 있는 것이 특징이다.

◀ 천엽

◀ 아카센

🍴 타베고토야 고자루 타치바나 셰프

현지인들 사이에서 인기 만점인 퓨전 선술집을 운영하는 타치바나 셰프. 서글서글한 인상이 매력적이라 그런지 가게에는 여성 손님들이 특히 많다. 얼굴뿐만 아니라 손맛도 뛰어나 어떤 메뉴를 시켜도 만족스럽게 먹을 수 있다는 점은 더 매력적. 가게 이름인 다섯 마리 원숭이 고자루를 일본어 음독으로 읽으면 '고엔 五猿'인데, 인연을 뜻하는 고엔 ご縁과 같은 발음이 난다며, 손님들 모두 좋은 인연을 만났으면 한다고.

◀ 성게알 김말이

🍴 테우치우동 테라야 테라이 셰프

미슐랭 수타우동 전문점 테라야의 주방에서 일하고 싶다면, 머리를 밀어야 한다. 머리카락 한 올도 떨어뜨리지 않는 청결한 몸가짐이 셰프의 기본자세라 생각하는 테라이 셰프의 신념 때문이다. 맛에 대해서도 철저하다. 기온과 습도에 따라서 우동면의 반죽도 수분과 염도의 비율을 다르게 해야 한다는 경험과 최고의 우동면을 만들기 위해 수많은 시행착오 끝에 찾아낸 북해도산과 호주산 밀가루의 배합이 미슐랭에 등재된 우동 맛을 만들어 냈다.

붓카케덴푸라 ▶

SPECIAL

올림픽 코스를
즐길 수 있는 스키장
삿포로 테이네
SAPPORO TEINE

1972년 삿포로 동계올림픽의 주경기장이었던 삿포로 테이네는 삿포로 시내에서 40분밖에 걸리지 않아 지금까지도 사랑받는 스키장이다. 삿포로 테이네 스키장은 크게 삿포로 동계올림픽 당시 성화대를 설치하고 봅슬레이 경기장으로 이용했던 올림피아 존과 알파인 경기를 진행했던 올림피아 존으로 구분된다. 삿포로 동계올림픽에 사용되었던 모든 코스를 직접 누빌 수 있을 뿐만 아니라, 표고가 1,000미터 이상으로 파우더 눈의 상태가 매우 좋다. 또 올림피아 존 정상에 1.5킬로미터 길이의 급사면으로 만들어진

모굴코스는 상급자 스키어들의 도전 욕구를 불러일으키는 장소로 알려져 있다. 주차는 올림피아 존을 지나 10분 정도 더 올라 하이랜드 존 부근에 하는 것이 테이네 스키장의 15개 코스를 모두 돌기에 효율적이다.

google 43.097157, 141.209618 **Access** 삿포로역에서 차로 약 40분 **Address** 札幌市手稲区手稲本町593 **Open** 12월 초~4월 초 전일 09:00~17:00, 야간 16:00~21:00(구체적인 일시와 영업시간은 홈페이지 확인 필수) **Holiday** 영업 기간 동안 무휴 **Cost** 리프트권 1일 5,200엔, 6시간 4,400엔, 4시간 4,00엔 **Tel** 011-682-6000 **Web** sapporo-teine.com/snow

ROUTE 02

감성과 낭만이 흐르는 운하의 도시 오타루. 과거엔 운하를 중심으로 발전한 산업도시였지만 현재는 감성 여행지로 변신에 성공했다. 고즈넉한 운하를 따라 산책해보기, 신선한 해산물 즐기기, 오르골을 파는 상점 둘러보기 등 오타루에서 할 수 있는 즐길거리는 무궁무진하다. 일본에서 가장 낭만적인 도시, 오타루로 떠나보자.

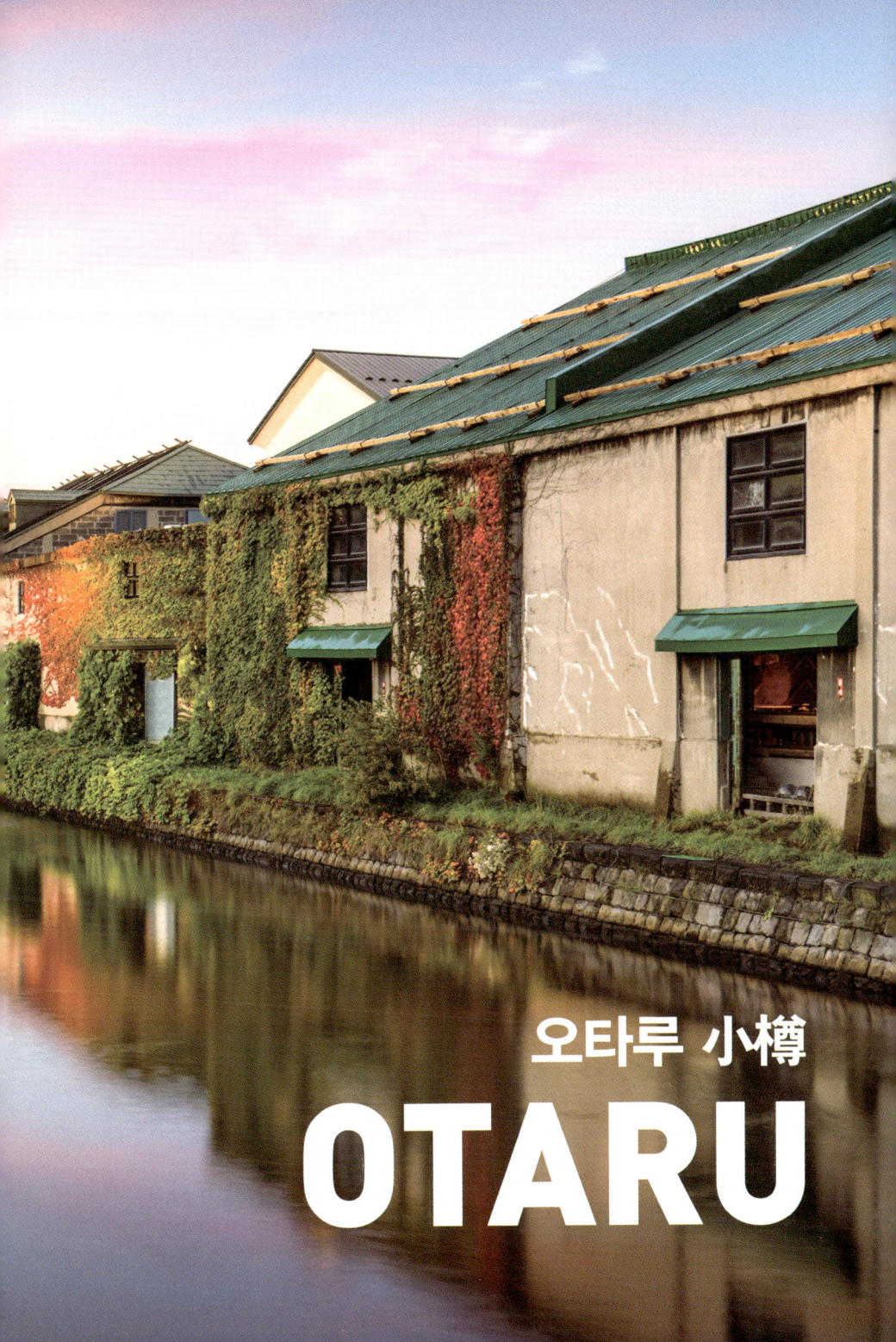

DRIVING ROUTE

베이스캠프인 아사리가와 온천 오토캠핑장에서 오타루역까지는 자동차로 약 20분 거리. 오타루 시내의 주요 명소와 맛집은 대부분 오타루역에서 도보로 이동할 수 있기 때문에 역 주변에 차를 세워두고 산책하듯 걸어 다니며 여행을 즐기면 된다.

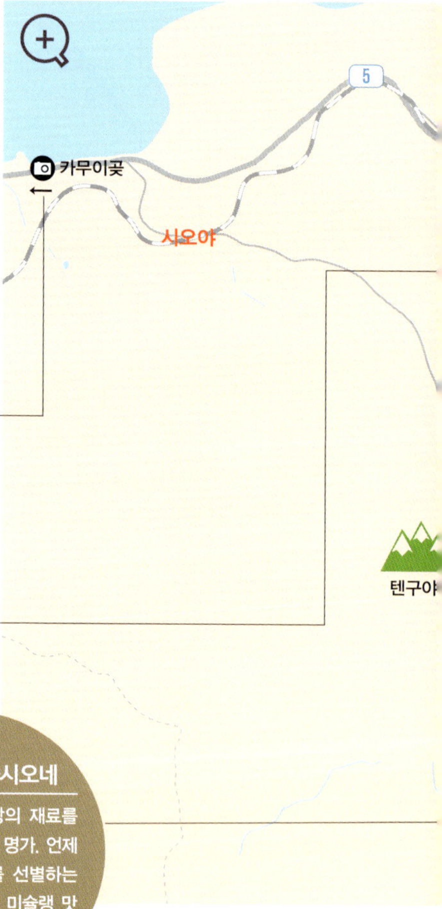

카무이곶
홋카이도에서 유일하게 해중공원으로 지정될 만큼 아름다운 자연경관으로 인정받고 있는 곳. 단, 베이스캠프에서 2시간 거리라는 것이 아쉽다.

오타루 삼각시장
오타루에서 생산되는 최상급 해산물은 대부분 오타루 삼각시장으로 집결한다. 해산물 덮밥 카이센동의 명성이 높을 수밖에 없는 이유다.

슌미소사쿠 하시오네
일본 각지에서 최상의 재료를 가져와 만드는 스시 명가. 언제나 최고급 식재료를 선별하는 열정과 노력 덕분에 미슐랭 맛집이 되었다.

니시즈카

3대를 이어오며 40년째 스시를 만들어 온 오타루의 숨은 맛집이다. 고급스러운 해산물 요리를 조용한 분위기에서 음미하기에 제격.

오타루 운하와 석조창고

평화로운 산책로와 복고풍의 카페, 그리고 아기자기한 공예 상점이 밀집해 있는 오타루 여행의 상징과도 같은 곳이다.

라쿠텐

동서양의 조화가 엿보이는 미슐랭 이자카야. 서양식과 일식을 퓨전하여 만드는 오뎅과 야키토리가 일품이다.

아사리가와 온천 오토캠핑장

오타루 시내에서 매우 인접한 오토캠핑장. 특히, 도보 10분 거리에 아사리가와 온천 스키장이 위치해 있어 스키장을 방문하려는 여행자가 묵기에 더할 나위 없다.

BASE CAMP

01

아사리가와 온천 오토캠핑장
朝里川温泉オートキャンプ場

Access 오타루역에서 자동차로 약 20분 **Address** 小樽市朝里川温泉2丁目 686 **Open** 5월 1일~10월 28일 / 체크인 13:00~17:00, 체크아웃 10:30 **Cost** 입장료 일반 300엔, 초등학생 200엔, 쓰레기처리 비용 1인당 100엔 **Tel** 0134-52-1185 **Web** winkel.co.jp

오타루 시내에서 차로 20분 정도 이동하면 도착하는 작은 캠핑장이다. 캠핑장에서 10분 거리에는 아사리 해수욕장이 있고, 캠핑장에서 걸어 갈 수 있는 위치에는 가족들이 게이트볼을 즐길 수 있는 파크 골프장과 아사리가와 온천 스키장도 있다. 특히, 도보 10분이면 갈 수 있는 아사리가와 온천 스키장은 리프트 요금도 상대적으로 저렴하고 압설 등 슬로프 정비가 준수하여 초보 스키어들이 좋아하는 지역 스키장이다. 겨울에는 오토캠핑장을 운영하지 않지만 별장과 콘도미니엄을 1년 내내 운영하므로 겨울에 방문한다면 이곳에 묵으면 된다. 파오 하우스에선 실내 화로를 사용할 수 있고, 콘도미니엄에 노천 온천이 있다는 것도 빼놓을 수 없는 장점이다.

부대시설 및 대여용품

부대시설
- 매점
- 취사장
- 수세식 화장실
- 유리 액세서리 공방
- 놀이기구

대여용품
- 캠핑용품
- 바비큐용품
- 조리도구 및 식기류
- 스포츠 장비
- 기타 잡화

아사리가와 온천 오토캠핑장

텐트 사이트
- **요금**: 1박 3,000엔, 공휴일 전날·성수기(7월~9월) 4,000엔
- **시설**: AC 전원

파오 하우스(6명)
- **요금**: 6인용 방갈로 1박 7,800엔, 공휴일 전날·성수기(7월~9월) 9,800엔
- **시설**: AC 전원, 조명, 환풍기, 냉장고, 화로

별장(6~14명)

- 요금: 일반 1인당 월~목 5,300엔, 금·공휴일 전날 6,000엔 / 초등학생 1인당 월~목 4,240엔, 금·공휴일 전날 4,800엔
- 시설: 전자레인지, 냉장고, 에어컨, 선풍기, 난로, 건조기, 각종 주방 용품 및 식기류, 비누, 재떨이, 살충제 등

텐트 하우스(6명)

- 요금: 6인용 방갈로 1박 12,000엔, 공휴일 전날·성수기(7월~9월) 14,000엔
- 시설: AC 전원, 조명, 다다미 난방, 냉장고

콘도미니엄(4~7명)

- 요금: 일반 1인당 월~목 10,300엔, 금·공휴일 전날 11,300엔 / 초등학생 1인당 월~목 8,240엔, 금·공휴일 전날 9,040엔
- 시설: 전자레인지, 냉장고, 에어컨, 선풍기, 난로, 건조기, 각종 주방 용품 및 식기류, 칫솔, 비누, 살충제, 샴푸 및 타월 등

장보기 편한 주변 마트

이온몰 오타루점
イオン小樽店

각종 식재료를 구매할 수 있는 오타루에서 제일 큰 대형 마트

google 43.184612, 141.021616 **Access** 베이스캠프에서 차로 약 15분 **Address** 北海道小樽市築港11-6 **Open** 09:00~21:00 **Tel** 0134-21-3100 **Web** www.aeon-hokkaido.jp/otaru **Parking** 가능

SIGHT

오타루 운하와 석조창고
小樽運河と石造倉庫

google 43.199723, 141.001759 **Access** 오타루역에서 도보 약 20분, 베이스캠프에서 차로 약 20분 **Address** 北海道小樽市港町 **Open** 24시간 **Tel** 0134-32-4111 **Web** www.city.otaru.lg.jp

오타루를 감성과 낭만이 넘치는 여행지로 만든 일등공신, 바로 오타루 운하다. 오타루 운하와 석조창고는 오타루 항구에 정박한 무역선의 해상 운송로와 저장고로 활용하기 위해 만든 무역 시설이었다. 하지만, 이제는 평화로운 분위기의 산책로와 복고풍의 카페와 레스토랑, 그리고 유리공예품과 오르골을 파는 아기자기한 상점이 오타루 운하와 석조창고를 가득 채우고 있다. 낮과 밤의 서로 다른 풍경과 정취가 항시 운하를 타고 흘러 언제 방문해도 운치가 있다. 그래서 홋카이도 최고의 관광지를 오타루로 손꼽는 사람들도 많다. 시간 여유가 있다면 계절 상관없이 언제든 탈 수 있는 운하 크루즈 체험을 즐겨보자. 소요시간은 40분, 요금은 주간 1,500엔, 야간 1,800엔이다.

SIGHT

카무이곶
神威岬

google 43.327851, 140.356806
Access 오타루역에서 차로 약 1시간 40분, 베이스캠프에서 차로 약 2시간 **Address** 北海道積丹郡積丹町神岬町 **Open** 시기에 따라 다름(홈페이지 확인 필수) **Holiday** 무휴 **Tel** 0135-44-3715 **Web** kanko-shakotan.jp **Parking** 가능

홋카이도의 여러 곶 중 단연 으뜸은 오타루 근처에 위치한 카무이곶이다. 카무이곶은 샤코탄반도 積丹半島 끝에 자리하며 홋카이도에서 유일하게 해중공원 海中公園으로 지정될 만큼 아름다운 자연경관으로 인정받고 있다. 맑은 날 이곳에서 바라본 바다는 민트초코를 연상하게 만드는 독특한 파란색을 띠어 '샤코탄의 블루'라고 부르기도 한다. 주차장에서 카무이곶 끝까지 능선을 따라 이어진 770m의 산책로는 한 남자에게 실연당하고 바다로 투신한 비연의 여인 차렌카에 관한 전설이 얽혀있어 '차렌카의 길'이라 일컫는다. 왕복하는데 필요한 시간은 약 40분이며, 계절에 따라 개방 시간이 다르므로 홈페이지를 통해 정확히 확인하고 방문하는 편이 좋다.

라쿠텐
らく天

google 43.196906, 140.997104
Access 오타루역에서 도보 5분, 베이스캠프에서 차로 약 20분 Address 北海道小樽市稲穂2-13-7 Open 18:00~23:00 Holiday 월요일 Tel 0134-22-6336 Web otarurakuten.com Parking 불가

동서양의 조화가 엿보이는 미슐랭 이자카야. 서양식과 일식을 퓨전하여 만드는 오뎅과 야키토리가 라쿠텐의 대표메뉴다. '우니 うに(성게알)를 넣고 유바로 싼 튀김'과 토마토의 껍질을 벗겨 바질을 넣고 요리한 '토마토 오뎅' 등 모든 요리는 현재의 오너인 쿠도 工藤 부부가 직접 창작한 요리로 다른 식당에서는 구경조차 할 수 없는 독창적인 멋과 맛을 뽐낸다. 매일 제철 재료를 사용해 만드는 오늘의 추천 메뉴를 칠판에 적어 놓으므로 주문 시 참고해도 좋다. 단, 예약은 꼭 하고 방문하자. 한가한 거리에서 유독 라쿠텐 앞에만 인산인해를 이루는데, 그 이유는 간단하다. 뭘 주문해도 맛있다.

◀ 대구곤이 돌판구이

TIP
라쿠텐의 명품 창작요리

❶ **타치이시야키** タチ石焼き
(대구 곤이 돌판구이)
일본에선 지역에 따라 대구 곤이를 타치タチ 혹은 시라코 白子라고 한다. 신선하지 않으면 비릴 수 있기 때문에 좀처럼 맛보기 힘든 요리로, 라쿠텐에선 작은 돌판에 대구 곤이를 구워서 내오는데 비린 맛이 없어 먹기 좋다.

❷ **우니이리유바츠즈미아게**
うに入り湯葉包み揚げ
(성게알 유바 튀김)
두유를 끓이면 표면에 생기는 얇은 막, 유바로 성게알을 감싸 튀긴 요리다. 독창적인 요리를 만드는 라쿠텐의 진가가 엿보인다.

❸ **시샤모이치야보시**
ししゃも一夜干し
(반건조 열빙어)
이치야보시 一夜干し란 하룻밤을 건조했다는 뜻으로 반건조 숙성을 말한다.

반건조 열빙어

성게알 유바 튀김

니시즈카
に志づか

google 43.224080, 140.997918 **Access** 오타루역에서 차로 약 10분, 베이스캠프에서 차로 약 30분 **Address** 北海道小樽市高島4-9-14 **Open** 11:30~14:00, 17:00~21:00 **Holiday** 화요일 **Tel** 0134-34-2838 **Web** sushi-nishizuka.com **Parking** 가능

▼ 대구 곤이

▶ 문어

번잡스럽지 않은 분위기에서 고급 해산물로 만든 스시를 맛볼 수 있는 미슐랭 맛집. 오타루역에서 차로 불과 10분 거리에 위치한 이 가게는 분위기가 한적하고 가격은 합리적이다. 3대를 이어오며 40년 넘게 스시만을 만들어 파는 스시 전문점이지만, 한국 손님은 1년에 한 번 정도 방문할 만큼 아직 한국 여행객에게 알려지지 않은 숨은 맛집이다. 스시는 손님이 솔을 사용해 직접 간장을 발라 먹는 방식이다. 반드시 예약을 미리 하고 가야 하는 니시즈카의 코스 요리는 6,000엔부터 있는데, 제철에 잡히는 천연 해산물과 스시가 줄지어 나온다. 먹는 양이 많지 않거나 가격이 부담스럽다면 니기리즈시 握り鮨(2,000~4,800엔)나 1,700엔짜리 도시락도 먹어봄직하다. 예약은 선택이 아닌 필수.

◀ 후식

FOOD

오타루 삼각시장
小樽三角市場

google 43.198452, 140.993927
Access 오타루역에서 도보 1분, 베이스캠프에서 차로 약 20분
Address 北海道小樽市稲穂3-10-16 **Open** 시장 06:00~17:00, 음식점 08:00~17:00(가게마다 상이)
Holiday 연중무휴 **Tel** 0134-23-2446 **Web** otaru-sankaku.com

홋카이도 최고의 해산물 생산지 오타루. 이곳에서 생산되는 최상급 해산물은 오타루 삼각시장으로 집결한다. 한쪽에선 해산물을 판매하고 건너편에선 식사를 할 수 있는 모습은 노량진 수산시장을 연상케 한다. 추천 식당은 시장 중간에 자리한 타키나미 식당 滝波食堂으로 회전율이 높아 다른 가게보다 신선한 해산물을 먹을 수 있기 때문에 손님들의 발걸음이 끊이지 않는다. 특히 해산물 덮밥 카이센동 海鮮丼(1,800~4,500엔)은 기호에 따라 직접 해산물을 고를 수 있어 인기다. 심지어 다른 지역에 비해 해산물 가격이 저렴해 덮밥뿐 아니라 털게를 비롯한 다양한 해산물을 맛보기에도 좋다.

▲ 카이센동

◀ 털게 딱지 밥

TIP
삼각시장 맛있게 즐기기

❶ 가급적 아침에 방문하자. 점심엔 관광객이 많아 둘러보거나 식사하기가 쉽지 않다.
❷ 삶아 놓은 털게를 주문하기보다, 주문 직후 삶아주는 활털게를 먹도록 하자. 신선도의 차이가 게 맛의 승패를 가른다.
❸ 시장 아래 건어물 가게에서 판매하는 에이히레 エイヒレ(가오리 날개)를 구입해보자. 맥주 안주로 이만한 게 없다.

슌미소사쿠 하시오네
旬味創作はしをね

google 43.194208, 140.998068 **Access** 오타루역에서 도보 8분, 베이스캠프에서 차로 20분 **Address** 北海道小樽市稲穂1-7-16 **Open** 17:00~23:00 **Holiday** 부정기 **Tel** 0134-24-8187 **Parking** 불가

▲ 아귀 간

▲ 기본 안주 오토시

▲ 말린 청어 미소 무침

▼ 모둠회

일본 각지에서 최상의 재료를 가져와 만드는 스시 명가. 네무로에서 방어를, 시코쿠에서 도미를, 아키타에서는 제철 채소를 공수하는 등 최고급 식재료를 선별하는 열정과 노력은 슌미소사쿠 하시오네가 미슐랭 맛집이 될 수 있었던 밑거름이었다고 말해도 과언이 아니다. 매일 새로운 요리를 창작해서 구성하는 슌미소사쿠 하시오네의 주방장 특선 풀코스 요리 오마카세 후루코스료리 お任せフルコース料理는 인당 5,800엔으로 저렴하다고 할 수 없지만, 방문 하루 전에는 예약해야만 맛볼 수 있을 만큼 인기가 높다. 예약을 하지 못했더라도 단품 요리는 바로 주문해서 맛볼 수 있으니 참고하자.

오타루에서 만난 사람들

🍴 니시즈카 니시즈카 셰프

오타루역에서 차로 10분 거리에 위치한 곳에서 멋스러운 스시 가게 니시즈카를 운영하는 니시즈카 西塚 부자. 니시즈카 씨는 스시를 만들고 그의 아들은 스시 이외에 일품요리를 만들어 손님에게 낸다. 스시 장인인 아버지를 보고 자란 아들은 어렸을 적부터 스시 장인이 되는 길을 당연하게 생각했다. 조리 학교에서 1년간 공부하고 삿포로에서 수업을 받았으며, 심지어 요리 대회에서 우승한 경력까지 있다. 니시즈카 씨는 초밥을 만들어 내놓으며 "이것은 마음으로 만들었기 때문에" 가장 자신하는 초밥이라는 맛있는 농담을 건네곤 한다.

◀ 초절임 고등어

🍴 슌미소사쿠 하시오네 오사와 셰프

그는 집념의 사나이다. 아오모리 출신으로 삿포로에서 10년간 요리를 배우고, 이어서 오타루에서 10년 동안 이 가게를 경영하다가 2017년엔 본인의 가게를 미슐랭 맛집으로 만든 요리사의 꿈을 실현한 인물이다. 하지만 이보다 훨씬 놀라운 점이 두 가지가 더 있다. 첫째, 그는 일본 전국에서 최고의 재료만을 선정해서 요리한다는 집념으로 네무로산 방어, 시코쿠산 도미, 아키타의 제철 채소 등 전국 각지에서 식재료를 수급한다. 둘째, 매일 수급되는 재료가 다르다 보니 매일 직접 붓글씨로 메뉴판을 새로 쓴다. 10년째 매일 새로운 요리를 창작하고 요리 이름을 직접 작명한다. 세상에서 하나밖에 없는 요리라는 자부심이 느껴진다. 이렇게 하는 이유를 묻자 오사와 씨는 대답한다. '손님에게 가장 좋은 음식을 주고 싶은 마음'이라고.

계란말이 ▶

주요 도시 접근성이 좋은
키로로 리조트 스키장
KIRORO RESORT SKI

홋카이도의 주요 도시들과 접근성이 좋은 스키장. 삿포로에서 차로 70분, 오타루와 니세코에서 각각 차로 40분, 50분 소요되며 신치토세 공항에선 차로 2시간 정도면 도착한다. 키로로 리조트 스키장은 정상의 적설량이 5미터에 이를 정도로 눈이 많이 오는 곳으로 유명하다. 당연히 설질은 최고 수준. 총 21개 코스가 있어 스키 초보부터 고수까지 자신에게 알맞은 코스에서 즐길 수 있다는 점도 매력적이다. 이곳의 또 하나 특징은 어린이 전용 스키스쿨을 운영한다는 점이다. 3세부터 스키스쿨에 등록하여 수강할 수 있어, 스키를 처음 시작하는 어린이와 함께 간다면 활용해볼 만하다. 어린이 전용 스키스쿨의 하루 수강료는 레크리에이션을 포함해 6,900엔이다. 키로로 리조트를 방문할 때 주의사항은 스키장 주변에 눈이 자주 내리고 주변 도로가 대부분 산길이라 운전하기 무척 위험하다는 점이다. 저속으로 안전하게 운전하자.

google 43.075718, 140.982217 **Access** 오타루역에서 차로 약 40분, 베이스캠프에서 차로 약 35분 **Open** 11월 말~4월 초 9:00~15:30(세부 일정은 홈페이지 확인 필수) **Holiday** 영업 기간 동안 무휴 **Cost** 리프트권 1일 5,800엔, 6시간 4,900엔, 3시간 4,200엔 **Tel** 0135-34-7111 **Web** kiroro.co.jp **Parking** 무료

오타루 여행과 스키를 함께 즐기는
아사리가와 온천 스키장
朝里川温泉スキー場

가드가 없다는 것. 조금 위험하긴 하지만 조심만 하면 금방 익숙해진다. 추천 코스는 중·상급자에게 적합한 퍼플코스. 이용하는 스키어가 상대적으로 적어 한적하며 설질과 경치 역시 아사리가와 온천 스키장에서 제일이다.

오타루 지역 관광과 스키를 모두 놓치고 싶지 않는 여행자에게 추천하는 스키장. 오타루 도심과 인접해 있어 오타루 지역을 돌아보고 방문하기 쉽고, 9개의 코스가 최적의 상태로 관리되고 있어 스키 초보자나 전문가 모두 스키를 즐기기 좋다. 아직 외국에 널리 소개되지 않아 이용객 대부분이 일본인이며, 리프트 이용권도 다른 스키장에 비해 반값에 가까울 만큼 저렴하다는 점도 아사리가와 온천 스키장이 가진 매력 포인트. 한 가지 아쉬운 점은 리프트 앞을 막아주는

 **google** 43.144106, 141.036623 **Access** 오타루역에서 차로 약 25분 **Address** 北海道小樽市朝里川温泉 1-394 **Open** 성수기(12월말~3월말) 09:00~17:00, 비수기 09:00~16:00, 야간 영업(1월~2월초 토요일·일요일) 16:00~20:00(세부 일정은 홈페이지 확인 필수) **Holiday** 영업 기간 동안 무휴 **Cost** 리프트권 1일 3,000엔, 5시간 2,700엔, 3시간 2,400엔 **Tel** 0134-54-0101 **Web** asari-ski.com **Parking** 무료

ROUTE 03

여행의 피로를 말끔하게 씻어줄 홋카이도의 대표 온천 마을. 일본 3대 온천 중 하나로 꼽히는 노보리베츠 유황온천을 즐기기 위해 홋카이도를 찾는 발길은 끊길 줄 모른다. 수증기를 자욱하게 뿜어내는 지옥계곡과 오유누마 그리고 산림욕과 족욕을 함께 즐길 수 있는 천연족탕까지. 노보리베츠의 매력은 무궁무진하다.

DRIVING ROUTE

베이스캠프 오토리조트 토마코마이 아루텐은 맛집과 쇼핑몰이 있는 토마코마이, 명소가 모여 있는 노보리베츠 온천마을 사이에 자리 잡고 있어 양쪽 모두 편하게 이동할 수 있다. 토마코마이 시내까지는 약 30분, 노보리베츠 온천마을까지는 약 50분 소요.

NOBORIBETSU

지옥계곡
자욱한 수증기와 코를 엄습하는 유황냄새, 지옥을 연상케 하는 노보리베츠 최고의 명소이자 산책로

지큐곶
'지구 끝의 등대'로 불리는 홋카이도 최고의 자연경관 중 하나이자 일본 현지에서 사랑받는 관광지

호로호야마
오유누마
오유누마카와 천연 족욕탕
노보리베츠
지옥계곡
다테시대촌
무로란
지큐곶

오토리조트 토마코마이 아루텐

노보리베츠 온천 여행을 생각하는 여행자에게 적극 추천하는 오토캠핑장. 카누체험이나 승마체험, 빙어낚시 등 다양한 활동도 가능하다.

유노미노유

유명 온천 관광지 못지않게 수질을 철저히 관리하고 있는 온천. 베이스캠프 바로 옆에 있어 편리하게 이용할 수 있다.

다테시대촌

에도시대를 배경으로 조성한 초대형 테마파크. 닌자 공연과 게이샤 공연 등 다양한 볼거리가 있다.

01

오토리조트 토마코마이 아루텐

オートリゾート苫小牧アルテン

google 42.617673, 141.453965 **Access** 신치토세 공항에서 차로 약 40분 **Address** 苫小牧市字樽前421-4 **Open** 연중무휴 (체크인 12:30~17:00, 체크아웃 11:00)
Tel 0144-67-2222 **Web** www.dp-flex.co.jp/arten

오토리조트 토마코마이 아루텐은 일본 오토캠핑 협회가 진행한 평가에서 별 다섯 개 만점을 받은 홋카이도 3대 캠핑장 중 하나다. 신치토세 공항에서 차로 40분 거리에 있어 노보리베츠 온천 여행을 계획한 여행자가 숙소로 사용하기 편리하고, 오토캠핑장은 물론 다양한 오두막 숙소도 갖추고 있어 가족여행이나 단체여행의 숙소로도 적합하다. 여름에는 카누체험(1시간 2,160엔)과 승마체험(30분 3,500엔)을 할 수 있고, 겨울엔 빙어낚시를 경험할 수 있다. 리조트

TIP

리조트 입구에서 필요한 중요 일본어

오토리조트 아루텐은 게이트 차단기로 입구가 닫혀 있어 처음 방문한다면 당황할 수 있다. 게이트 차단기 옆 스피커 버튼을 누르고 예약을 했다고 말하면 게이트 차단기가 올라간다.

■ 예약했습니다.
予約しました 요야쿠시마시타

부대시설 및 대여용품

부대시설
- 매점
- 비데 화장실
- 온천
- 세탁기 · 건조기
- 레스토랑

대여용품
- 캠핑용품
- 조리도구 및 식기류
- 기타잡화
- 바비큐용품

안에는 노천온천이 있어 밤낮으로 온천욕을 즐기기에 좋다. 단, 이 리조트는 전화 예약은 받지 않으며, 홈페이지를 통한 인터넷 예약만 가능하다. 유의 사항으로 오두막 숙소엔 절대 신발을 신고 들어가서는 안 된다는 점을 기억해두자.

GUIDE MAP

오토리조트 토마코마이 아루텐

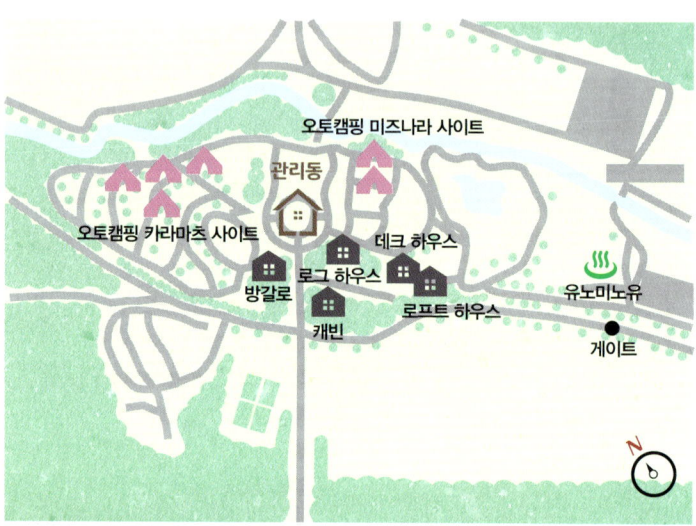

오토캠핑 미즈나라 사이트
- **요금** 3,150~4,200엔(11월~3월 50% 할인, 일부 사이트는 폐쇄)
- **시설** 공동 화장실, 공동 취사장 등

오토캠핑 카라마츠 사이트
- **요금** 5,775~6,300엔(11월~3월 50% 할인)
- **시설** 공동 화장실, 공동 취사장, 전원, TV

방갈로
- **요금** 4인용 오두막, 4월~10월 9,000엔 (11월~3월 30% 할인)
- **시설** 수세식 화장실, 취사대, TV, 스토브, 테이블

캐빈
- **요금** 9인용 오두막, 4월~10월 18,000엔(11월~3월 30% 할인)
- **시설** 비데 화장실, 요리대, 냉장고, 가스레인지, TV, 난로, 테이블, 의자

로프트 하우스
- **요금** 5인용 오두막, 4월~10월 14,500엔(11월~3월 30% 할인)
- **시설** 비데 화장실, 요리대, 냉장고, 가스레인지, TV, 난로, 테이블, 의자

로그 하우스
- **요금** 6인용 오두막, 4월~10월 24,000엔(11월~3월 30% 할인)
- **시설** 욕실, 비데 화장실, 주방, 냉장고, 전열기, TV, 스토브, 테이블, 의자

데크 하우스
- **요금** 6인용 오두막, 4월~10월 23,000엔(11월~3월 30% 할인)
- **시설** 욕실, 비데 화장실, 주방, 냉장고, 전열기, TV, 난로, 테이블

장보기 편한 주변 마트

이온몰 토마코마이
イオンモール苫小牧

홋카이도 최대 규모의 대형 마트이자 식재료 쇼핑의 끝판왕

google 42.656262, 141.640886 **Access** 베이스캠프에서 차로 약 40분 **Address** 北海道苫小牧市柳町3-1-20 **Open** 09:00~22:00 **Tel** 0144-51-3300 **Web** www.aeon.jp/sc/tomakomai

호마크 신세이다이
ホーマック新生台

각종 캠핑 용품을 구매하기 좋은 동일본 최대 규모의 홈센터 쇼핑몰.

google 42.654221, 141.616622 **Access** 베이스캠프에서 차로 약 35분 **Address** 北海道苫小牧市三光町2-25-15 **Open** 09:00~22:00 **Tel** 0144-33-1496 **Web** www.homac.co.jp

지큐곶
地球岬

google 42.301751, 141.001811 **Access** 베이스캠프에서 자동차로 약 70분 **Address** 北海道室蘭市母恋南町4-77 **Open** 24시간 **Tel** 0143-25-3320 **Web** www.city.muroran.lg.jp/main/org6400/kanko_earth.html

홋카이도 아사히신문에서 선정한 '홋카이도 자연경관 100선'과 요미우리신문에서 꼽은 '일본 최고의 관광지'에서 1위를 놓치지 않는 홋카이도 최고의 절경. 바로 '지구 끝의 등대'로 불리는 무로란의 지큐곶이다. 지큐곶 전망대에서 보이는 광활한 풍경은 이루 말로 표현하기 어렵다. 맑은 날이면 카메라 셔터를 눌러 찍는 족족 그림과 화보가 된다. 전망대에 있는 종을 울리면 행복이 찾아오고 사랑이 이루어진다는 전설이 전해져 이곳을 찾은 방문객들은 빠지지 않고 전망대에 올라 종을 울린다. 날씨가 쾌청하고 운까지 따라준다면 지큐곶 근처에서 헤엄치며 놀고 있는 돌고래를 발견하는 행운을 잡을 수도 있다.

SIGHT

지옥계곡
登別地獄谷

google 42.497621, 141.148661 **Access** 베이스캠프에서 자동차로 약 50분 **Address** 北海道登別市登別温泉町無番地 **Open** 일몰까지 관람하기를 추천 **Cost** 무료 **Tel** 0143-84-3311 **Web** noboribetsu-spa.jp **Parking** 500엔

지옥계곡은 황토색과 적갈색으로 뒤덮인 기나긴 계곡을 따라 거품이 끓어오르며 유황을 분출하는 모습이 지옥처럼 보인다고 해서 붙은 이름이다. 지금도 김이 자욱하고 유황냄새가 코를 엄습하며 거품이 부글부글 끓어오르는 소리가 들려 지옥을 떠올리기에 충분하다. 화산 화구로 이루어진 지옥계곡에서는 지금도 1분당 무려 3,000리터의 온천수가 뿜어져 나온다. 노보리베츠에 소재하는 모든 온천은 지옥계곡에서 흘러간 물을 사용하고 있는 셈. 별도의 관람료 없이 둘러볼 수 있으며 휠체어가 지나가도 불편하지 않을 만큼 산책로를 잘 조성해두어 부담 없이 다닐 수 있다.

다테시대촌

伊達時代村

google 42.463655, 141.159859 **Access** 베이스캠프에서 자동차로 약 40분 **Address** 北海道登別市中登別町 53-1 **Open** 여름 09:00~17:00, 겨울 09:00~16:00 **Holiday** 부정기 · 겨울철 보수 기간 **Cost** 대인 2,900엔 소인 1.500엔 **Tel** 0143-83-3311 **Web** edo-trip.jp

노보리베츠에 위치한 일본 에도시대 배경의 대형 테마파크. 한국의 민속촌처럼 다테시대촌의 직원들은 에도시대 복장을 입고 다니며 마을 전체를 에도시대 당시의 모습 그대로 재현했다. 성인 입장요금은 2,900엔으로 저렴하다고 말하기 어렵지만, 닌자 공연과 게이샤 공연을 포함해 네 종류의 에도시대극을 관람할 수 있기에 그 값어치를 톡톡히 해낸다. 뿐만 아니라 에도시대 상가를 구경하고 닌자 체험도 해볼 수 있어 특히, 어린이들에게 인기가 높다. 가족 단위 여행객이라면 방문해보길 추천한다. 단, 유명한 테마파크인 만큼 패키지 그룹 관광객이 많아 약간의 혼잡함은 감수해야 한다.

SIGHT

오유누마
大湯沼

google 42.502526, 141.147866
Access 베이스캠프에서 자동차로 약 55분 **Address** 登別市登別温泉町無番地 **Open** 일몰까지 관람하기를 추천 **Cost** 무료 **Tel** 0143-84-3311 **Web** noboribetsu-spa.jp **Parking** 가능 (겨울철 폐쇄)

거대한 화산 분화구가 둘레 약 1킬로미터에 이르는 둥그런 연못이 되었다. 연못 바닥에는 여전히 130도의 뜨거운 유황천이 끊임없이 분출되어 연못의 수면 온도가 50도에 육박한다. 지옥계곡과 마찬가지로 산책로가 잘 조성되어 있어 파란색과 하얀색 아크릴 물감을 섞어 놓은 듯한 독특한 색감의 연못 위에 유황 연기가 몽글몽글 피어오르는 장관을 감상하며 걸을 수 있다. 오유누마에서 조금 아래로 내려가면 여행의 피로를 풀며 잠시 힐링할 수 있는 오유누마카와 천연족욕탕을 만날 수 있다.

야키토리 히데짱
やきとり秀ちゃん

google 42.630584, 141.600119
Access 베이스캠프에서 차로 약 30분
Address 北海道苫小牧市栄町2-4-11 Open 17:30~10:00 Holiday 일요일 Tel 0144-35-9300 Web 없음

▲ 닭 심장

토마코마이 현지인들에게 가장 열렬한 사랑을 받는 꼬치구이 전문점. 주문 순서는 우선 꼬치구이의 조리방법을 선택한 다음 원하는 꼬치 메뉴를 고르면 된다. 조리방법은 소금구이 시오야키 塩焼와 소스구이 타레야키 タレ焼 두 종류가 있고, 추천하는 꼬치 메뉴는 하토 ハート(닭 심장, 300엔), 츠쿠네 つくね(다진 닭고기, 300엔), 토리가와 鳥皮(닭 껍질, 300엔), 스나기모 砂ぎも(닭 모래집, 350엔), 토리레바 鳥レバ(닭 간, 300엔)다. 메뉴 하나당 세 꼬치씩 나오므로 골고루 맛을 보고 입맛에 맞는 메뉴를 추가로 주문하면 된다. 메뉴판에는 없지만, 특별한 맛을 경험하고 싶다면 레바사시 レバー刺し(닭 간회)를 따로 요청해보자. 현지인이 사랑하는 식당인 만큼 항상 만석이므로 전화 예약은 필수다.

TIP
주문 시 필요한 중요 일본어

일본어 사용이 어려운 방문객이라면 주문과 계산에 어려움을 겪을 수도 있다. 가게 주인이 영어를 전혀 사용하지 못하기 때문. 일본어를 못하지만 꼭 이 곳에 가고 싶다면 기본 일본어와 주문하고 싶은 메뉴의 이름은 반드시 암기하고 가자. 노력할 만한 가치가 있다.

- 소금구이로 주세요.
  塩でください 시오데 구다사이
- 소스구이로 주세요.
  タレでください 타레데 구다사이
- 닭 간회 있으면 주세요.
  レバー刺しあればください
  레바사시 아레바 구다사이

추가 메뉴는 홋카이도에서 꼭 먹어야 하는 음식, 꼬치구이(P.40) 참조

◀ 오토시

닭 껍질과 모래집 ▶

토마코마이의 특산물 함박조개 홋키가이 北寄貝로 만든 카레 전문점으로 연일 문전성시를 이룬다. 문을 열고나서 순식간에 만석이 되는 경우가 많으므로, 많이 기다리지 않으려면 개점 시간 전에 가는 것이 좋다. 회전율이 높아 음식 재료의 신선도가 높은 편이다. 추천 메뉴는 함박조개로 만든 홋키카레 ホッキカレー와 해물덮밥 니이나나동 弐七丼을 한 번에 맛볼 수 있는 반반 세트 메뉴 니이나나동토 홋키카레노하후 弐七丼とホッキカレーのハーフ(1,300엔). 겨울 제철에만 주문할 수 있는 홋키사시미 ホッキ刺身(함박조개회, 600엔) 또한 쉽게 맛보기 힘든 별미다. 만약 성수기에 방문하여 많이 기다려야 한다면 바로 건너편에 있는 토마코마이 수산시장 우미노에키 海の駅를 찾아가는 것도 좋은 방법이다. 조금 더 여유롭게 맛있는 해물덮밥을 먹을 수 있다.

쿠이도코로 니이나나
喰い処 弐七

google 42.628831, 141.613798 **Access** 베이스캠프에서 차로 30분 **Address** 北海道苫小牧市汐見町1-2-2 漁業協同組合 水産ビル1F **Open** 11:00~15:00 **Holiday** 부정기 휴무 **Tel** 0144-33-2626 **Parking** 가능

▲ 세트메뉴

니이나나동 ▶

◀ 함박조개회

▲ 홋키카레

유노미노유
ゆのみの湯

google 42.617673, 141.453965
Access 베이스캠프 입구 오른쪽 건물 **Address** 苫小牧市字樽前421-4
Open 10:00~22:00 **Holiday** 매월 셋째 주 수요일 **Cost** 대인 600엔 소인(초등생) 300엔 **Tel** 0144-61-4126
Web dp-flex.co.jp/arten/yunomi/index.html

오토리조트 토마코마이 아루텐 베이스캠프 바로 옆에 위치한 온천. 캠핑이나 야외 활동을 즐긴 후 느긋하게 온천욕을 즐기기 좋다. 나트륨 성분이 많이 함유되어 있어 잘 식지 않는 것이 유노미노유의 주요 특징으로 몸이 차가운 사람에게 효과가 뛰어나다고 한다. 내부시설로 대욕탕·사우나·허브탕·노천탕 로텐부로 露天風呂 등이 있는데, 유명 온천 관광지 못지않게 수질을 철저히 관리하고 있어 쾌적하게 온천을 이용할 수 있다는 점이 매력적이다. 저녁엔 9시 20분 전에 입장해야 온천을 이용할 수 있으므로, 이곳에서 온천을 즐기고 싶다면 늦지 않게 일정을 계획하자.

오유누마카와 천연 족욕탕
大湯沼川天然足湯

google 42.502033, 141.143408 Access 베이스캠프에서 자동차로 약 55분 Address 登別市登別温泉町無番地 Open 일몰까지 관람하기를 추천 Cost 무료 Tel 0143-84-3311 Web noboribetsu-spa.jp

지옥계곡과 오유누마를 둘러보면서 내려오면 만날 수 있는 족욕탕. 통나무로 만든 의자가 있어 편하게 앉아 산림욕과 족욕을 동시에 만끽하고, 지옥계곡과 오유누마를 산책하면서 쌓인 피로를 풀기에 안성맞춤이다. 이름에서도 알 수 있듯이 이곳은 그냥 시냇물이 아니라 오유누마에서 흘러온 온천수이며 바닥에는 천연석과 검은 모래가 있어 족욕을 하며 발을 지압하면 마사지 효과도 톡톡히 볼 수도 있다. 무엇보다 지옥계곡과 오유누마의 산책로와 더불어 이곳 오유누마카와 천연 족욕탕 역시 무료로 개방되어 있어 부담 없이 족욕을 경험할 수 있다는 점이 오유누마카와 천연 족욕탕의 가장 큰 장점이다.

ROUTE 04

어딜 가더라도 고요하고 평화로운 전경이 펼쳐진다. '작지만 아름다운 마을'로 일본 언론에서 여러 차례 소개한 쿠로마츠나이, 바닷가를 끼고 시원하게 드라이빙할 수 있는 오샤만베, 그리고 일본 100대 절경으로 꼽히는 도야호까지. 도시 여행에 권태를 느낀다면 도야호 주변을 드라이브하면서 여유로운 여행을 즐기자.

도야호 洞爺湖

LAKE TOYA

DRIVING ROUTE

아름다운 풍경을 자랑하는 도야호 주변은 렌터카 여행의 진가가 드러나는 곳이다. 대부분의 명소와 맛집이 1시간 이내에 있고 차도 많이 다니지 않아 편하게 드라이브 여행을 즐길 수 있다. 베이스캠프 1과 2는 자동차로 약 1시간 거리인데, 각기 다른 특색이 있으므로 여유가 된다면 양쪽 모두 묵어보자.

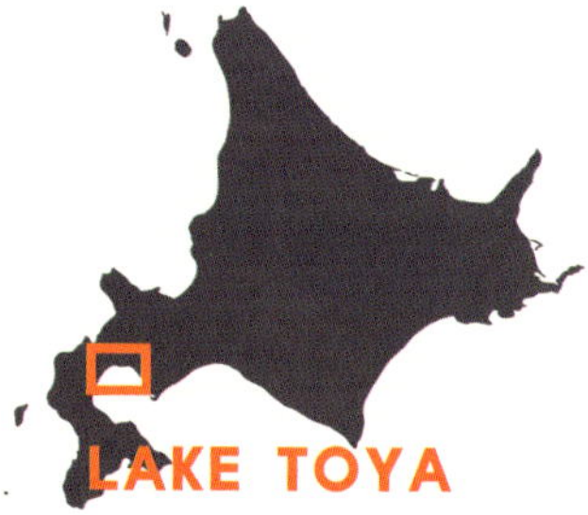

LAKE TOYA

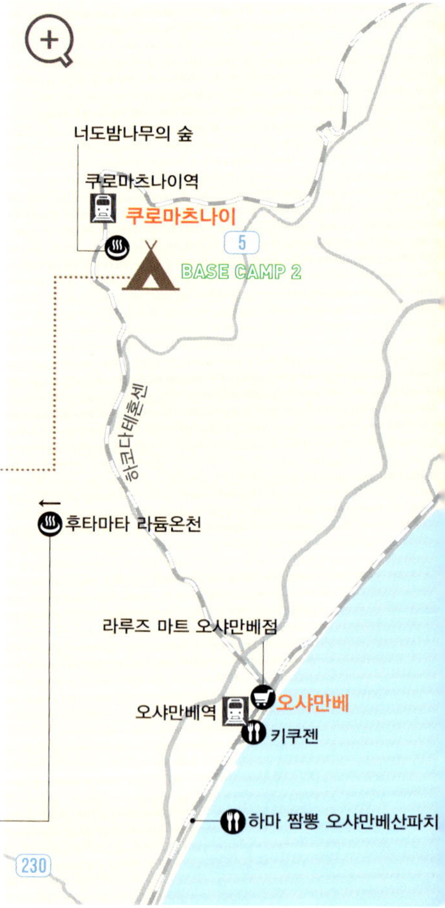

너도밤나무의 숲
쿠로마츠나이역
쿠로마츠나이
5
BASE CAMP 2
하코다테혼센
후타마타 라듐온천
라루즈 마트 오샤만베점
오샤만베역
오샤만베
키쿠젠
하마 짬뽕 오샤만베산파치
230

우타사이 오토캠핑장 · 루피크

일본의 천연기념물 너도밤나무의 서식지와 일본 유일의 라듐온천이 주변에 있어 자연과 온천을 동시에 즐기기 좋은 캠핑장

후타마타 라듐온천

홋카이도 천연기념물이자 거대한 석회침전물을 감상할 수 있는 세계 유일의 라듐온천

레이크 힐 팜

도야호 서쪽에 자리한 낙농 목장. 도야호의 명물 젤라또와 목장에서 직접 만든 수제 피자를 맛볼 수 있다. 시원한 목장의 정경 또한 일품이다.

그린 스테이 도야코

언덕 위에 자리 잡고 있는 도야호 인근의 캠핑장. 호수의 전경과 밤하늘 별들이 그리는 자연의 그림을 마음껏 감상할 수 있다.

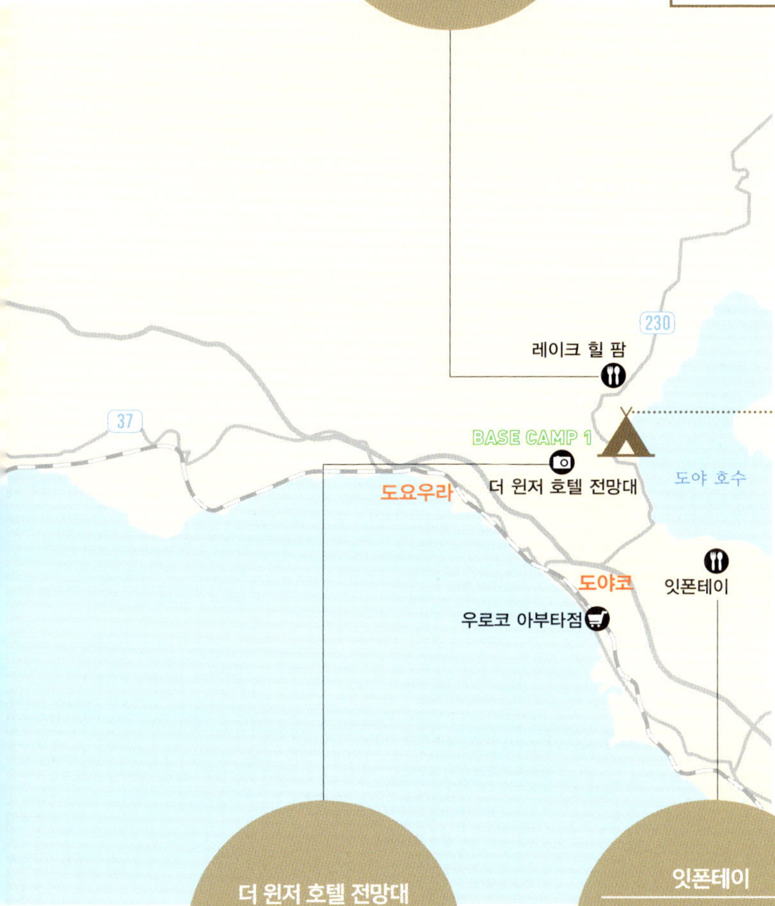

레이크 힐 팜

BASE CAMP 1

도요우라   더 윈저 호텔 전망대

도야 호수

도야코   잇폰테이

우로코 아부타점

더 윈저 호텔 전망대

2008년 G8 정상회담 개최지로 유명한 곳. 가장 멋진 도야호 전경을 조망할 수 있다.

잇폰테이

라멘 하나로 미슐랭에 이름을 올린 식당. 간장으로 국물 맛을 낸 쇼유쿠로라멘은 찾아가서 맛볼 만한 가치가 있다.

01

그린 스테이 도야코
グリーンステイ洞爺湖

google 42.593513, 140.790288 **Access** 신치토세공항에서 자동차로 1시간 30분
Address 洞爺湖町月浦56 **Open** 4월 중순 ~10월 말(체크인 13:00 체크아웃 12:00)
Tel 0142-75-3377 **Web** www.town.toyako.hokkaido.jp/tourism/outdoor_camp/odc001/

부대시설 및 대여용품

부대시설
- 매점
- 수세식 화장실
- 코인 샤워실
- 코인 세탁실
- 잔디 광장
- 놀이기구

대여용품
- 캠핑용품
- 조리도구 및 식기류
- 바비큐용품
- 스포츠 장비
- 기타 잡화

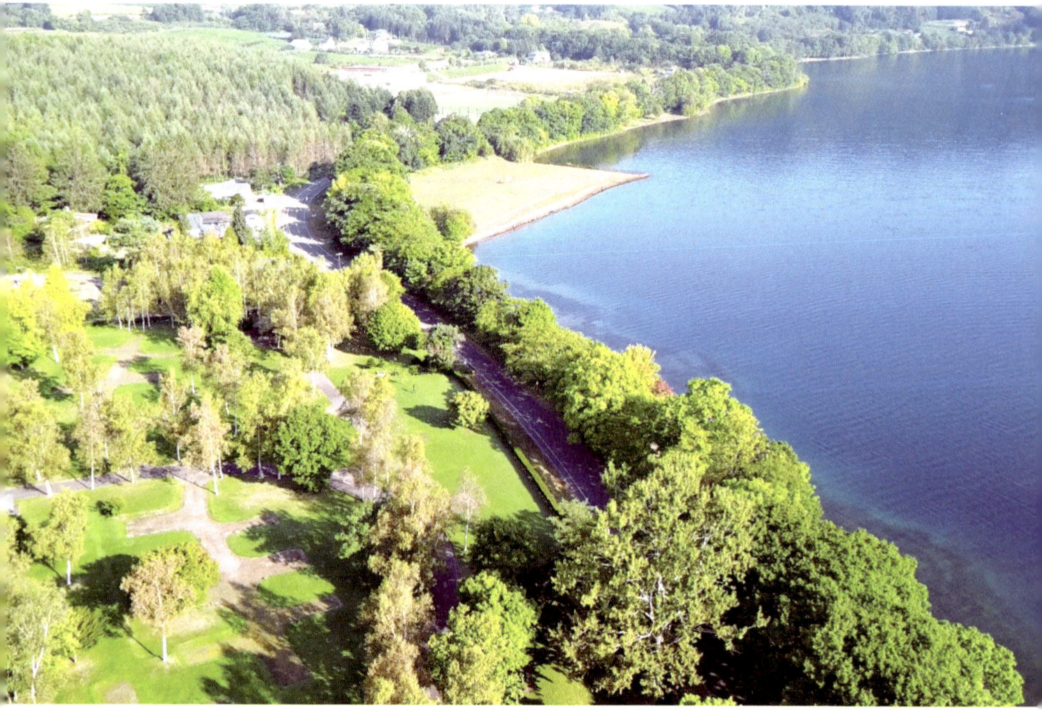

언덕 위에 만들어진 그린 스테이 도야코 캠핑장에선 아름다운 훗카이도의 도야 호수를 내려다보고 밤에는 밤하늘에 수없이 펼쳐진 별을 올려다볼 수 있다. 그린 스테이 도야코의 장점은 텐트를 보유하지 못한 여행자가 묵기 좋은 다양한 숙소를 갖추고 있다는 점이다. 우선 개수대와 전기를 사용할 수 있는 방갈로는 물론이고 캠핑카를 멋스럽게 개조하여 만들어 싱크대가 딸린 캐빈, 12명도 너끈하게 함께 잘 수 있는 로지도 있다. 이곳 관리동 매점은 저녁 8시까지 방문이 가능하고 샤워실과 세탁기는 24시간 개방되어 언제든지 사용할 수 있어 편리하다.

GUIDE MAP

그린 스테이 도야코

관리동

캠프 사이트 B-1
- 요금: 1박 5,000엔
- 시설: AC 전원

캠프 사이트 B-2

- **요금** 1박 4,000엔
- **시설** 없음

로지

- **요금** 12인용 1박 15,000엔
- **시설** AC 전원, 개수대, 수세식 화장실, 다다미 바닥

방갈로

- **요금** 5인용 1박 8,000~8,500엔
- **시설** AC 전원, 개수대, 캠핑 테이블

장보기 편한 주변 마트

 우로코 아부타점
ウロコ 虻田店

이온몰처럼 다양한 식재료를 판매하는 홋카이도의 생활밀착형 마트

google 42.545606, 140.768654 **Access** 베이스캠프에서 차로 약 15분 **Address** 洞爺湖町 高砂町19番地 **Open** 10:00~19:00 **Holiday** 일요일 **Tel** 0142-76-2254 **Web** uroko.biz **Parking** 가능

캐빈

- **요금** 6인용, 1박 10,000엔
- **시설** AC 전원, 개수대, 싱크대

02

우타사이 오토캠핑장 루피크

歌才オートキャンプ場ル・ピック

google 42.650203, 140.306739 **Access** 쿠로마츠나이역에서 차로 10분 **Address** 北海道寿都郡黒松内町字黒松内521-1 **Open** 4월~10월(체크인 13:00 체크아웃 11:00) **Cost** 오토캠프 사이트 2,500~3,500엔, 방갈로 5,500엔 **Tel** 0136-72-4546 **Web** user.host.jp/~bunacent/LPIC

캠핑장 주변에 일본 천연기념물 너도밤나무 부나 ブナ의 서식지와 온천이 있어 멋진 자연 풍경과 온천을 함께 즐길 수 있는 곳이다. 오토캠핑장은 개수대와 전원이 포함되어 있어 캠핑에 편리하고, 방갈로마다 화로가 설치되어 있어 직화구이와 장작 캠프파이어가 가능하다. 단, 방갈로는 성인 4명이 함께 사용하기에는 조금 비좁은 감이 있다. 그리고 봄, 가을 날씨가 선선할 때 방갈로를 이용한다면 침낭 밑에 캠핑매트를 깔아두자. 올라오는 냉기를 막을 수 있다. 관리동에서 휴대용 미니히터를 대여하는 것도 괜찮은 방법. 또, 오후 9시부터 아침 7시까지는 캠핑장 게이트가 폐쇄되어 자동차 출입이 어렵다는 점도 기억해두자. 인기가 많은 캠핑장이므로 주말이나 성수기에 방문하길 원한다면 예약을 해야 한다.

TIP
캠핑용품 대여하기

개별 사이트마다 화로가 있고 관리동에서 장작을 구매할 수 있으니 직화구이를 하기에 편리하다. 관리동에서 다양한 캠핑용품들을 대여하고 있으니 필요한 물건이 있다면 문의해보자.

- 장작 한박스 주세요.
  マキ(薪)一箱ください
  마키히토하코 구다사이(600엔)
- 미니히터 좀 빌려주세요.
  ミニヒーターを貸してください
  미니히-타-오 카시테 구다사이(500엔)
- 더치오븐
  ダッチオーブン 닷치오븐(500엔)
- 산악자전거
  マウンテンバイク
  마운텐바이쿠(1시간 무료)
- 바비큐그릴
  ＢＢＱコンロ 비비큐곤로(600엔)
- 철사망 アミ 아미

장보기 편한 주변 마트

 라루즈 마트 오샤만베점
ラルズマート長万部店

홋카이도와 일본 동북 지역에 자리 잡고 있는 지역밀착형 슈퍼마켓 체인점

google 42.513771, 140.379343 **Access** 오샤만베역에서 차로 3분, 베이스캠프에서 차로 약 25분 **Address** 山越郡長万部町長万部452 **Open** 10:00~21:00, 토요일・휴일 09:00~21:00 **Tel** 01377-2-5211 **Web** www.arcs-g.co.jp/group/dounan_ralse/shop/?id=115 **Parking** 무료

더 윈저 호텔 전망대

ザ・ウィンザーホテル

google 42.592480, 140.759835 **Access** 베이스캠프 1에서 자동차로 약 20분 **Address** 北海道虻田郡洞爺湖町清水336 **Open** 24시간 **Tel** 0142-73-1111 **Web** windsor-hotels.co.jp **Parking** 무료

더 윈저 호텔은 2008년 G8 정상회담이 열린 5성급 호텔이자 도야호를 위에서 내려다보며 조망할 수 있는 최고의 전망대다. 산 정상에 위치하고 있어 가장 높은 곳에서 도야호를 내려다볼 수 있다. 호텔 입구에 도착하기 직전 산 중턱 지점에 무료주차장이 있어 주차 걱정 없다는 점도 더 윈저 호텔이 가진 매력 요소다. 날씨가 쾌청하고 여유가 된다면 호텔 11층에 있는 식당 토우지산카 杜氏贊歌에서 점심을 먹자. 스시·소바 세트는 3,500엔, 우동과 소바는 1,200엔에 판매하고 있는데 창가에 앉아 여유롭게 식사를 하면서 도야호의 전경을 즐기는 호사를 누릴 수 있다.

TIP
로드킬을 주의하자

도로에서 자동차로 인한 야생동물의 사망을 로드킬 Road Kill 이라고 한다. 사람들이 아무 생각 없이 던져주는 먹이에 야생동물들이 익숙해지는 현상이 로드킬의 주요 원인 중 하나로 꼽힌다. 그러므로 절대 여우를 비롯한 야생동물에게 먹이를 주어선 안 된다. 만에 하나 로드킬 사고가 발생한다면 곧바로 경찰에 연락하자. 로드킬 피해 동물의 소유자가 있다면 추후 뺑소니의 범죄가 될 수도 있으며 보험처리를 위해서라도 반드시 경찰에 신고해야 한다. 경찰신고 번호는 110이다.

키쿠젠
菊善

google 42.577128, 140.239302
Access 베이스캠프 2에서 차로 약 30분 **Address** 北海道山越郡長万部町長万部447-29 **Open** 11:30~21:00 **Holiday** 수요일·연말연시 **Tel** 013-772-3979 **Parking** 가능

노부부가 운영하는 초밥 전문점으로 오샤만베 마을 초입에 자리한다. 전통 민가를 떠올리게 하는 깔끔한 외관만큼이나 내부 인테리어와 음식 플레이팅은 정갈하고, 초밥을 만드는 할아버지와 서빙을 맡은 할머니에게서 깊은 내공과 푸근함이 느껴진다. 메뉴는 생선 재료에 따라 나미즈시 並寿司 (972엔), 조즈시 上寿司(1,188엔), 토쿠조즈시 特上寿司(1,782엔)로 나뉘므로 입맛에 맞춰 선택하면 된다. 일본 스시 전문점이 대개 그렇듯 이곳에서도 메뉴에 없는 사시미를 추가로 주문해서 맛볼 수 있으니, 신선한 사시미를 맛보고 싶다면 사진을 보여주면서 부탁해보자. 또 키쿠젠에서만 맛볼 수 있는 삿포로 지역 소주 Sapporo SOFT는 인생 소주라 할 정도로 맛있다. 회와 함께 곁들이면 금상첨화.

토쿠조즈시

전복 버터구이

TIP
이곳에서 필요한 일본어

이 사진처럼 사시미로 주세요.
この写真のように刺身にしてください
고노 샤신노요우니 사시미니 시테 구다사이

전복은 버터구이로 해 주세요.
アワビはバター焼きにしてください
아와비와 바타야끼니 시테 구다사이

소주는 언더락으로 주세요.
焼酎はロックでください
쇼츄와 록크데 구다사이

사시미 ▶

레이크 힐 팜
Lake Hill Farm レークヒル・ファーム

google 42.615571, 140.786505 **Access** 베이스캠프 1에서 자동차로 약 10분 **Address** 北海道虻田郡洞爺湖町花和127 **Open** 하계 09:00~19:00, 동계 19:00~17:00 **Holiday** 연중무휴 **Cost** 농장 입장무료 **Tel** 0120-83-3376 **Web** www.lake-hill.com **Parking** 가능

도야호 서쪽에 자리한 낙농 목장. 신선한 우유로 만든 아이스크림과 버터·치즈 등을 가공하여 판매하며 한쪽에 카페·레스토랑이 있어 간단한 식사를 할 수도 있다. 인기 메뉴는 도야호의 명물 젤라또(싱글 300엔, 더블 380엔)와 목장에서 직접 만든 수제 피자(800엔). 목장에서 조성한 꽃밭과 뒷마당에 펼쳐진 광활한 목초지를 배경 삼아 먹으면 그야말로 꿀맛이다. 또한, 시원한 목장 정경과 요테이산 羊蹄山의 풍경을 배경으로 사진을 찍으면 인생샷도 척척 건질 수 있다. 목장 한쪽에는 축구공과 배구공을 준비해 두어 아이들과 함께 놀 수 있도록 배려했다.

잇폰테이
一本亭

google 42.564372, 140.825112 **Access** 베이스캠프 1에서 자동차로 약 10분 **Address** 北海道虻田郡洞爺湖町洞爺湖温泉78 **Open** 11:30~14:00, 18:00~20:00 **Holiday** 월요일 · 연말연시 **Tel** 0142-75-3475 **Web** 43yg.net **Parking** 가능

라멘 하나로 미슐랭에 이름을 올린 식당. 미리 알고 찾아가지 않는다면 발견하기 힘든 골목에 위치한 숨은 맛집이다. 간장으로 국물 맛을 낸 쇼유쿠로라멘 正油黒ラーメン(700엔)과 간장과 소금을 적절하게 조합하여 만든 쇼유아카라멘 正油赤ラーメン(700엔)이 미슐랭에 등재된 메뉴이자 잇폰테이의 간판 라멘인데, 구수한 맛이 일품인 미소라멘 味噌ラーメン(800엔)도 전혀 뒤지지 않는 맛이다. 라멘만 먹기 살짝 아쉬울 때는 육즙이 살아있는 교자 餃子(5개 500엔)를 함께 주문하자. 궁합이 잘 맞는다.

▼ 쇼유쿠로라멘

◀ 미소라멘

▼ 교자

하마 짬뽕 오샤만베산파치점
浜チャンポン長万部三八飯店

google 42.478945, 140.348784 **Access** 베이스캠프 2에서 자동차로 약 30분 **Address** 北海道山越郡長万部町中ノ沢56-1 **Open** 10:30~20:00 **Holiday** 월요일 **Tel** 01377-2-5180 **Parking** 가능

◀ 안카케 야키소바

◀ 미소하마짬뽕

▼ 해산물 야키소바

시오아지하마짬뽕 ▶

바닷가와 접한 오샤만베 5번 국도를 달리다 보면 울긋불긋 요란한 간판이 눈길을 사로잡는 하마 짬뽕을 만날 수 있다. 가리비와 새우를 비롯한 다양한 해산물과 통오징어를 푸짐하게 넣어 국물이 개운한 나가사키 짬뽕 전문점으로 지역 주민들 사이에서 인기가 높은 곳이다. 추천 메뉴는 미소하마짬뽕 味噌浜チャンポン(980엔), 해산물 야키소바 海焼きそば(950엔), 명물 안카케 야키소바 名物あんかけ焼きそば(880엔). 현지인이 많이 주문하는 메뉴는 바다의 맛을 제대로 느낄 수 있는 시오아지하마짬뽕 塩味浜チャンポン(930엔)인데, 우리나라 사람 입맛에는 많이 짤 수 있으니 취향대로 선택하도록 하자. 가게 입구에 있는 식권 자판기에 돈을 투입하고 원하는 메뉴가 적힌 버튼을 눌러 식권을 구매한 뒤 마음에 드는 자리에 앉아 있으면, 가게 직원이 음식을 갖다 준다.

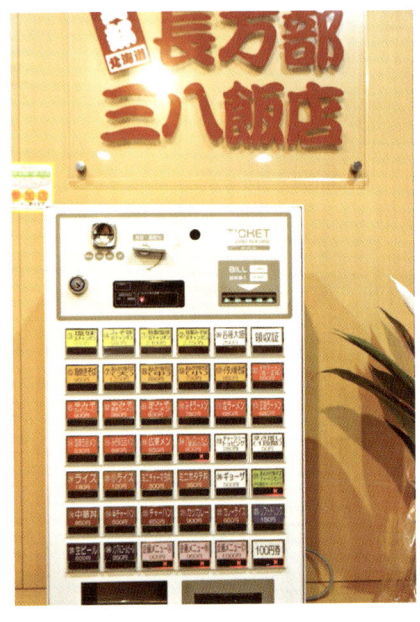

후타마타 라듐온천
二股らぢうむ温泉

google 42.577128, 140.239302
Access 베이스캠프 2에서 차로 약 30분 **Address** 北海道山越郡長万部町字大峯32番地 **Open** 오픈 07:00~20:55 (당일 입욕 접수는 ~19:00), 체크인 14:00 체크아웃 10:00 **Cost** 온천만 이용 시 일반 1,100엔, 어린이 500엔/1박 (저녁·아침식사 포함) 8,240엔(화장실 붙은 방은 1,500엔 추가)/4박~7박 (아침/점심/저녁식사 포함) 1박 7,210엔/8박 이상 (아침/점심/저녁식사 포함) 1박 6,700엔 **Tel** 0137-72-4383 **Web** futamata-onsen.com

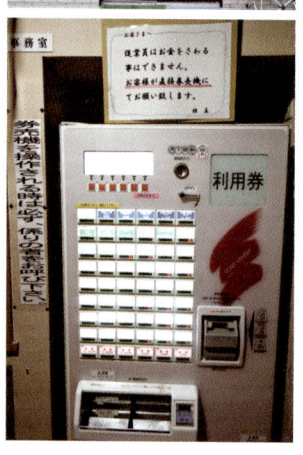

홋카이도의 천연기념물이자 탄산칼슘 함유량이 95.75%에 달하는 거대한 석회침전물 바위를 감상할 수 있는 세계에서 유일무이한 라듐온천이다. 온천수에 혈액과 세포를 활성화하고 신진대사를 촉진하는 라듐이 함유되어 있다고 알려지면서 유명해졌고, 홈페이지에는 온천에서 치료 효험을 봤다는 체험담도 상당히 많다. 치료 효과가 떨어진다는 이유로 비누와 샴푸 사용을 엄금하는데, 2주 이상 투숙하며 온천을 이용했음에도 병이 호전되지 않을 경우에는 입욕 비용을 환불해준다고 한다. 꼭 치료를 위해서가 아니더라도 홋카이도에서 가장 특색 있는 온천을 즐길 수 있고, 베이스캠프에서 온천까지 차로 이동하는 30분 동안 주변 계곡이 만드는 아름다운 풍경을 감상할 수 있어 방문한다면 후회는 없다.

SPA

쿠로마츠나이 온천 부나노모리
黒松内温泉ぶなの森

google 42.657134, 140.309195 **Access** 베이스캠프 2에서 차로 약 10분 **Address** 北海道寿都郡黒松内町字黒松内545番地 **Open** 하계 11:00~21:30, 동계 11:00~21:00 **Holiday** 하계 첫 번째 수요일, 동계 첫 번째·세 번째 수요일 **Cost** 일반 500엔, 어린이 250엔, 암반욕(1시간) 840엔, 가족탕(1시간) 1,000엔 **Tel** 0136-72-4566 **Web** kuromatsunai.com/bunanomori

루피크 베이스캠프에서 차로 10분 거리에 위치한 대형 온천. 베이스캠프와 쿠로마츠나이 온천 사이에 자리한 '너도밤나무 숲'에서 가볍게 산책을 하고, 이곳에서 온천욕을 즐기는 코스를 추천한다. 온천시설로는 노천탕과 핀란드식 사우나, 대형휴게실과 간단한 식사가 가능한 식당 등이 있다. 수질은 알칼리성 소금온천으로, 이곳에서 온천을 즐기고 나면 피부가 반들반들해지는 경험을 할 수도 있다.

ROUTE 05

홋카이도 남단에 위치한 항구 도시 하코다테. 홍콩, 나폴리와 함께 세계 3대 야경을 볼 수 있는 도시로 유명하다. 본토와 하코다테를 잇는 신칸센이 개통되면서 관광객이 크게 늘었고, 2016년에는 가장 매력적인 도시로 선정되기도 했다. 또한 홋카이도 3대 온천으로 꼽히는 유노카와 온천이 있어 겨울철 온천 여행지로도 주목받고 있다.

DRIVING ROUTE

하코다테의 주요 명소는 하코다테역 주변, 고료카쿠, 유노카와 온천 이렇게 세 구역에 모여 있다. 베이스캠프인 시로이시 공원 오토캠핑장에서 하코다테역까지는 자동차로 30분 거리고 고료카쿠, 유노카와 온천까지도 20~30분이면 갈 수 있어 편리하게 드라이브 여행을 즐길 수 있다.

러키 피에로
오직 하코다테에서만 만날 수 있는 지역 프랜차이즈 햄버거 가게. 재료 대부분을 홋카이도 현지에서 공수하여 만드는 웰빙 버거로 유명하다.

카네모리 붉은 벽돌 창고
과거엔 항구 도시 하코다테의 물류창고였지만, 지금은 하코다테에서 유행을 선도하는 최신 쇼핑몰로 거듭났다.

하코다테 모토마치
서양과 일본 건축 양식의 멋스러운 조화가 엿보이는 하코다테의 옛 거리. 하코다테 공회당과 하리스토스 정교회 성당 등 명소가 밀집해 있다.

키지히키 고원 캠핑장

해발 500미터가 넘는 언덕에 자리를 잡은 캠핑장으로 조용하고 고즈넉한 분위기에서 야영하길 원하는 여행자에게 추천한다.

시로이시 공원 오토캠핑장

자연과 어울려 캠핑하기 좋은 하코다테의 오토캠핑장. 하코다테 시내의 주요 명소와 맛집, 그리고 하이킹 코스로 유명한 에산을 찾아가기 수월한 위치에 있다.

하코다테테이

잘 정돈된 정원과 드넓은 바다를 감상하며 하코다테의 특산물 털게를 맛볼 수 있는 해물 요리 전문점. 합리적인 가격과 친절한 서비스는 기본이다.

에산

도립자연공원 道立自然公園으로 지정되어 있는 명소. 유황 연기가 어른어른 피어오르는 무시무시한 화산 풍경을 눈앞에서 구경할 수 있다.

BASE CAMP

01

시로이시 공원 오토캠핑장
白石公園はこだてオートキャンプ場

google 41.757052, 140.901122 **Access** JR 하코다테역에서 차로 약 30분, 하코다테 공항에서 차로 약 10분 **Address** 北海道函館市白石町208番地 **Open** 4월 말~10월 말(체크인 13:00~17:00, 체크아웃 08:00~11:00) **Tel** 0138-58-4880 **Web** shiroishi-park.hakodate.jp

하코다테에서 유일하게 자연과 어울려 캠핑을 할 수 있는 오토캠핑장. 하코다테 시내에서 차로 약 30분 거리에 위치하고 날씨에 구애받지 않고 묵을 수 있는 오두막 시설도 충분하다. 이곳에 묵을 경우 하코다테 최고의 하이킹 코스에산 恵山이나 주요 관광지로 찾아가기도 수월하다. 여름철이면 홋카이도와 츠가루해협 津軽海峽 사이에서 오징어를 잡고 있는 배가 어화 漁火를 밝혀 아름다운 바다 풍경도 볼 수 있다. 주변에 게이트볼 골프장이나 고즈넉한 호수 등 놀거리와 볼거리가 풍부해 가족 단위 여행객에게 특히 추천한다. 텐트를 가지고 있다면 개수대와 전기를 사용할 수 있는 오토캠핑 사이트에서 묵도록 하자.

TIP

청소 요청하기

캐빈 실내 청소가 필요하다면 아래 문장을 활용하여 관리동에 청소를 요청하자.

방이 더럽습니다.
部屋が汚いです
헤야가 기타나이데스

청소해 주세요.
掃除してください
소우지시테 구다사이

부대시설 및 대여용품

부대시설
- 매점
- 자동판매기
- 샤워실
- 건조기
- 골프장
- 다목적 화장실
- 놀이터
- 세탁실
- 공동 취사장

대여용품
- 캠핑용품
- 바비큐용품
- 조리도구 및 식기류
- 기타 잡화

GUIDE MAP

시로이시 공원 오토캠핑장

관리동

오토캠핑 사이트

- 요금: 1박 4,000~5,000엔(4,000엔 구역에는 전원, 수도, 개수대 없음)
- 시설: 전원, 수도, 개수대

캐빈

- **요금** 욕실 없는 4인용 1박 10,000엔, 욕실 없는 6인용 1박 12,000엔, 욕실 있는 6인용 14,000엔
- **시설** 전원, 주방, 비데, 세면대, TV, 테이블, 냉장고, 전기밥솥, 냄비, 프라이팬 등 주방용품

프리텐트 사이트

- **요금** 1박 2,500엔(5인 초과 시 1인당 500엔 추가)
- **시설** 전원 없음, 3000㎡ 규모의 천연 잔디

장보기 편한 주변 마트

 슈퍼아쿠스 토쿠라점
スーパーアークス戸倉店

다양한 해산물과 식재료를 갖춘 홋카이도 중심의 대형 슈퍼마켓 체인

google 41.779201, 140.801039 Access 베이스캠프에서 자동차로 약 25분 Open 10:00~23:00, 일요일·공휴일 09:00~23:00 Tel 0138-36-7800 Web www.arcs-g.co.jp/group/dounan_ralse/shop/?id=104

 호마크 유카와점
ホーマック湯川店

부탄가스를 비롯해 야외에서 요리하기 위한 용품을 구매하기 좋은 쇼핑몰

google 41.778655, 140.799990 Access 베이스캠프에서 자동차로 약 25분 Open 9:00 ~ 21:00 Tel 0138-36-6761 Web www.homac.co.jp/shop_detail/id=130

02

키지히키 고원 캠핑장

きじひき高原キャンプ場

google 41.924675, 140.614518
Access 하코다테역에서 자동차로 45분 **Address** 北海道北斗市字村山 **Open** 4월 말~10월 중순(체크인 13:00, 체크아웃 11:00) **Tel** 0138-77-8381 **Web** hakodate-kankou.com/see/857

하코다테에서 오타루로 올라가는 길에 있는 캠핑장으로 해발 500미터가 넘는 키지히키 고원에 위치한다. 하코다테산 函館山의 경치를 즐길 수 있고, 맑은 날이면 멋진 야경을 덤으로 감상할 수 있다. 전원 장치가 없어 메인 베이스캠프로 삼기에는 부족하지만, 조용하고 고즈넉한 분위기에서 야영해보고 싶다면 한 번쯤은 꼭 가보기 바란다. 캠핑장 사이트(1박 300~500엔)와 방갈로(1박 2,030엔) 두 곳이 있는데, 방갈로는 워낙 인기가 높아서 묵고 싶다면 반드시 사전 예약을 해야 한다. 캠핑장 사이트에선 전기를 사용할 수 없으므로 휴대폰 충전 등 전기사용이 필요하다면 관리동 현관 옆에 있는 전기 코드를 이용해야 한다. 단, 관리동이 저녁 9시에 폐점하면 다음 날 개점하기 전까지 전기를 사용할 수 없다는 점을 꼭 기억해두자.

부대시설 및 대여용품

부대시설
- 샤워실
- 매점 및 자판기
- 취사시설
- 화장실
- 잔디 스키장

대여용품
- 대여 물품 없음

에산
惠山

google 에산주차장 41.807193, 141.153041 **Access** 베이스캠프 1에서 자동차로 약 40분 **Open** 6:00~18:00 **Cost** 무료 **Tel** 0138-85-2336 **Parking** 무료

해발 618m 높이의 활화산인 하코다테 에산은 도립자연공원 道立自然公園으로 지정되어 있는 명승지다. 에산 주차장에서 조금만 걸어 올라가면 유황 연기가 어른어른 피어오르는 무시무시한 화산 풍경을 눈앞에서 구경할 수 있다. 단, 화구 근처에서 나오는 유황 가스를 많이 마실 경우 어지러움을 느낄 수도 있으니 주의하자. 에산은 화산뿐만 아니라 경치가 멋진 곳으로도 유명하다. 쾌청한 날에는 에산 정상에서 츠가루 해협 넘어 시모키타반도 下北半島까지도 보일 정도. 또한, 정상 화구 부근은 600여 종 이상의 고산식물이 서식하는 천연생태계이며, 5월과 6월 초여름의 진달래 축제 기간에는 철쭉과 진달래가 에산을 뒤덮어 장관을 이룬다. 시간 여유가 있으면 한 시간 정도 소요되는 에산 등산로를 따라 걸어보자. 특히 미사키 전망대 岬展望台 쪽 경치가 빼어나다.

카네모리 붉은 벽돌 창고
金森赤レンガ倉庫

google 41.767472, 140.718001 **Access** 베이스캠프 1에서 자동차로 약 35분 **Open** 09:30~19:00(매장에 따라 상이) **Tel** 0138-27-5530 **Web** hakodate-kanemori.com **Parking** 1시간 300엔, 이후 30분마다 200엔 추가(단, 매장에서 1,000엔 이상 구매 시 2시간 무료)

1859년 일본 최초의 국제 무역항 하코다테의 물류창고로 만들어졌지만, 지금은 하코다테에서 가장 핫한 쇼핑몰로 거듭났다. 한때 화재로 소실되었다가 1909년 재건한 당시의 외형이 지금까지 그대로 남아 있다. 7개의 창고 중 특히 주목할 만한 곳은 카네모리 양물관 金森洋物館, 하코다테 히스토리플라자 函館ヒストリープラザ, 그리고 베이하코다테 BAYはこだて 세 곳이다. 카네모리 양물관은 '이국의 꿈을 파는 가게'를 모토로 다양한 매장이 벼룩시장 형태로 입점해 있고, 하코다테 히스토리플라자에는 비어홀과 수제 센베이 가게, 그리고 젓가락 공방 등이 자리한다. 베이 하코다테에서는 세계의 전통 공예품과 액세서리, 인디언 장신구 등 이국적인 상품을 파는 말라이카 Malaika 브랜드의 매장이 돋보인다.

> **TIP**
>
> **최고의 전망 쉼터**
>
> 카네모리 붉은 벽돌 창고 맞은편엔 하코다테에서만 만날 수 있는 지역 프랜차이즈 햄버거 가게 러키 피에로와 스타벅스가 있다. 전용 주차장에 주차를 하고 러키 피에로에서 간단하게 끼니를 해결한 뒤, 스타벅스 2층에 있는 외부 테라스에서 커피 한 잔의 여유를 느껴보자. 최고의 전망도 함께 즐길 수 있다.

하코다테 모토마치
函館元町

google 41.763816, 140.711706
Access 베이스캠프 1에서 자동차로 약 35분 **Open** 24시간 **Tel** 0138-21-3453

TIP
구 하코다테 공회당 휴관
천황의 숙소로 사용되었을 만큼 화려하고 독특한 건축 양식을 자랑하는 구 하코다테 공회당 旧函館公会堂이 보존 수리공사로 2018년 10월 1일부터 2021년 4월까지 휴관을 한다.

서양과 일본의 건축양식이 조화를 이루는 건축물이 즐비한 하코다테의 메인 스트리트. 모토마치 중심부에 있는 언덕, 하치만자카 八幡坂가 하코다테 옛 거리 모토마치의 핵심이다. 하치만자카에서 바다와 선박을 내려다보는 경치가 특히 멋지고, 이곳을 중심으로 하코다테의 유명 성당과 교회가 자리하고 있어 모토마치에 들렀다면 빼놓지 말고 둘러봐야 한다. 경사가 살짝 가파르기 때문에 걷기 힘들 수도 있지만, 언덕길을 올라 속이 뻥 뚫리는 전경을 보는 순간 피로는 눈 녹듯이 사라진다. 일반 도로임에도 한적하기에 방문하기 수월하고, 겨울철에 하치만 고개를 수놓은 '하코다테 일루미네이션'도 빼놓을 수 없는 장관이다.

카톨릭 모토마치 교회
カトリック元町教会

google 41.763521, 140.712962 Access 하치만자카에서 도보 5분 Address 函館市元町15-30 Open 월요일~토요일 10:00~16:00, 일요일 12:00~16:00 Holiday 12월 30일~1월 5일 Tel 0138-22-6877 Web motomachi.holy.jp

카톨릭 모토마치 교회의 빨간 지붕은 하코다테의 파란 하늘과 선명히 대비되어 단숨에 눈길을 사로잡는다. 1877년 일본으로 건너온 선교사 메르메 드 카시용 Mermet De Cachon이 주도하여 프랑스 고딕 양식을 활용해 건립한 목조 교회다. 두 번의 화재를 겪은 후 1924년 재건축한 모습이 오늘날까지 그대로 남아 있다. 교회 내부에 있는 화려한 중앙 제단은 베네딕토 15세 Benedictus XV가 기증한 것으로, 일본에서 교황이 기증한 제단은 이곳이 유일하다. 카톨릭 모토마치 교회의 입장료는 무료지만 내부 촬영은 금지하므로 주의하는 게 좋다.

하코다테 하리스토스 정교회
函館ハリストス正教会

google 41.762794, 140.712179 Access 하치만자카에서 도보 5분 Address 北海道函館市元町3-13 Open 월요일~금요일 10:00~17:00 토요일 10:00~16:00 일요일 13:00~16:00 Cost 200엔 Holiday 12월 26일~3월 중순 부정기 휴무 Tel 0138-23-7387 Web orthodox-hakodate.jp

일본 최초의 러시아 정교회 성당이자 국가 지정 중요문화재다. 일본에선 보기 드문 러시아의 비잔틴 양식으로 지어진 교회 외관은 흰색 벽과 청록색 지붕이 오묘하게 조화를 이룬다. 이국적이며 운치가 있어 모토마치에서 가장 유명한 건축물로 손꼽힌다. 1858년 러시아 영사관의 부속 성당으로 지어졌으나, 니콜라이 Nicholei 사제가 하코다테 영사로 부임한 이후 이곳을 중심으로 러시아 정교회의 선교 활동을 진행함에 따라 규모와 역할이 점차 확장됐다. 내부 분위기는 주변 다른 교회와 성당에 비해 더욱 엄숙하고 근엄하다.

하코다테 전망대
函館山展望台

google 41.759393, 140.704409
Access 베이스캠프 1에서 자동차로 약 45분 **Address** 函館市函館山 **Open** 10:00~22:00, 일요일 10:00~21:00 **Holiday** 무휴 **Tel** 0138-23-6218 **Parking** 무료

일본 3대 야경이라 불리는 하코다테 야경을 한눈에 담을 수 있는 최고의 포토존. 해가 지고 30분 정도 지난 후에는 그야말로 보석처럼 빛나는 절경을 볼 수 있다. 또한, 6월부터 12월까지 밤바다를 환하게 밝히는 오징어잡이배의 어화 漁火와 겨울철 설경도 하코다테 전망대에서 놓치지 말고 꼭 봐야 할 절경 중 하나. 이처럼 계절별로 다른 모습을 보이는 하코다테의 야경은 미슐랭 그린 가이드 재팬에서 3스타를 받으면서 더욱 유명해졌다.

하코다테 모토마치 인근에서 출발하는 로프웨이에 탑승하면 5분도 채 걸리지 않아 전망대가 있는 하코다테산 정상에 오를 수 있지만, 하코다테 제일의 명소답게 로프웨이 앞은 매일 인산인해를 이룬다. 특히, 여름철엔 17시부터 22시까지 주변 자가용 통행을 제한하기 때문에 로프웨이에 탑승하기 위한 대기 시간이 예상보다 길어져 반나절 이상은 시간을 투자해야 한다.

하코다테 아침시장
函館朝市

google 41.772608, 140.725400 **Access** 베이 스캠프 1에서 자동차로 약 30분 **Open** 1월~4월 06:00~14:00, 5월~12월 05:00~14:00(단, 점포마다 상이) **Holiday** 연중무휴 **Tel** 0138-22-7981 **Web** hakodate-asaichi.com **Parking** 한 점포에서 2,100엔 이상 구매 시 제1주차장 60분 또는 대주차장 90분 무료 이용 가능

이름처럼 아침 일찍 문을 여는 하코다테의 유명 시장으로 아침 식사를 하기에 적당하다. 어시장으로 알려졌지만, 현지인보다 외국인이 더 많은 관광지에 가까워 물가도 비교적 높다. 이곳에서 비싼 값에 털게를 먹기보다는 가볍게 아침 식사만 하고 둘러보는 것을 권한다. 하코다테 아침시장에서 가장 유명한 식당은 키쿠요식당 きくよ食堂 본점으로, 가격이 저렴하진 않지만 연어와 오징어, 연어 알 등 해산물과 아보카도를 함께 넣어 먹는 대표 메뉴 사몬오야코 윳케 붓카케동 サーモン親子ユッケぶっかけ丼(1,430엔)은 한번 먹어볼 만하다. 키쿠요식당은 치토세 공항에도 분점이 있다.

아침시장 털게

키쿠요 식당 입구

▶ 사몬오야코 윳케 붓카케동

타치마치곶

立待岬

google 41.745012, 140.721226
Access 베이스캠프 1에서 자동차로 약 40분 **Address** 函館市住吉町
Open 06:00~20:00 **Tel** 0138-27-3333 **Parking** 무료

맑은 날이면 츠가루 반도까지 한눈에 보일 만큼 탁 트인 시야를 선사하고, 흐린 날이라도 안개가 자욱하게 낀 경치가 신비하고 몽환적인 분위기를 연출한다. 특히, 초여름엔 오징어잡이배의 어화 漁火를 지척에 두고 볼 수 있어 낭만적이다. 타치마치곶 산책로 곳곳엔 앉아서 쉴 수 있는 벤치가 마련되어 있어 쉬어가면서 풍경을 감상하기 좋다. 타치마치곶을 향해 올라가다 보면 양쪽으로 늘어선 묘비를 발견할 수 있다. 일본의 시인이자 평론가 이시카와 다쿠보쿠 石川啄木가 '타치마치곶에서 죽고 싶다'는 유언을 남긴 후, 그를 시작으로 후손들이 차례로 이곳에 안장되면서 만들어진 다쿠보쿠 가문의 묘지다.

방문하기 전, 한 가지 염두에 둘 것이 있다. 11월 중순부터 4월 중순까지는 타치마치곶의 야간통행이 금지되고 주차장을 폐쇄하므로 방문 일정에 차질이 없도록 유의하자.

고료카쿠
五稜郭

google 41.797183, 140.756831
Access 베이스캠프 1에서 자동차로 약 30분 **Open** 4월~10월 09:00~18:00, 11월~3월 09:00~17:00 **Cost** 일반 500엔 학생 250엔 **Tel** 0138-21-3456 **Web** www.hakodate.to/hoshinoyume **Parking** 1시간 200엔, 이후 30분마다 100엔 추가

별 모양의 독특한 성곽으로 둘러싸인 하코다테의 랜드마크. 고료카쿠란 이름은 '다섯 개의 뿔'이라는 뜻이다. 에도 막부 말기 남하하는 러시아를 견제하기 위해 서양 기술을 도입하여 만든 요새였지만, 지금은 수천 그루의 벚나무가 있어 자연과 함께 하코다테의 역사를 느낄 수 있는 멋진 공원으로 변모했다. 4월 말이면 공원이 점차 분홍빛으로 물들기 시작하고, 5월 초에 이르면 벚꽃이 절정에 이르러 고료카쿠 전체가 온통 분홍빛으로 넘실거린다. 겨울에는 2,000개에 이르는 전구를 사용해 벚나무에 일루미네이션을 장식하는데, 하코다테 전망대에서 내려다보면 반짝거리는 빛이 예술적인 아름다움을 연출하는 모습을 감상할 수 있다.

하코다테테이
はこだて亭

google 41.774743, 140.766261
Access 베이스캠프 1에서 자동차로 약 25분 **Address** 北海道函館市広野町1-1 **Open** 11:00~14:30, 17:00~22:00 **Holiday** 연중무휴 **Tel** 0138-55-3330 **Web** hakodate-tei.jp **Parking** 가능

특선 게 내장·성게알·특선 게 사시미

게 그라탕과 만두

하코다테 현지인에게 맛집으로 소문난 해물요리 전문점. 깔끔한 장소에서 신선한 하코다테 특산물 털게를 먹고 싶다면 두말할 필요도 없이 이곳이다. 기모노를 입은 직원의 친절한 서비스, 아름다운 정원과 탁 트인 창문으로 바다를 바라보며 식사를 할 수 있다는 건 하코다테테이만의 매력. 심지어 가격도 하코다테 아침시장보다 저렴한 편이다. 추천메뉴는 케가니 毛がに(털게, 시가), 토쿠센카니미소 特選かにみそ(특선 게 내장, 648엔), 산 오징어회 活いか(카츠이카, 1,944엔), 나마우니 生うに(성게알, 1,598엔), 토쿠센카니사시미 特選かに刺身(특선 게 사시미, 1,382엔), 카니그라탕 かにグラタン(게 그라탕, 950엔). 게를 선호하지 않는다면 소고기 스테이크 혹은 샤부샤부(3,456엔)를 주문하자.

TIP

홋카이도 털게가 맛있는 이유

홋카이도는 대표적인 게 생산지이며, 일본에선 홋카이도 털게를 최고로 친다. 이유는 간단하다. 다른 지역의 털게보다 맛있으니까. 여기엔 나름의 이유가 있다. 홋카이도 주변 해역의 해수 온도는 다른 일본 지역에 비해 낮다. 홋카이도 인근 바다에 거주하는 털게는 차가운 홋카이도 바다에서 살아남기 위해 자신의 몸을 더욱 단단하게 만들었고 그 과정에서 더 진한 농도와 풍미를 갖게 되었다. 그래서 털게는 겨울에 먹어야 제맛이다. 한국에서 접하기 쉽지 않은 게 사시미도 맛볼 수 있으니 여유가 되면 도전해보자.

털게

러키 피에로
ラッキーピエロ

google 41.809094, 140.716446
Access 베이스캠프 1에서 자동차로 약 40분 **Address** 北海道函館市港町 3-18-28 **Open** 10:00~익일 00:30, 토요일 10:00~익일 01:30 **Holiday** 연중무휴 **Tel** 0138-42-6550 **Web** luckypierrot.jp **Parking** 가능

오직 하코다테에서만 만날 수 있는 지역 프랜차이즈 햄버거 가게. 중화요리 전문점을 운영하던 왕 Wang 씨가 중국의 맛과 미국의 햄버거를 결합하겠다는 포부로 처음 가게를 열었다. 엘비스 프레슬리점, 오드리 햅번점 등 매장마다 고유한 콘셉트로 가게를 꾸미고 있어 어느 곳을 가더라도 색다른 재미를 느낄 수 있다. 햄버거 재료 대부분을 홋카이도 현지에서 조달하고 냉동 제품을 쓰지 않아 웰빙 햄버거 이미지를 얻었고, 비교적 저렴한 가격으로 홋카이도 현지인은 물론 여행객의 애정을 한껏 받고 있다. 러키 피에로의 대표메뉴는 홋카이도에 소재한 17개 점포에서 한 해에만 30만 개 이상 판매되고 있는 차이니즈치킨버거 チャイニーズチキンバーガー(378엔). 하코다테 곳곳에 매장이 있지만 시내에 있는 지점은 손님이 많아 번잡할 수 있으므로 하코다테 초입에 있는 고호쿠오마에점 港北大前店(0138-42-6550)을 이용하면 편하다.

라마이
Asian Bar RAMAI

google 41.775568, 140.775978
Access 베이스캠프 1에서 자동차로 약 20분 **Address** 北海道函館市湯浜町12-10 **Open** 11:30~21:00 **Holiday** 무휴 **Tel** 0138-53-2888 **Web** ramai.co.jp **Parking** 가능

인도네시아 발리섬을 콘셉트로 삼아 인테리어를 장식한 수프 카레 전문점. 가게 입구를 장식하고 있는 황금 코끼리상이나 가게 내부에 있는 인도네시아 전통 조형물이 음식을 맛보기 전부터 인도네시아 분위기를 물씬 풍긴다. 라마이의 수프 카레는 치킨 수프를 베이스로 과일과 양배추를 넉넉하게 넣어 만드는 것이 가장 큰 특징이며, 매운맛이 덜해 누구나 부담 없이 먹기 좋다. 대표메뉴는 치킨 수프 카레 チキンスープカレー(1,100엔)인데, 원하는 토핑을 기호에 따라 추가해서 먹으면 색다른 맛을 느낄 수 있다.

치킨스프카레

TIP
토핑 종류

한글	일본어	뜻	가격
치즈	チーズ	치즈	140엔
모찌	もち	찹쌀떡	170엔
브로코리	ブロッコリー	브로콜리	170엔
타후고렝	タフゴレン	튀긴 두부	140엔
아게다시토후	揚げ出し豆腐	튀긴 두부	140엔
로-루카베츠	ロールキャベツ	배추찜	170엔
메다마야끼	目玉焼き	계란후라이	120엔
유데다마고	ゆで卵	삶은 계란	50엔

호텔 반소
ホテル万惣

google 41.777636, 140.784077
Access 베이스캠프 1에서 자동차로 약 25분 **Address** 北海道函館市湯川町1-15-3 **Open** 12:00~25:00, 05:00~09:30 **Holiday** 부정기 휴무 **Cost** 1,080엔(입탕 요금 별도) **Tel** 0138-57-5061 **Web** banso.co.jp **Parking** 무료

홋카이도 3대 온천 중 하나로 일컬어지는 350년 전통의 유노카와 湯の川 온천지역 중심에 자리한다. 로비에 있는 얼핏 보아도 5미터가 훌쩍 넘는 커다란 벽난로가 바로 이곳 호텔 반소의 상징이다. 호텔 반소는 '온천 리빙 Living'이라는 콘셉트로, 누워서 온천을 즐기는 침탕 寢湯이나 거품온천탕 실키 목욕탕 シルキー風呂 등 다른 곳에서는 볼 수 없었던 다양한 욕조와 사우나 시설을 완비하고 있는 고급스러운 온천이다. 숙박을 하지 않고 온천만 이용하는 것도 가능하다. 온천 이용료가 저렴하지 않지만, 호텔 반소의 온천은 충분한 값어치를 하므로 여유가 된다면 들러보자.

유모토 타쿠보쿠테이
湯元 啄木亭

google 41.778589, 140.782584 **Access** 베이스캠프 1에서 자동차로 약 25분 **Address** 函館市湯川町1-18-15 **Open** 13:00~21:00 **Cost** 일반 800엔, 어린이 400엔 **Tel** 0138-59-5355 **Web** takubokutei.com

딱따구리가 머무는 온천이란 뜻의 타쿠보쿠테이는 하코다테의 온천 거리 유노카와 湯の川에 위치한 료칸이다. 주목할 점은 유모토 타쿠보쿠테이의 온천탕 '운해 雲海'. 공중대욕탕 운해는 이름처럼 료칸 건물에서 가장 높은 11층에 자리하고 있어 구름 위에 떠 있는 기분으로 아래를 내려다보며 온천욕을 즐길 수 있다. 호텔 반소와 마찬가지로 숙박을 하지 않고 온천욕만 즐기는 것도 가능하다. 호텔 반소에 비해 상대적으로 저렴한 온천 입장료 역시 유모토 타쿠보쿠테이로 발걸음을 향하게 하는 매력 포인트.

ROUTE 06

아사히카와는 홋카이도의 정중앙에 위치한 관광과 교통의 요충지다. '기적의 동물원'으로 알려진 아사히야마 동물원이 있고, 일본 최대 규모의 다이세츠산 국립공원 大雪山国立公園과 홋카이도 대표 여행지 후라노·비에이와 인접하고 있어 여행의 거점으로 삼기에 더할 나위 없다.

아사히카와 旭川
SAHIKAWA

DRIVING ROUTE

다이세츠산 아사히다케 로프웨이나 아사히야마 동물원으로 갈 때를 제외하면 차를 이용할 일이 별로 없다. 아사히카와역을 중심으로 대부분 명소와 맛집이 도보권 내에 있기 때문에 주차를 하고 편하게 산책하듯 둘러보면 된다. 베이스캠프 1에서 아사히카와역까지는 자동차로 50분 정도 걸린다.

마아부 오토캠핌장
후카가와 시내가 한눈에 보이는 언덕 위에 위치한 캠핑장. 카무이 스키 링크스와 가까워 겨울철 스키 베이스캠프로 활용하면 좋다.

카무이 스키 링크스
아사히카와 시내에서 차로 30분이면 도착하는 로컬 스키장. 평화롭고 고즈넉한 분위기에서 최상의 설질을 느끼길 원한다면 적극 추천.

도쿠샤쿠산시로
1946년 개업 당시의 맛을 지금까지 그대로 유지하며 여행객의 맘을 휘어잡는 일본식 선술집

21세기 숲 패밀리존 캠핑장

21世紀の森ファミリーゾーンキャンプ場

google 43.715259, 142.678920 **Access** 아사히카와역에서 자동차로 약 50분 **Address** 北海道旭川市東旭川町瑞穂888 **Open** 5월 1일~11월 30일(체크인 16:00, 체크아웃 10:00) **Tel** 방갈로 예약 0166-76-2454, 로그·타루하우스 예약 0166-76-2108 **Web** asahikawashi21seikinomori.net

아사히카와 인근에서 가장 유명한 리조트 캠핑장이다. 아사히카와 시내에서 차로 50분 정도 떨어져 있고 자연을 관찰하거나 다양한 체험 활동도 가능해 자녀를 포함한 가족 여행의 숙소로 손색이 없다. 캠핑장은 총 둘레 길이가 14킬로미터에 이를 만큼 넓고 숙소의 종류도 다양하다. 30명까지 숙박을 해결할 수 있는 로그 하우스가 있고, 그 옆엔 2~3명이 묵기 좋은 타루 하우스도 있다.

가족이 함께 방문했다면 수세식 화장실, 싱크대를 비롯해 전기밥솥과 냉장고, 조리도구와 식기류를 갖추고 있는 방갈로를 추천한다. 여기에 캠핑장 내부에 있는 숲의 온천 모리노유를 무료로 사용할 수 있다는 점은 21세기 숲 캠핑장의 커다란 매력이자 장점이다.

부대시설 및 대여용품

부대시설
- ☐ 야외 취사 시설
- ☐ 바비큐 하우스
- ☐ 수세식 화장실
- ☐ 샤워실
- ☐ 연못
- ☐ 숲의 온천 모리노유
- ☐ 광장

대여용품
- ☐ 바비큐용품

21세기 숲 패밀리존 캠핑장

관리동

패밀리존 텐트 사이트

- 요금: 무료
- 시설: 야외 취사시설, 바비큐 하우스, 화장실, 전망대

방갈로

- **요금** 6인용 숙소, 1박 3,150엔
- **시설** 수세식 화장실, 싱크대, 밥솥, 냉장고, 간단한 조리 도구

로그 하우스

- **요금** 최대 정원 27명, 1박 520엔, 10월 1일~4월 30일 별도 난방 요금
- **시설** 70명 규모 강당, 조리도구 및 조리실, 다다미방 4개

타루 하우스

- **요금** 2~3인용, 1박 520엔
- **시설** 외부 취사 시설, 야외 화장실

장보기 편한 주변 마트

이온몰 아사히카와역점
イオンモール旭川駅前

다양한 종류의 신선한 해산물을 판매하는 대형 마트. 1층엔 푸드 코트와 스타벅스가 있다.

google 43.763791, 142.357505 **Access** 아사히카와역과 연결, 베이스캠프에서 차로 약 1시간 **Open** 09:00~21:00 **Tel** 0166-21-5544 **Web** asahikawaekimae-aeonmall.com

캠핑장 온천 시설

모리노유
森の湯

베이스캠프에서 도보 10분이면 도착하는 작은 온천

Access 베이스캠프 방갈로에서 도보 10분 **Open** 5월 1일~8월 31일 09:00~20:00, 9월 1일~10월 31일 09:00~19:00, 11월 1일~11월 30일 12:00~19:00 ※ 정화시설이 없어서 비누와 샴푸사용은 절대 금지 **Cost** 무료

BASE CAMP

02

마아부 오토캠핑장
まあぶオートキャンプ場

google 43.690143, 142.086562 **Access** 카무이 스키장에서 자동차로 약 20분 **Address** 北海道深川市音江町字音江４５９番地１ **Open** 5월 1일 ~10월 31일 (체크인 13:00~18:00, 체크아웃 11:00) **Tel** 0164-26-3000 **Web** mypage.fukanavi.com/campsite

후카가와 深川 시내가 내려다보이는 언덕 위에 위치한 오토캠핑장. 관리동 앞에 서 있는 대형 울트라맨 피규어가 인상적이다. 텐트 사이트는 여름에만 개방하는 반면 별장은 계절에 구애받지 않고 계속 운영한다. 사이트와 별장 모두 상당한 퀄리티를 보유했는데, 특히 코티지 시설은 타의 추종을 불허할 만큼 뛰어나다. 7월 하순부터 8월 중순까진 캠핑장 내에 있는 반딧불이의 연못 호타루노이케 ホタルの池에서 저녁 8시까지 반딧불이를 눈으로 직접 관찰할 수 있고, 겨울이면 카무이 스키장을 방문하기 위한 베이스캠프로 활용하기 적합하다. 또한 도보 7분 거리의 아그리공방 마아부 アグリ工房まあぶ에는 온천이 있어 여행과 스키로 피로해진 몸을 따뜻하게 녹일 수 있다.

03

도미 인 아사히카와
ドーミーイン旭川

google 43.771007, 142.359896 **Access** 아사히카와역에서 도보 15분, 베이스캠프에서 자동차로 약 1시간 **Open** 연중무휴 체크인 15:00~ 체크아웃 ~11:00 **Tel** 0166-27-5489 **Web** hotespa.net/hotels/asahikawa

베이스캠프를 아사히카와 시내로 한다면 이 호텔을 추천한다. 시설과 운영 방법이 표준화되어 있어 어느 지역에 있는 도미 인에 묵더라도 숙소에 바라는 최소한의 기대에 충족한다. 번화가 인근에 있어 접근성이 뛰어나고, 깔끔한 천연온천 시설을 완비하고 있어 하루의 피로를 풀기에도 제격이다. 가격대비 품질이 뛰어나며 다양한 음식을 먹을 수 있는 조식 뷔페와 오후 9시 30분부터 11시까지 무료로 제공하는 라멘과 소바도 도미 인만의 매력이다.

아사히야마 동물원
旭山動物園

google 43.768428, 142.480089 **Access** 베이스캠프 1에서 자동차로 약 35분 **Open** 4월 말~10월 중순 09:30~17:15, 11월 초~4월 초 10:30~15:30, 8월 10일~8월 16일 09:30~21:00(일정 변동이 있을 수 있으므로 홈페이지 확인) **Cost** 일반 820엔, 어린이(중학생 이하) 무료 **Tel** 0166-36-1104 **Web** www.city.asahikawa.hokkaido.jp/asahiyamazoo **Parking** 무료

일본에서 아사히야마 동물원은 '기적의 동물원'으로 알려져 있다. 1967년 개원한 동물원은 1990년 폐원 직전까지 몰렸지만, 동물원의 패러다임을 전환하는 데 성공하면서 2000년대엔 매년 300만 명이 방문하는 아사히카와의 명소로 탈바꿈했다. 우리에 갇힌 동물을 멀찍이 떨어져 바라보아야 했던 기존의 동물원과는 달리 동물의 생활을 근거리에서 보면서 다양한 체험을 하게끔 만든 기획이 '기적'을 만든 동력이었다. 손을 뻗으면 닿을 만큼 가까운 거리에서 펭귄 무리의 산책을 지켜보고 유리창 하나를 사이에 두고 북극곰과 아이 콘택트하는 체험이 대표적이다. 펭귄 산책은 12월 말부터 2월까지 오전 11시와 12시 30분 두 차례 진행하며, 3월엔 오전 11시에 한 번만 진행하므로 방문할 예정이라면 시간대를 꼭 확인하자.

다이세츠산 아사히다케 로프웨이
大雪山旭岳ロープウェイ

google 43.652861, 142.798251 **Access** 베이스캠프 1에서 자동차로 약 1시간 30분 **Open** 08:00~17:00(시기에 따라 다르므로 홈페이지 확인) **Cost** 6월 초~10월 말 성인 왕복 2,900엔, 어린이 1,450엔, 10월 말~5월 말 성인 왕복 1,800엔, 어린이 900엔 **Tel** 0166-68-9111 **Web** asahidake.hokkaido.jp/ja

해발 2,290미터에 이르는 홋카이도 최고봉 아사히다케 旭岳를 비롯해 일본 최대 규모의 산악국립공원 다이세츠산을 오르는 가장 빠르고 편리한 수단, 바로 로프웨이다. 로프웨이에 탑승하면 산 중턱과 정상 사이에 있는 스가타미역 姿見駅에 도착한다. 이곳은 아사히다케 화산구를 볼 수 있는 포토존이자 정상으로 향하는 트레킹 코스의 출발점이다. 3시간 정도 소요되는 트레킹 코스는 전 세계 등산객과 트레킹 애호가들이 일부러 찾아올 만큼 유명하다. 코스를 따라가다 만나는 북극여우와 진귀한 고산식물이 등산의 재미를 풍성하게 만들어주고, 무엇보다 9월이면 단풍이 만발해 일본에서 가장 빠르게 단풍을 구경할 수 있는 명소로 알려져 있다. 겨울이 되면 아사히다케에 폭설이 내려 스키인들의 가슴을 설레게 하는 파우더스키의 성지로 탈바꿈한다.

> **TIP**
> **홋카이도 최고의 자연 스키장**
> 다이세츠산 스키장은 일반 스키장이 아니라 자연 설산을 타는 일이기 때문에 반드시 스키가이드를 동반해야 한다. 만약 사고 발생 시 엄청난 구조비용이 청구되니 각별히 주의하자.

스미비야키토리 료
炭火やき鳥 りょう

google 43.768467, 142.361524
Access 아사히카와역에서 도보 10분, 베이스캠프 1에서 자동차로 약 1시간 5분 **Address** 北海道旭川市4条通8 エスター旭川ビル B1F **Open** 17:30~23:00, 토요일~일요일 17:30~24:00 **Holiday** 일요일 **Tel** 0166-22-9995 **Web** hitosara.com/0006044513 **Parking** 불가

오후쿠로츠케

츠쿠네

직접 만든 소금과 최상등급의 비장탄 備長炭, 그리고 시레토코 知床 지역의 닭만을 엄선하여 닭꼬치를 만드는 인생 야키토리 식당. 야키토리 식당의 실력을 가늠하는 척도는 바로 닭고기를 다져서 경단 모양으로 만드는 츠쿠네 つくね인데, 이곳의 츠쿠네는 크기가 먹기 좋게 일정하며 씹을수록 고소하고 식감이 느껴진다. 고기를 다지는 칼부터 엄격하게 고르고, 불 조절이 고기 맛의 성패를 가른다며 예술작품 만들듯 하나하나 섬세하게 구워낸다. 왜 미슐랭가이드에 이름이 올라갔는지 알 수 있는 맛이다. 추천 메뉴는 와인을 부르는 코히츠지노 코소야키쿠시 仔羊の香草焼串 (어린양 허브꼬치, 400엔), 먹기 좋게 손질한 테바사키 手羽先(닭날개 튀김, 180엔), 그리고 일말의 느끼함마저 깔끔하게 잡아주는 오후쿠로츠케 おふくろ漬け(채소절임, 350엔)이다.

날개

어린양 허브꼬치

FOOD

도쿠샤쿠산시로
独酌三四郎

google 43.768190, 142.356444
Access 아사히카와역에서 도보 10분, 베이스캠프 1에서 자동차로 약 1시간 5분 **Open** 17:00~23:00 **Holiday** 일요일, 국경일, 연말연시 **Tel** 0166-22-6751

일본의 유명 TV프로그램 〈고독한 미식가〉의 주인공 고로 五郎 씨가 홋카이도에서 방문한 맛집. 2016년 방영한 홋카이도 편에서 지유켄과 함께 소개된 곳이다. '혼술하는 사람들의 아지트'란 의미의 가게 이름처럼 도쿠샤쿠산시로는 신선한 해산물로 만든 요리와 다양한 주류를 혼자서 음미하기 좋은 일본식 선술집이다. 〈고독한 미식가〉에서 선보인 아사히카와의 소울푸드 신코야키 新子焼き(900엔)는 이 가게에서 꼭 맛봐야 하는 필수 메뉴. 1946년 문을 연 이래로 단 한 번도 소스 맛을 바꾸지 않고, 냉동하지 않은 닭다리살을 사용하는 것이 도쿠샤쿠산시로가 말하는 맛의 노하우다. 그밖에 사시미에서 계란말이까지 대부분의 메뉴가 신선하고 깔끔한 맛이다. 전 좌석이 금연이지만 메뉴 대부분이 구이 요리이기 때문에 고기 굽는 냄새와 연기로 식당 안이 가득하다. TV에도 방영된 맛집인 만큼 찾는 손님이 많으므로 반드시 예약하고 방문하자.

▼ 말린청어 된장

▶ 모둠회

◀ 민물장어

◀ 신코야키　▲ 오토시　◀ 계란말이

징기스칸 다이코쿠야
成吉思汗大黒屋

google 43.769413, 142.357268 **Access** 아사히카와역에서 도보 13분, 베이스캠프 1에서 자동차로 약 1시간 5분 **Open** 17:00~23:30 여름 성수기엔 04:00~오픈 **Holiday** 부정기 휴무 **Tel** 0166-25-2424 **Web** daikoku-jgs.com

TIP
징기스칸 주문하기

메뉴판엔 'No.1' 'No.2' 'No.3' 메뉴가 차례로 적혀 있지만, 가장 맛있는 건 그 아래 있는 한정판 양갈비로 금방 품절이 된다. 꼭 맛보고 싶다면 오픈 전에 방문하는 편이 낫다. 야채는 한 차례 무료로 추가할 수 있다. 제공된 야채를 다 먹었다면 아래 문장을 활용해 리필하자.

죄송합니다. 야채 리필 부탁합니다.
すみません。野菜おかわりお願いします。
스미마셍. 야사이오카와리 오네가이시마스

아사히카와에서 가장 유명한 징기스칸 요리를 맛보고 싶다면 다이코쿠야로 가자. 최상의 맛과 극강의 가성비를 자랑하는 진짜배기 징기스칸을 만날 수 있다. 오픈만 하면 가게 앞은 문전성시, 식사 시간에 방문한다면 30분에서 1시간 가량의 대기는 예삿일이다. 메뉴는 부위별로 나뉘는데 모두 맛이 훌륭해 다양한 부위를 골고루 주문해서 맛보는 것도 좋겠다. 특히 매일 일정한 양만 한정 판매하는 양갈비 아츠키리랏쿠 厚切リラック(900엔)와 나마라무징기스칸 生ラム成吉思汗(생양고기 징기스칸, 700엔)이 추천 메뉴. 이외에도 큐리다시쇼유츠케 きゅうりダシ醬油漬け(오이양념간장, 350엔)는 가츠오부시를 얹어서 제공하는데 중독성이 있어 계속 손이 간다. 한 가지 아쉬운 점은 내부에서 흡연이 가능하지만 환기가 원활하지 않아 냄새가 많이 난다는 것.

▼ 오이양념간장

FOOD

고로케

지유켄
自由軒

google 43.770311, 142.362084 **Access** 아사히카와역에서 도보 12분, 베이스캠프 1에서 자동차로 약 1시간 5분 **Open** 11:00~14:00, 17:30~22:30 **Holiday** 일요일 **Tel** 0166-23-8686 **Web** www.atca.jp/jiyuken

2016년 방영한 <고독한 미식가>에서 고로 씨도 인정한 아사히카와의 돈카츠 전문점. 1949년 처음 문을 열고 지금까지 자리를 지키고 있는 전통의 가게로 연일 북새통을 이룬다. 대부분의 메뉴가 점심으로 먹기에 좋은 구성인데, 특히 망치로 고기를 두드려 넓게 펴지 않고 돼지등심을 그대로 튀겨내 육즙이 살아있는 로스카츠 ロースカツ(1,400엔)가 일품이다. 2016년 <고독한 미식가> 방영 당시 소개된 음식 구성은 게 고로케·임연수 튀김·된장국으로, 현재 '고로 세트 五郎セット(1,580엔)'란 이름의 메뉴로 판매하고 있다.

로스카츠

지유켄 셰프

🔍TIP
최고의 타르타르소스

<고독한 미식가>에서 고로 씨는 이 가게에서 고로케와 함께 나오는 타르타르소스를 맛보고 극찬하며 추가로 주문하는 장면이 나온다. 실제로 고로케를 타르타르소스에 먹어보면 타르타르소스를 추가 주문했던 고로 씨에게 격하게 공감할 수밖에 없다. 아래의 일본어를 활용해 타르타르소스를 추가로 요청해보자.

🔸 **죄송한데, 타르타르소스 좀 추가해 주세요.**
すみません。タルタルソースをちょっと追加してください。
스미마셍. 타르타르소스오 촛토 츠이카시테구다사이

스키야키 산코샤
すき焼 三光舎

google 43.769321, 142.363252
Access 아사히카와역에서 도보 13분, 베이스캠프 1에서 자동차로 약 1시간 5분 **Address** 北海道旭川市五条通9右1 緑橋通り **Open** 11:00~22:00
Holiday 연말연시 **Tel** 0166-23-3548 **Parking** 가능

1917년에 창업한 역사가 살아 숨 쉬는 전통 맛집으로, 스키야키와 샤부샤부가 주력 메뉴다. 산코샤에서는 언제나 질 좋은 고기를 엄선하여 1인분에 100그램으로 먹기 좋게 얇게 썰어 내오고, 또 100년 동안 변함없이 사랑받고 있는 연한 맛의 비법 소스를 사용하여 고기 본연의 맛을 최대한 끌어올린다. 이러한 노력들이 변하지 않는 명품 스키야키를 만들어낸 것. 점심에는 고급 요리에 속하는 스키야키를 1인분에 1,300엔이라는 비교적 저렴한 가격에 먹을 수 있는데, 주머니 사정이 넉넉하다면 특선 스페셜 소 등심 샤부샤부와 스테이크에 도전해보자. 4,200엔이라는 가격이 전혀 아깝지 않을 정도로 맛있다.

TIP
스키야키 맛있게 먹기

스키야키는 간장과 설탕으로 간을 한 육수에 채소와 소고기를 넣고 졸여 먹는 일본의 전통 요리를 말한다. 여행자금이 넉넉하다면 큰 문제가 없지만, 그렇지 않다면 낮은 등급의 고기를 주문해도 무방하다. 산코샤와 같은 맛집에선 낮은 등급의 고기라도 충분히 맛있다. 단, 고기를 추가할 땐 절대 처음 주문한 고기보다 등급을 낮추지는 않는 편이 좋다. 직전에 먹었던 고기 맛을 몸이 기억해 다음으로 주문한 고기를 먹을 수 없다.

쿠시아게타로
串あげ太郎

google 43.768205, 142.357446
Access 아사히카와역에서 도보 10분, 베이스캠프 1에서 자동차로 약 1시간 5분 **Open** 17:30~23:00 **Holiday** 일요일 **Tel** 0166-25-3947 **Web** k-tarou.jp

꼬치 튀김과 두부 요리를 주력으로 창업한 뒤 이제는 사시미와 해산물 요리까지 섭렵한 식당. 현지 주민은 이곳이 아사히카와에서 가장 신선한 해산물로 요리한다고 입을 모아 칭찬한다. 해산물의 신선도를 극대화하기 위해 어선에서 대량으로 포획하는 해산물을 쓰지 않고 홋카이도 근해에서 낚시로 잡은 생선을 고집한다니 당연히 맛이 있을 수밖에 없다. 그리고 이런 고집이 미슐랭에 등재되는 영광으로 이어진 것. 대표 메뉴는 빨간 볼락 킨키 キンキ 조림(4,800엔)인데, 비싸긴 하지만 아바시리 網走에서 낚시로 잡은 홋카이도 최고급 어종인 만큼 맛은 보증수표다. 아이들과 함께 방문했다면 킹크랩 튀김 타라바가니텐푸라 タラバガニてんぷら(1,500엔)를 주문해도 좋다. 화장실은 남녀공용이지만 청결하게 관리하고 있어 불편함 없이 이용할 수 있다.

와산조 카타오카
和三條 かた岡

google 43.767991, 142.361340
Access 아사히카와역에서 도보 10분, 베이스캠프 1에서 자동차로 약 1시간 5분 **Open** 월~금 11:30~14:00, 17:00~23:00 토요일 17:00~13:00 **Holiday** 일요일, 국경일 **Tel** 0166-25-0038 **Web** wa3j-kataoka.jp

일본의 3대 조리사전문학교로 유명한 츠지조리사전문학교 辻調理師專門学校 출신 셰프가 항구와 어시장에서 직접 구매하는 해산물로 요리하는 미슐랭 맛집. 코스요리가 전문이긴 하지만, 취향대로 단품 메뉴를 주문할 수도 있다. 추천 메뉴는 모둠회(5종 4,900엔)으로 마구로 아카미 マグロ赤身(참치), 킨메다이 金眼鯛(금눈돔), 카즈노코 数の子(청어알), 시메사바 シメサバ(초절임 고등어)와 보탄에비 牡丹海老(모란 새우) 다섯 가지가 함께 나오며, 먹고 난 새우 머리는 튀겨서 다시 제공한다. 나오는 음식 하나하나가 예쁘고 정갈하게 플레이팅되어 입으로 맛보기 전에 먼저 눈으로 음미할 수 있다. 아쉬운 점은 자릿세 오토시가 1,100엔으로 비싸다는 것.

로바타 마치야
炉端 町家

google 43.768760, 142.358005
Access 아사히카와역에서 도보 약 11분, 베이스캠프 1에서 차로 약 1시간 5분 **Open** 17:30 ~ 25:30 **Holiday** 일요일 **Tel** 0166-25-4444 **Web** 440-c.com/robata-machiya.html

◀ 감자버터
대구 곤이구이
채소절임 모둠
▲ 모둠회
◀ 도미밥

세련된 내부 인테리어에 소울 충만한 재즈가 흘러나오는 선술집 로바타 마치야는 연인과 데이트하기에 안성맞춤이다. 이 가게에서 꼭 먹어야 하는 요리는 타이메시 鯛めし(도미밥, 1,470엔)와 쟈가바타 じゃがバター(감자버터, 570엔) 두 가지. 도미밥은 뚝배기에 도미 머리를 넣고 밥을 짓는 이 가게만의 명물로 주문 직후 30분 정도 소요된다. 요청하면 도미 머리에 붙어 있는 살을 먹기 좋게 발라서 밥과 함께 비벼준다. 도미밥에 곁들여 먹으면 좋은 반찬으로는 츠케모노 모리아와세 漬けもの盛り合わせ(채소절임 모둠, 490엔)가 있다. 김치 생각이 나지 않을 만큼 도미밥과 궁합이 잘 맞는다. 또, 으깬 감자에 연어알로 식감을 내고 버터로 향을 더한 뒤, 김으로 둥글게 감싼 감자버터 역시 맛과 비주얼 모두 일품. 배가 불러도 자꾸 손이 가는 맛이다.

베이커리 히로
ベーカリー寛

google 43.793187, 142.329729
Access 아사히카와역에서 자동차로 15분, 베이스캠프 1에서 자동차로 약 1시간 10분 **Address** 北海道旭川市錦町20-2166-98 **Open** 10:00~18:00(단, 매진 시 종료) **Holiday** 월요일 · 화요일 **Tel** 0166-53-5929 **Web** bakeryhiro.com **Parking** 가능

주택가 한가운데 매장이 자리하고 있어 찾아가기 쉽지 않을 것 같지만, 영업시간만 되면 갓 나온 빵을 사기 위해 손님들이 가게 앞으로 몰려든다. 베이커리 히로는 홋카이도산 재료만 사용하여 통밀과 호밀 가루를 직접 제분하는 뚝심 있는 빵집이다. 게다가 종류가 상당히 다양한데, 식감을 살리기 위해 모든 빵은 종이로 포장해서 판매한다. 인기 메뉴는 바게트처럼 겉이 바삭한 식감의 빵들인데, 일찍 동나는 경우가 많기 때문에 서두르는 것이 좋다.

아사히카와에서 만난 **사람들**

🍴 **스미비야키토리 료** 사카이 셰프

점주 사카이 셰프는 나고야에서 요리를 배우고 지금은 아사히카와에서 미슐랭에도 등록된 야키토리 가게를 운영하고 있다. '가장 맛있는 시간에 주문한 메뉴를 제공한다'는 다짐으로, 직접 소금을 만들고 홋카이도 시레토코 지역의 닭만을 사용하며 꼬치를 하나하나 섬세하게 구워낸다. 야키토리 가게에선 보통 여러 종류의 꼬치를 다양하게 주문하는데, 사카이 셰프는 손님 한 사람 한 사람을 예의주시하며 서빙하기 때문에 주문이 밀리거나 놓치는 일 없이 항상 최적의 온도에 맞춰 음식을 제공한다. 그 정성과 배려에 감동할 수밖에 없다.

◀ 간

연골 ▶　　　　　　　　　　　◀ 껍질

🍴 **와산조 카타오카** 카타오카 셰프

가게 상호에 자기 이름을 사용할 만큼 음식에 대한 카타오카 셰프의 자부심은 남다르다. 그는 오사카에서 대표적인 요리사 양성 과정으로 알려진 츠지조리사전문학교를 졸업하고 오사카의 고급 요리점에서 수련을 거친 뒤, 이곳에 자리를 잡았다. 좋은 식재료를 사용하기 위해 직접 항구로 나가 눈으로 직접 확인하고 식재료를 구매하며, 질 좋은 상품이라면 도쿄 어시장에서 공수해오기도 할 만큼 열정이 넘친다. 2012년 미슐랭 원스타를 획득한 건 그 열정과 노력에 대한 보상은 아니었을까.

◀ 오토시

SPECIAL

한적한 분위기에서 즐기는
최상의 설질
카무이 스키 링크스
カムイスキーリンクス

아사히카와 시내에서 자동차로 30분이면 도착할 수 있는 로컬 스키장. 1개의 곤돌라와 5개의 리프트, 그리고 다양한 종류의 슬로프를 가지고 있어 초급자부터 상급자까지 남녀노소 누구나 즐겨 찾는 곳이다. 센터 하우스 1층에는 안내소와 휴게소, 스키 장비를 대여할 수 있는 가게가 있고, 2층에서는 식당과 카페를 운영하고 있다. 카무이 스키 링크스의 가장 큰 매력은 이곳을 알고 찾아오는 외국인과 현지인이 별로 없기 때문에 한가로운 분위기에서 최상의 설질을 느낄 수 있다는 것. 게다가 주변 도시의 숙박료가 상대적으로 저렴한 것도 장점이다. 세계적으로 유명한 홋카이도의 니세코 스키장 인근 숙박료는 성수기 기준 1박에 14만 엔까지 치솟지만, 이곳 카무이 스키 링크스 주변 도시의 숙박료는 훨씬 저렴한 편으로, 12만 엔으로 3개월 동안 스키 시즌방에 묵을 수도 있다.

 **google** 43.704969, 142.187102 **Access** 아사히카와역에서 자동차로 약 35분 **Address** 北海道旭川市神居町西丘112 **Open** 12월 초~3월 말, 09:00~16:30 **Holiday** 영업 기간 동안 무휴 **Cost** 리프트권 1일 3,100엔, 5시간 2,900엔, 3시간 2,600엔, 회수권 10장 2,100엔(곤돌라 1회 탑승 시 회수권 3장 필요) **Tel** 0166-72-2311 **Web** kamui-skilinks.com **Parking** 무료

ROUTE
07

훗카이도 여름 여행의 핵심은 후라노와 비에이다. 훗카이도 정중앙에 위치해 '훗카이도의 배꼽'이라는 애칭으로도 불리는 후라노와 비에이는 수많은 관광객이 라벤더 화원을 보기 위해 찾아가는 일본에서 손꼽히는 아름다운 도시다. 꽃의 천국이란 수식어가 어색하지 않은 다양한 화원에서 훗카이도 여름의 진수를 느껴보자.

F

후라노 富良野 · 비에이 美瑛
RANO · BIEI

DRIVING ROUTE

베이스캠프 히노데 공원 오토캠핑장은 후라노, 비에이 지역의 중앙에 자리 잡고 있어 어떤 명소든 편하게 이동할 수 있다. 필수 관광지인 라벤더 화원이나 조금 멀리 떨어진 명소 아오이이케, 시라히게노타키까지도 30분이면 도착한다.

FURANO·BIEI

히노데 공원 오토캠핑장
시내에 위치해 식재료 구매나 명소로 이동하기 편리한 오토캠핑장. 가족여행의 숙소로도 손색없다.

팜 토미타
여름이면 지평선 끝까지 펼쳐진 라벤더에 흠뻑 취하는 후라노 제일의 핫스폿

후라노 스키장
홋카이도 최대 면적을 자랑하는 스키장. 총 24개의 다양한 코스, 5분 만에 정상까지 오를 수 있는 100인승 로프웨이 등 차원이 다른 규모를 보여준다.

BASE CAMP

부대시설 및 대여용품

부대시설
- ☐ 매점 (캠핑용품, 일회용품, 목탄 등)
- ☐ 샤워실
- ☐ 세탁기
- ☐ 건조기
- ☐ 노천탕 및 목욕탕

대여용품
- ☐ 캠핑용품
- ☐ 조리도구 및 식기류
- ☐ 바비큐용품
- ☐ 기타 잡화

히노데 공원
오토캠핑장

日の出公園オートキャンプ場

google 43.461832, 142.483237 **Access** 신치토세 공항에서 자동차로 약 2시간 20분 **Address** 北海道空知郡上富良野町東2線北27号 **Open** 4월 25일~10월 25일(체크인 14:00, 체크아웃 10:00, 단, 프리 텐트 사이트는 당일 접수만 가능. 접수 시간은 08:30~20:00) **Tel** 0167-39-4200 **Web** kamifurano-hokkaido.com

시내에 있는 오토캠핑장으로 식재료를 구매하기 쉽고, 후라노와 비에이의 명소로 이동하는 동선이 짧아 베이스캠프로 안성맞춤이다. 텐트를 보유하고 있다면, 무료로 캠핑을 할 수 있는 프리 텐트 사이트나 전기와 개별 상수도 및 싱크대를 사용할 수 있는 오토 캠핑 사이트 중 원하는 곳에서 묵으면 된다. 2층 오두막 형태의 숙박 시설 코티지는 거실과 방 두 개로 구성되어 있으며 전기와 수도는 물론 전기밥솥이나 냉장고 등 조리도구와 식기류도 완비하고 있다. 투숙객 인원에 따라 숙박료를 다르게 책정하는 대다수 일본 호텔에 비해 이곳 히노데 공원 오토캠핑장은 가성비가 좋고 시설도 뛰어나 숙소로 사용하기에 부족함이 없다.

TIP

쓰레기 처리에 유의하자

홋카이도에서 캠핑을 하면 동네에서 고양이를 보듯이 빈번하게 여우를 만난다. 여우는 밤이면 텐트 주변을 어슬렁거리며 음식을 찾아 헤맨다. 따라서 음식물을 절대 외부에서 개방한 상태로 두지 않도록 주의하자. 또한 캠핑장에선 쓰레기 처리 비용을 별도로 내거나 직접 분리수거를 해야 하는데, 이곳 히노데 공원 오토캠핑장의 수거함은 캠핑장 입구에 있어 찾기 어려울 수 있다. 쓰레기를 어디에 어떻게 처리할지 모르겠다면, 다음과 같이 물어보자.

쓰레기는 어디에 버리나요?
ごみはどこに捨てますか。
고미와 도코니 스테마스카

GUIDE MAP

히노데 공원 오토캠핑장

관리동

오토캠핑 사이트
- **요금** 10m x 3.5m, 1박 3,000엔
- **시설** 전원, 싱크대, 상수도

프리텐트 사이트

- 요금: 1박 500엔
- 시설: 바비큐 하우스, 공동 취사장, 수세식 화장실

코티지

- 요금: 2층 오두막 1박 12,000엔
- 시설: 전기, 수도, 부엌, 침구, 냉장고, TV, 밥솥, 샤워실, 화장실, 난로

장보기 편한 주변 마트

슈퍼 체인 후지
スーパーチェーンふじ

후라노에서 제일 규모가 크고 다양한 상품을 판매하는 슈퍼마켓

google 43.460755, 142.469799 Access 베이스캠프에서 자동차로 약 10분 Open 08:30~21:00 Tel 0167-45-5111 Web http://www.arcs-g.co.jp/group/douhoku_arcs/shop/?id=355

호마크 가미후라노점
HOMAC 上富良野店

캠핑에 필요한 모든 상품을 총망라한 마트. 7월이면 여름 세일도 진행한다.

google 43.460641, 142.477037 Access 베이스캠프에서 자동차로 약 5분 Open 09:00~20:00 Tel 0167-45-0500 Web homac-nicot.co.jp

아오이이케
青い池

google 43.493412, 142.614009
Access 베이스캠프에서 자동차로 약 30분 **Open** 라이트업 11월 초~3월 말 17:00~21:00 **Holiday** 연중무휴 **Cost** 무료 **Tel** 0166-94-3555 **Web** biei-hokkaido.jp/ja/sightseeing/shirogane-blue-pond

TIP
호수 주변 화장실
호수 주변에는 마땅한 화장실이 없다. 가장 가까운 공중화장실은 아오이이케에서 2km 정도 떨어진 휴게소(전화 0166-94-3355)에 있으니 방문하기 전에 미리 화장실을 들러 볼일을 해결하자.

아오이이케는 이름 그대로 에메랄드색 물감을 풀어놓은 듯 신비로운 빛깔을 띠는 파란 빛깔의 호수다. 아이폰과 맥북을 만드는 미국의 다국적기업 애플이 아오이이케 사진을 자사 제품의 배경화면으로 사용하면서 폭발적인 유명세를 타기도 했는데, 총천연색의 호수와 주변 낙엽송이 어우러져 만드는 풍경이 특히 환상적이다. 주변 석회질이 녹으면서 호수가 에메랄드빛을 발산하게 되었다는 주장도 있지만, 아직 명확한 이유는 밝혀지지 않았다. 비가 오면 호수가 푸른색이 아니라 녹색에 가까워지기 때문에 아름다운 호수 본연의 모습을 제대로 보려면 날씨를 잘 선택해야 한다. 또한, 겨울에는 호수가 얼어붙어 선명한 푸른빛의 호수를 보는 일이 쉽지 않다. 만약 겨울에 방문할 예정이라면 일몰 이후에 방문하는 것을 권장한다. 11월 1일부터 3월 31일까지 5개월 동안 오후 9시까지 라이트업하여 주변을 아름답게 밝힌다.

칸노 팜
Kanno Farm

google 43.542851, 142.438893
Access 베이스캠프에서 자동차로 약 20분 **Open** 3월~10월 **Tel** 0167-45-9528 **Web** kanno-farm.com

단체 관광객을 피해 여유롭게 라벤더 꽃밭을 구경하고 싶다면, 두말할 것도 없이 칸노 팜으로 가면 된다. 규모는 다른 라벤더 화원들에 비해 상대적으로 작지만, 유명 화원엔 관광객이 인산인해를 이루는 반면, 이곳은 조용하고 쾌적해 오로지 꽃에만 집중하기 좋다. 칸노 팜 내부에 있는 언덕을 올라가서 아래를 내려다보면 속이 뻥 뚫리는 시원한 전경과 형형색색의 아름다운 꽃밭에서 눈을 뗄 수 없다. 같은 화원인데 이곳의 라벤더 향이 더 짙게 느껴지는 이유는 한적한 분위기에서 오롯이 라벤더 향에 몰두할 수 있기 때문인 듯싶다.

시라히게노타키
白ひげの滝

google 43.474607, 142.639397 **Access** 베이스 캠프에서 차로 약 35분 **Holiday** 연중무휴 **Cost** 무료 **Tel** 0166-92-4321 **Web** biei-hokkaido.jp/ja/sightseeing/shirahige-waterfalls **Parking** 무료

토카치산 十勝山에서 흘러나온 물이 바위를 타고 떨어지는 모습이 마치 흰 수염(시라히게 白ひげ) 같이 생겼다고 하여 흰 수염 폭포, 시라히게노타키란 이름이 붙었다. 바위 사이로 코발트블루색의 지하수가 흘러나와 폭포 아래로 흐르는 모습이 장관인데, 어떤 인위적 장치도 없이 자연이 만든 물의 빛깔이 그저 신비롭기만 하다. 11월 1일부터 3월 31일까지 5개월 동안 오후 9시까지 라이트 시설로 폭포 주변을 환하게 비추는데, 주변의 설경과 이루는 조화가 꽤 근사하다. 별도의 입장료나 주차 비용 없이 들러볼 수 있어 부담도 적으니 시간 여유가 된다면 가벼운 마음으로 찾아가보자.

히노데 공원
日の出公園

google 43.463849, 142.483075
Access 베이스캠프에서 도보 5분
Open 5월 중순~10월 중순 24시간
Tel 0167-39-4200 **Web** www.pref.hokkaido.lg.jp/kn/tkn/hana/place/n026.html

라벤더의 발상지라 할 수 있는 공원으로, 베이스캠프인 히노데 공원 오토캠핑장과 붙어 있어 편리하게 이용할 수 있다. 공원에서는 매달 다양한 꽃들을 만나볼 수 있는데, 여름이면 공원 전체를 뒤덮는 아름다운 꽃들로 장관을 이룬다. 7월 중순에서 하순 사이에 펼쳐지는 불꽃놀이 축제 또한 매력적인 볼거리.

시키사이노오카
四季彩の丘

google 43.529284, 142.465086
Access 베이스캠프에서 자동차로 약 20분 **Open** 4월~5월 · 10월 09:00~17:00, 6월~9월 08:30~18:00, 11월 09:00~16:30, 12월~2월 09:00~16:00, 3월 09:00~16:30 **Web** 무료(단, 200엔 자율 모금) **Tel** 0166-95-2758 **Web** shikisainooka.jp

화원을 배경으로 인생샷을 남기고 싶다면 시키사이노오카로 가자. 바둑판처럼 정돈된 형형색색의 꽃밭이 환상적인 사진 배경이 되어준다. 지역 농부들이 경운기를 개조하여 만든 열차를 타고 꽃밭을 일주할 수 있지만, 직접 걸어 다니는 편이 마음에 드는 장소에서 사진을 찍기에는 더 좋다. 꽃마다 개화 시기가 달라 겨울철을 제외하고 3월부터 11월까지 각양각색의 꽃이 피고 지는데, 라벤더가 가장 화려하게 개화하는 시기는 7월부터 9월까지다. 이때가 성수기라 관광객도 덩달아 늘어난다. 아이들이 좋아하는 알파카 목장체험(성인 500엔, 중학생 이하 300엔)과 겨울철 스노모빌 체험(1,000엔)도 있으므로 가족 단위로 방문한다면 반나절을 알차게 보낼 수 있다.

SIGHT

소프트아이스크림

팜 토미타
ファーム富田

google 43.418145, 142.427979
Access 베이스캠프에서 자동차로 약 20분 **Open** 6월 초~ 9월 말 08:30 ~17:00 **Tel** 0167-39-3939 **Web** farm-tomita.co.jp **Parking** 무료

여름이면 지평선 끝까지 펼쳐진 라벤더에 흠뻑 취하는 후라노 제일의 핫스폿. 총 12개의 대규모 꽃밭으로 구성된 팜 도미타는 후라노와 비에이 지역에 있는 라벤더 화원 가운데 독보적인 규모를 자랑한다. 어찌나 넓은지 도보로는 하루 안에 다 돌아볼 수조차 없어 화원 내에서 버스로 이동하며 구경할 정도. 라벤더 화원에 대한 설명을 한국어 안내방송으로도 제공하기 때문에 둘러보면서 설명을 들을 수 있어 재미가 쏠쏠하다. 라벤더가 절정을 이루는 7월부터 9월까지는 라벤더 꽃만큼이나 많은 사람이 이곳을 찾아 관광버스로 도로가 꽉 막힌다. 팜 토미타의 주차장 인근에 위치한 토미타 메론 하우스에서는 조각 멜론(300엔)과 소프트아이스크림(300엔)을 판매하는데, SNS에서 화원을 배경으로 하는 소프트아이스크림 인증샷은 거의 여기서 이루어진다고 해도 과언이 아니다.

▶ 조각 멜론

TIP
후라노・비에이는 어떻게 세계적인 명소가 되었을까?

후라노와 비에이 지역의 꽃밭은 1976년 JR 철도가 제작한 달력에 사진작가 마에다 신조 前田真三가 후라노 팜 도미타에서 찍은 사진이 실리면서 단숨에 전국적인 관광지로 급부상했다. 1970년대부터 시작된 합성 향료의 기술 발전과 수입 향료의 대규모 유입으로 쇠락의 길을 이어가던 라벤더 사업을 정리하고 벼농사로 전업을 준비하던 시점에 맞은 갑작스러운 호재였다. 이후 본격적으로 관광지로서 라벤더 화원을 개발하기 시작하여 오늘날엔 연간 120만 명이 찾는 세계적인 명소로 발돋움하기에 이르렀다.

팡야 야마나카
パン屋やまなか

google 43.436437, 142.446283
Access 베이스캠프에서 자동차로 약 15분 **Open** 09:00~17:00 **Holiday** 월요일, 화요일 **Tel** 0167-44-3371
Web facebook.com/panyamanaka

요깃거리나 하려고 구매한 빵을 한 입 베어 문 순간. 곧바로 핸들을 돌려 다시 가고 싶은 충동에 사로잡힌다. 야마나카의 빵을 먹고 나면 라벤더 꽃향기가 아니라 빵 맛에 취하기 위해 후라노를 다시 찾고 싶은 심정이 든다. 주변엔 온통 밭밖에 보이지 않는 허허벌판에 자리를 잡은 이곳은 장작 가마에서 빵을 직접 구워 만든다. 그 모습을 보고 있으면 장인의 정성에 감사하는 마음까지 생길 정도. 나무로 지어진 건물 외관은 특별한 데가 없어 창고로 여기고 지나치기 쉽지만, 그냥 지나간다면 두고두고 후회할 것이다. 팜 토미타 인근에 있으므로 꼭 방문해보자. 모든 빵이 맛있지만, 초코 오렌지 헤이즐넛빵과 아스파라거스 빵이 특히 유명하다.

히츠지노오카
ひつじの丘

google 43.385583, 142.533313 **Access** 베이스캠프에서 자동차로 약 20분 **Address** 北海道空知郡中富良野町字中富良野ベベルイ **Open** 4월 29일~10월 9일 11:00~17:00 **Holiday** 영업 기간 동안 무휴 **Tel** 0167-44-3977 **Web** hitsujinooka.com **Parking** 가능

2017년 미슐랭에 등재된 후 일본 현지 프로그램에서 "세상에 단 하나밖에 없는 맛" 부문에서 1위로 선정되면서 연일 손님들의 발걸음이 끊이지 않는 징기스칸 전문점. 오후 5시면 문을 닫기 때문에 가고자 한다면 이른 시간에 움직이는 편이 좋다. 히츠지노오카 징기스칸의 매력은 냉동고기는 절대 쓰지 않고 오로지 최상품질의 생고기만 사용하며, 주문을 받은 후에 양고기를 양념에 버무리는 등 양고기 본연의 맛을 끌어올리기 위해 부단히 애쓰고 있다는 점이다. 또한, 광활한 언덕 위에 이곳 식당 하나만 자리 잡고 있어 운치가 느껴진다. 그 분위기에 이끌려 오는 손님도 부지기수. 메뉴는 세 가지인데 그중 여기에서만 먹을 수 있는 희소성 높은 생양고기 사포크 징기스칸 サフォークジンギスカン(1인분 970엔)을 추천한다.

TIP
채소 세트 추가

채소 추가는 400엔이며, 아래의 문장을 말하면 된다.

▶ **채소 세트 추가해주세요.**
焼き野菜セット追加してください
야키야사이세토 츠이카시테 구다사이

만사쿠
まん作

google 43.462051, 142.460075
Access 베이스캠프에서 자동차로 약 10분 **Address** 北海道空知郡上富良野町西町2 **Open** 11:00~16:00 **Holiday** 월요일, 비수기 월·수요일 휴무 **Tel** 0167-45-6523 **Parking** 가능

메밀을 맷돌에 직접 갈고 손으로 뽑아낸 면으로 소바를 만드는 미슐랭 원스타 맛집. 비교적 저렴한 가격에 깔끔한 정통 소바를 맛볼 수 있다. 식사 시간이면 손님이 구름 떼처럼 몰려들지만 예약은 불가능하다. 대기 시간을 절약하기 위해서는 오전 11시 이전이나 1시 반을 지나서 방문하는 편이 낫다. 식사 시간만 피해도 한결 수월하다. 나무 쟁반 위에 정갈하게 나오는 정통 판모밀 세이로 せいろ(650엔)가 만사쿠의 대표 메뉴. 오리고기가 들어가는 카모세이로 鴨せいろ(1,200엔)도 인기 메뉴인데, 우리나라 사람 입맛에는 간이 비교적 강하게 느껴질 수 있다. 그밖에 차가운 두부와 유부를 올린 히야시토후 冷やしとうふ(850엔)나 따뜻한 쯔유에 면과 건더기를 넣어 먹는 카케 かけ(650엔)도 일품이다.

▲ 따뜻한 소바 카케

카모세이로 ▶

SPA

하쿠긴소
白銀荘

google 43.431454, 142.641584
Access 베이스캠프에서 자동차로 약 25분 **Open** 10:00~21:00 **Cost** 어른 600엔 어린이 200엔 **Tel** 0167-45-3251 **Web** navi-kita.net/shisetsu/hakugin

히노데 공원 오토캠핑장과 연계되어 있는 노천온천. 국립공원 다이세츠산의 토카치다케 봉우리에 둘러싸여 밤에는 쏟아질 것 같은 별과 끝없이 펼쳐진 설경이 만드는 경치가 끝내준다. 숙박도 가능한데 성인 기준 1박에 2,600엔으로 비교적 저렴하다. 다이세츠산을 등산하거나 인근 스키장을 이용할 계획이라면 숙소로 활용하기 좋다. 수영복을 입으면 남녀 혼탕에 입장할 수 있어 가족이 함께 이용하기 좋고, 히노데 공원 오토캠핑장을 이용한 손님이라면 성인 기준 온천 입장권을 200엔 할인받아 400엔에 입장할 수 있다. 히노데 공원 캠핑장에서 묵었다면 놓치지 말고 이용하자.

SPECIAL

광대한 면적을
자랑하는 스키장
후라노 스키장
富良野スキー場

google 43.327316, 142.337724 **Access** 후라노역에서 자동차로 약 20분 **Address** 北海道富良野市中御料 **Open** 11월 말~5월 초 09:00~16:00(구체적인 일시와 영업시간은 홈페이지 확인 필수) **Holiday** 영업 기간 동안 무휴 **Cost** 리프트권 1일 5,500엔, 5시간 4,800엔, 3시간 4,000엔 **Tel** 0167-22-1111 **Web** princehotels.co.jp/ski/furano **Parking** 무료

월드컵 경기를 개최해도 충분할 만큼 광대한 면적을 자랑하는 스키장. 워낙 넓기 때문에 후라노 구역과 키타노미네 구역으로 구분하고 있다. 총 24개의 다양한 코스, 5분 만에 정상까지 오를 수 있는 100인승 로프웨이, 후라노 시내 전경과 토카치산 정상을 시원하게 바라볼 수 있는 스키장 정상의 경치가 후라노 스키장의 자랑. 스키장 규모가 크기 때문에 하루 안에 두 구역을 모두 소화하기는 어렵다. 한곳만 이용해야 한다면 후라노 구역에 집중하자. 후라노 구역의 슬로프가 키타노미네 구역의 슬로프보다 상대적으로 넓고 구성도 다양하며, 비교적 완만해서 남녀노소 편안하게 즐길 수 있다. 식사는 로프웨이 출발점의 라멘 코너 또는 정상에 위치한 다운힐 Down Hill 레스토랑을 이용하면 된다. 다운힐 레스토랑에서 판매하는 치킨 카라아게와 갈비덮밥, 콘수프는 다른 스키장의 음식과 차원이 다르다.

ROUTE
08

오타루와 왓카나이 중간 즈음에 위치한 루모이는 아직까지 한국 여행자에게 알려지지 않은 항구도시다. 절벽 위에 있는 캠핑장과 유유자적 드라이브할 수 있는 멋진 해안도로 오로론 라인 그리고 아름답기로 유명한 석양까지, 루모이는 점차 캠핑 명소로 이름을 알리고 있다.

루모이 留萌
RUMOI

DRIVING ROUTE

홋카이도 드라이브 여행의 진수를 만끽할 수 있는 지역이다. 베이스캠프 오비라초 망양대 캠핑장 기준으로 삿포로 방향에 있는 전망 카페 디아만 퓨르까지 달리면 1시간 40분, 왓카나이 방향에 있는 토마마에까지 달리면 30분. 환상적인 해안 드라이브를 즐길 수 있다.

RUMOI

- 핏제리아 다 맛시모
- 디아만 퓨르
- 골든비치 루모이
- 루모이
- 1135
- 마루키
- 231
- 루모이역
- 1048
- 232
- 맥스밸류 루모이점

디아만 퓨르
프랑스어로 '순수한 다이아몬드'라는 뜻의 가게 이름처럼, 새하얀 벽과 짙은 민트색의 지붕이 운전자의 눈길을 단박에 사로잡는 아름다운 카페.

맥스밸류 루모이점
이온 그룹 계열사로 홋카이도의 다양한 식재료를 구비하고 있는 슈퍼마켓

마루키
지역 주민이 열렬히 지지하는 루모이의 미슐랭 맛집으로 모둠 사시미와 복어 샤부샤부, 복어 튀김이 맛있다.

01

오비라초 망양대 캠핑장
小平町望洋台キャンプ場

google 44.032456, 141.665885
Access 루모이역에서 자동차로 20분
Address 留萌郡小平町字花岡 **Open** 6월 말~8월 말(체크인 13:00, 체크아웃 10:00) **Tel** 0164-59-1950 **Web** town.obira.hokkaido.jp/kanko/detail/00001383.html

비수기에 이용하면 좋은 캠핑장
이 캠핑장은 성수기에만 오픈하기 때문에 비수기에는 아사히카와 지역 가이드에서 소개한 마아부 오토캠핑장을 이용하는 것도 괜찮은 방법이다. 마아부 오토캠핑장은 연중무휴로 운영되어 언제든지 이용할 수 있다. 루모이역에서 마아부 오토캠핑장까지는 차로 1시간 정도 소요된다.

부대시설 및 대여용품

부대시설
- 샤워실
- 세탁기
- 수세식 화장실

대여용품
- 캠핑용품
- 조리도구 및 식기류
- 침구류

아름다운 섬들이 눈앞에 펼쳐진 해안 고지대에 위치한 오비라초 망양대 캠핑장은 빨간 물감으로 칠한 듯한 석양으로 유명한 곳이다. 차가 진입할 수 있는 오토 방갈로가 가장 인기 있는 숙박 시설인데, 6월 말부터 약 두 달 성수기에만 개방하기 때문에 예약은 필수다. 전망이 가장 좋은 곳은 입구에서 우측으로 가장 멀리 떨어진 곳에 있는 프리 텐트 사이트. 멋진 석양을 감상하고 싶다면 해안과 가까운 곳을 선점하자. 루모이 시내와 인접해 있어 식재료를 구매하거나 맛집을 방문하기 수월하며, 근처에는 바다를 보면서 즐길 수 있는 파크 골프장이 있어 색다른 추억을 만들 수 있다.

오비라초 망양대 캠핑장

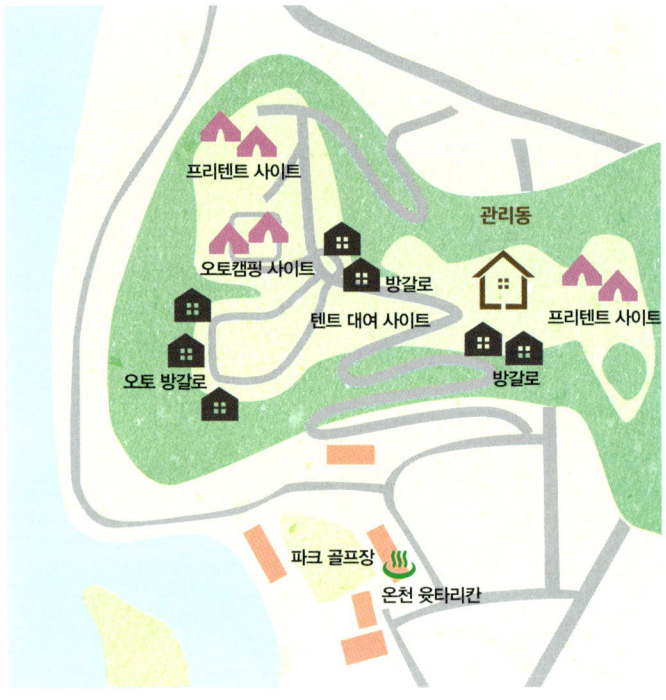

오토캠핑 사이트

- **요금** 3,000엔
  (AC 전원 미포함 2,500엔)
- **시설** 천연 잔디, AC 전원

프리텐트 사이트

- **요금** 1인용 사이트 450엔, 무료 사이트 1000엔 (텐트 대여 사이트 1,500엔)
- **시설** 천연 잔디, 전원 없음

방갈로

- **요금** 6~7인용 1박 2,500엔
- **시설** 다다미방, 2층 침대

오토 방갈로

- **요금** 4~5인용 4,500엔, 4~6인용 5,000엔
- **시설** 4~5인용 주차장 · AC 전원
  4~6인용 주차장 · AC 전원 · 싱크대

장보기 편한 주변 마트

맥스밸류 루모이점
MaxValu 留萌店

홋카이도의 다양한 식재료를 구입할 수 있는 루모이 지역의 인기 슈퍼마켓

google 42.889172, 140.750219 **Access** 베이스캠프에서 자동차로 약 25분 **Address** 留萌市南町4-73-1 **Open** 08:00~21:00 **Holiday** 연중무휴 **Tel** 0164-43-8800 **Web** www.mv-hokkaido.co.jp **Parking** 무료

캠핑장 주변 온천 시설

온천 윳타리칸
ゆったりかん

캠핑장에서 도보 10분이면 도착하는 가까운 거리에 있는 온천

google 44.027653, 141.665513 **Access** 베이스캠프에서 도보 약 10분 **Address** 北海道留萌郡小平町字小平町458-25 **Open** 10:00~22:00 **Holiday** 매달 3번째 화요일 **Cost** 어른 500엔 초등생 이하 300엔 **Tel** 0164-56-9111 **Web** yuttarikan.biz **Parking** 무료

오로론라인 남단
オロロンライン 南端

google 44.032456, 141.665885
Access 오타루~토마마에를 연결하는 해안도로 **Open** 24시간 **Holiday** 연중무휴

오로론라인은 오타루와 왓카나이를 잇는 380킬로미터 길이의 해안도로로 완주하면 대략 7시간이 소요되는 드라이브 코스다. 전체를 다 둘러보기는 힘들기 때문에 루모이 지역을 기준으로 출발한다면 오비라초를 거쳐 토마마에까지 이르는 남쪽 부분의 해안도로 드라이브를 추천한다. 주변 경관이 워낙 뛰어나 기억에 남는 드라이브를 즐길 수 있을 것이다. 삿포로 쪽으로 이동한다면 전망 카페로 유명한 디아만 퓨르에서 커피 한 잔의 여유를 즐길 수 있고, 전국 캠핑장 중에서 가장 아름다운 석양을 볼 수 있는 오비라초 망양대 캠핑장도 만날 수 있다.

마루키

丸喜

google 43.940481, 141.645667
Access 루모이역에서 자동차로 약 5분, 베이스캠프에서 자동차로 약 20분 **Address** 留萌市開運町 2-5-6
Open 11:00~14:00, 16:30~22:00
Holiday 월요일 **Tel** 0164-42-1476
Web marukisusi.com

모둠 사시미

루모이에 위치한 한 스시집이 2017년 미슐랭에 이름을 올리자, 주민들은 "루모이의 경사"라며 환호했다. 그만큼 지역 주민에게 열렬한 지지와 애정을 받는 식당이 바로 스시 전문점 마루키다. 마루키의 모둠 사시미 오즈쿠리(1,680~4,800엔)는 항구도시 루모이의 명성에 어울리는 최고급 참다랑어 혼마구로 ほんまぐろ의 중뱃살과 대뱃살, 가리비와 도미, 그리고 대표적인 청어 산지답게 신선한 청어알 카즈노코 数の子까지 포함해 푸짐하게 구성되어 있다. 여기에 성게알과 연어알, 오징어가 사이드로 제공된다. 지역 주민이 강력하게 추천하는 복어 샤부샤부와 복어 튀김은 한국에서 맛볼 수 없었던 복어 맛의 신세계를 열어준다.

복어 샤부샤부

핏제리아 다 맛시모
Pizzeria da Massimo

google 43.048217, 141.446326 **Access** 베이스캠프에서 자동차로 약 2시간 10분(톨게이트 이용 요금 발생) **Address** 北海道札幌市白石区川下2条5-2-8 (삿포로) **Open** 11:30~14:30, 17:30~20:30 **Holiday** 수요일 **Tel** 011-875-7116 **Parking** 가능

산치토세공항이나 삿포로에서 루모이로 이동하는 길에 방문하기 좋은 미슐랭 나폴리피자 전문점. 이탈리아 피렌체 레스토랑에서 직접 배운 방법을 살려 전통 나폴리피자를 만든다. 메뉴는 치즈가 올라간 마르게리타(950엔)와 전통 방식에 따라 토핑으로 치즈 대신 토마토, 마늘, 허브만 사용하고 기름도 일반 식용유로 굽는 마리나라(750엔) 두 종류다. 특별한 재료를 사용하지 않은 것처럼 보이는 이 피자 맛의 비밀은 바로 반죽에 있다. 수십 번의 실패를 거듭하며 발견한 캐나다산 밀가루와 일본산 밀가루를 황금비율로 혼합해서 만든 밀가루 반죽을 일주일 동안 숙성한 뒤 사용한다. 반죽에 대한 자부심이 워낙 높기 때문에 올리브유보다 일반 식용유를 사용할 정도. 먹어보면 정말 반죽이 다르다는 사실을 단숨에 알 수 있다.

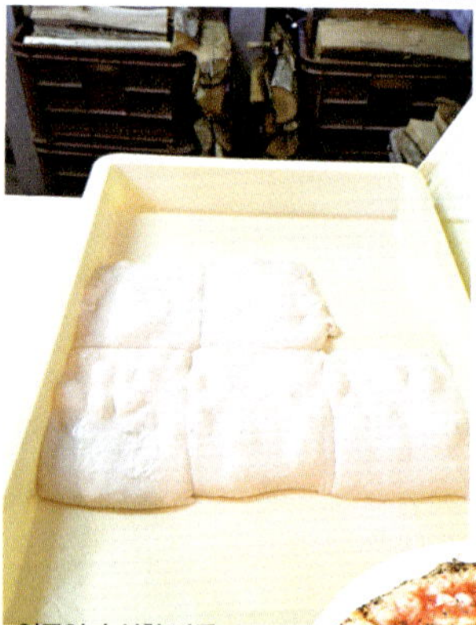

일주일 숙성한 반죽

► 마리나라

◄ 마르게리타

프랑스어로 '순수한 다이아몬드'라는 뜻의 가게 이름처럼, 삿포로에서 루모이로 이동하는 길 위에서 만나볼 수 있는 아름다운 카페. 새하얀 벽과 짙은 민트색의 지붕이 운전자의 눈길을 단숨에 사로잡는 곳이다. 홋카이도 서쪽 바다를 내려다보는 해안 언덕에 자리한 디아만 퓨르는 원래 별장이었던 건물을 2015년 리모델링하여 카페로 재오픈한 곳으로, 겉만 보면 유럽 휴양지의 아름다운 저택을 떠올리게 만든다. 인기 메뉴인 프렌치토스트에는 향이 깊은 캐러멜 시럽이 멋스럽게 뿌려져 있고, 마시기 전 코끝을 향긋하게 자극하는 커피도 예사롭지가 않다. 1,500엔이면 비프스테이크까지 즐길 수 있어 전체적으로 가격 부담도 적은 편. 커플이라면 디아만 퓨르의 테라스에 앉아 오붓한 분위기에서 석양을 감상해보자.

디아만 퓨르
Diamant Pur

google 43.384685, 141.432004 **Access** 삿포로역에서 자동차로 약 1시간 5분, 베이스캠프에서 자동차로 약 1시간 40분 **Address** 北海道石狩市厚田区小谷51-1 **Open** 11:00~황혼 무렵 **Holiday** 월요일 · 화요일 **Tel** 0133-78-2755 **Web** diamantpur.net **Parking** 가능

INTER VIEW

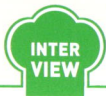

루모이에서 만난 사람들

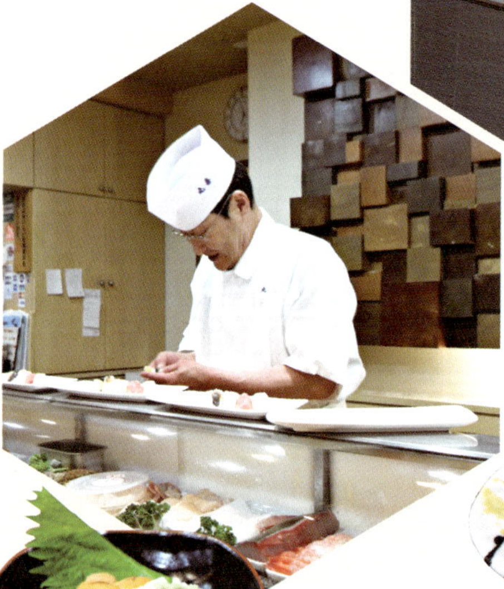

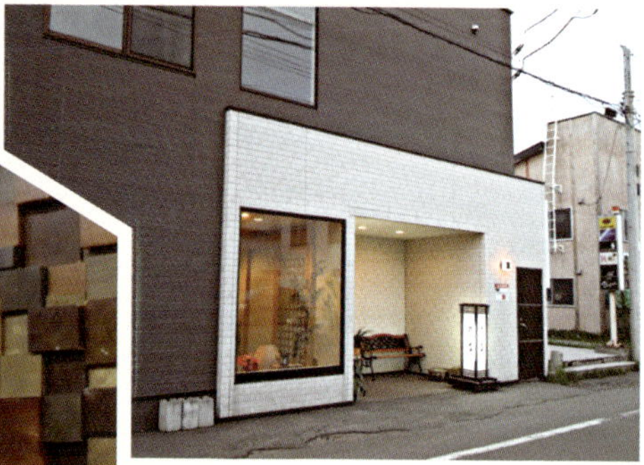

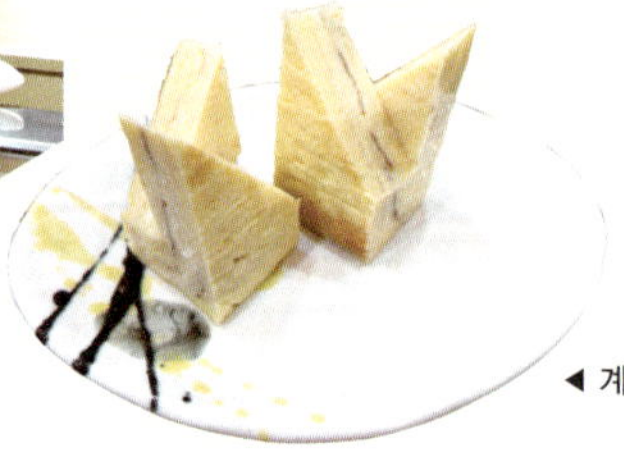

◀ 계란말이

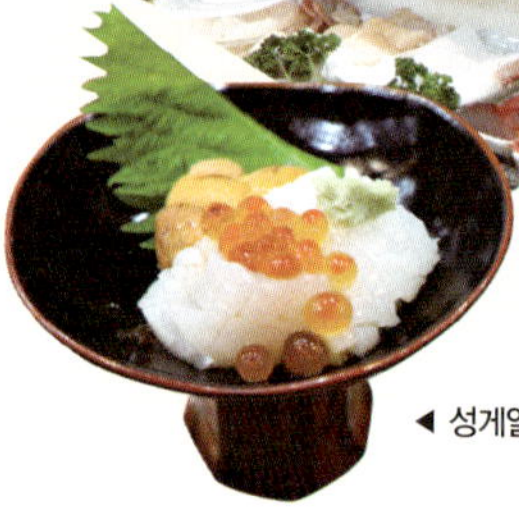

◀ 성게알, 연어알, 오징어

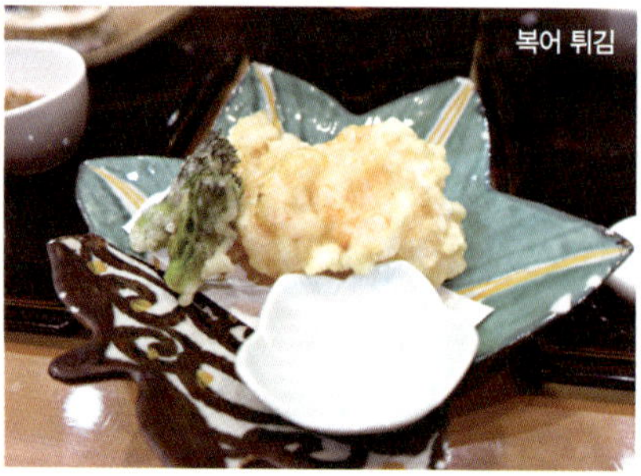

복어 튀김

마루키 이토 셰프

작은 어촌마을 루모이에서 지역 주민의 사랑을 한 몸에 받고 있는 미슐랭 맛집 마루키. 마루키의 오너 이토 셰프는 한국을 좋아한다며 한국에서 온 우리를 반갑게 맞아주었다. 마루키를 처음 방문했을 때, 특별한 서비스 안주를 제공하고 싶다며 무언가를 정성스럽게 튀겼다. 한국산 고려 인삼주에 들어 있는 인삼을 꺼내서 튀긴 것이다. 나갈 때는 계란말이 초밥을 맛있게 먹는 걸 봤다며 두 개를 덤으로 포장해준다. 손님이 무엇을 맛있게 먹는지 세세하게 관찰하고 하나라도 더 챙겨주려는 이토 셰프의 알뜰한 마음과 배려에 감동이 몰려왔다.

핏제리아 다 맛시모 이와키 셰프

이탈리아 피렌체 레스토랑에서 일할 때 불렸던 맛시모 Massimo란 이름을 사용한 나폴리피자 전문점을 운영하는 이와키 셰프. 2010년 처음 가게를 오픈할 때엔 가게를 찾는 손님이 전혀 없었지만, 밀가루 반죽을 숙성하는 노하우를 터득한 이후 엄청난 입소문이 나기 시작했다. 스파게티는 왜 팔지 않느냐는 질문에 가마 장작 비용이 하루에 2,000엔이라 피자에 집중하기 위해 팔지 않는다고 똑 부러지게 말한다. 피자를 맛있게 굽는 방법을 질문하자 역시 곧바로 대답한다. 어떤 질문에도 망설이지 않고 척척 대답하는 모습에서 솔직함이 묻어나고, 믿음이 간다. 이와키 셰프가 말하는 피자를 맛있게 굽는 법은 이렇다.

첫째, 장작나무는 활엽수를 써야 한다. 침엽수는 나무 오일이 많아 냄새와 연기가 심하다.

둘째, 밀가루 생지의 맛을 살려내야 진정한 피자의 맛을 전달할 수 있기에 향이 없는 식용유를 써야 한다. 올리브유를 사용하면 생지의 맛이 아니라 기름 맛만 날 뿐이다.

셋째, 피자는 보통 화덕가마에서 90초 정도 굽는데, 일주일가량 숙성한 밀가루 반죽을 사용하면 시간을 절반 가까이 줄일 수 있다. 더욱이 검게 그을린 부분까지 캐러멜 향이 나면서 맛이 배가 된다.

넷째, 수십 번의 경험을 통해 확인한 결과, 밀가루는 캐나다산과 일본산을 섞어서 쓰면 가장 좋은 반죽을 만들 수 있다.

ROUTE 09

돼지고기 덮밥 부타동이 처음 탄생한 맛의 고장. 식재료 자급률이 100퍼센트에 가까운 오비히로는 깨끗한 식재료를 수확하는 도시로 건강한 식도락 여행을 즐기기 좋은 곳이다. 또 삿포로나 아사히카와 등 주요 도시와 인접하고, 홋카이도 남부나 동부로 이동하기 편리해 홋카이도 여행의 거점으로 삼기에 부족함이 없다.

DRIVING ROUTE

베이스캠프인 사츠나이카와 정원 캠핑장에서 주요 맛집이 모여 있는 오비히로역까지 자동차로 1시간 거리. 명소인 자작나무 가로수길이나 호시노리조트 운해 테라스까지는 1시간 30분 이상 운전을 해야 한다. 짧은 일정이라면 꼭 가보고 싶은 곳을 미리 몇 군데 정해서 움직여야 길에서 허비하는 시간을 줄일 수 있다.

□ OBIHIRO

호시노리조트 운해 테라스 ◉

호시노리조트 운해 테라스
히다카산맥을 넘나들며 펼쳐지는 구름이 바다처럼 펼쳐지는 오비히로 최고의 관광스폿

BASE CAMP

사츠나이카와 정원 캠핑장
지리산처럼 깊은 히다카산맥 자락에 위치하며, 캠핑장 옆으로 계곡이 흐르는 자연친화적인 캠핑장

01

사츠나이카와 정원 캠핑장

札内川園地キャンプ場

google 2.597076, 142.954054
Access 오비히로역에서 자동차로 약 1시간 20분 **Address** 中札内村南札内713 **Open** 4월 말~11월 초(체크인 15:00 체크아웃 10:00) **Tel** 0155-69-4378 **Web** kankou-nakasatsunai.com

부대시설 및 대여용품

부대시설
- 히다카 산맥 산악 센터
- 샤워실
- 특산물 판매소
- 사츠나이 강 정원

대여용품
- 캠핑용품
- 조리도구 및 식기류
- 스포츠 용품

한국의 지리산처럼 깊은 히다카산맥 日高山脈 자락에 있으며 옆으로 계곡이 흐르는 캠핑장. 일본의 200대 명산에 꼽히는 해발 고도 1,979m 의 카무이에쿠치카우시산 カムイエクウチカウシ山을 오르는 등산객에게 중요한 숙박 거점이기도 하다. 텐트가 있다면 방갈로 옆 개울을 건

너 자리한 무료 텐트 사이트를 이용하자. 텐트 옆에 차량을 주차하는 것도 가능하다. 주변에서 식재료를 구하기 어려우므로 미리 식재료를 구매하는 편이 좋다. 18홀 파크 골프장을 온 가족이 무료로 이용할 수 있고, 집중호우로 건설 중이던 댐이 무너지면서 만들어진 표우탄 폭포 ピョウタンの滝가 캠핑장 입구 근처에 있어 근사한 볼거리를 제공한다. 쓰레기는 캠핑장 입구에 있는 산악센터에서 유료 봉투를 구매하여 처리해야 한다.

TIP

오비히로 시내와 가까운 캠핑장

사츠나이카와 정원 캠핑장은 오비히로 시내에서 멀리 떨어져 있다. 오비히로 시내와 가까운 캠핑장을 원한다면, 오비히로역에서 30분 거리에 있는 홋카이도립 토카치 에코로지 파크 北海道立十勝エコロジーパーク(0155-32-6780)도 괜찮은 선택이다. 태풍의 영향으로 한동안 영업을 중지했으나 현재는 복구하여 오두막 시설의 숙박 예약을 받고 있다.

GUIDE MAP 사츠나이카와 정원 캠핑장

프리텐트 사이트
- 요금: 무료
- 시설: 공동 취사장, 수세식 화장실, 캠프파이어 시설

방갈로
- **요금** 10인용 1박 5,000엔
- **시설** 전등, 콘센트, 공동 취사장, 수세식 화장실, 보일러

공동 취사장

히다카 산맥 산악 센터(관리동)
- **요금** 6월 중순~9월, 일반 2,000엔, 초·중학생 1,000엔
- **시설** 샤워실 (1회 20분 100엔)

장보기 편한 주변 마트

이온몰 오비히로점
イオン帯広店

생필품은 물론 의류용품과 식용품까지 풍부한 대형 마트

google 42.908737, 143.200351 **Access** 오비히로역에서 자동차로 약 10분, 베이스캠프에서 자동차로 약 1시간 15분 **Address** 北海道帯広市西4条南20-1 **Open** 08:00~21:45 **Tel** 0155-24-3100 **Web** aeon-hokkaido.jp/obihiro **Parking** 무료

호마크 오비히로미나미마치점
ホーマック 帯広南町店

동일본 최대 규모의 DIY 용품점으로 생활용품과 자동차용품을 파는 홈센터 개념의 쇼핑몰

google 42.899456, 143.176621 **Access** 오비히로역에서 자동차로 약 15분, 베이스캠프에서 자동차로 약 1시간 10분 **Address** 帯広市西18条南27-1-34 **Open** 09:30~20:00 **Tel** 0155-49-6661 **Web** www.homac.co.jp/shop_detail/id=168

호시노리조트 운해 테라스
星野リゾート雲海テラス

google 43.063616, 142.630452 **Access** 오비히로 역에서 자동차로 약 1시간, 베이스캠프에서 자동차로 약 2시간 **Open** 5월 중순~10월 중순 05:00~8:00(단, 시기별로 차이가 있으므로 홈페이지 확인 필수) **Cost** 어른 1,900엔 초등학생 1,200엔 반려동물 500엔 **Tel** 0167-58-1111 **Web** http://www.snowtomamu.jp/summer

호시노리조트 토마무에 연결되어 있는 운해 테라스 雲海テラス는 히다카산맥을 넘나드는 구름이 바다처럼 펼쳐지는 진귀한 풍경을 볼 수 있는 오비히로 최고의 관광 스폿이다. 리조트 센터에서 곤돌라에 탑승하면 15분도 지나지 않아 해발 1,088m 높이에 도착한다. 단, 운해 테라스의 구름바다는 날씨 변화에 민감해 약간의 행운이 따르지 않으면 이곳까지 올라와도 그 진귀한 풍경을 눈에 담을 수 없다. 12월 초부터 4월 초까지는 운해 테라스가 아니라 눈꽃테라스 霧氷テラス로 이름을 바꿔 운영하며, 12월에는 오후 4시부터 6시 30분까지 라이트 업을 하여 어디에서도 볼 수 없었던 황홀한 겨울밤의 산수화를 뽐낸다.

TIP
운해 테라스는 어떻게 만들었을까?

운해 테라스는 2005년 초여름 곤돌라 수리를 위해 방문한 수리공이 눈앞에 펼쳐진 아름다운 운해의 경치를 다른 사람에게도 보여주고 싶다는 순수한 마음에서 시작된 프로젝트다. 2005년 여름 방문자 수는 900명에 불과했지만, 이후 점차 증가하여 2015년까지 누적 방문객이 60만 명을 넘었다. 2015년 9월 구름 위를 걷는 기분을 낼 수 있는 클라우드 워크 Cloud Walk를 설치하고, 2017년 9월엔 거대한 해먹 형태의 전망대 클라우드 풀 Cloud Pool과 65개의 벤치를 등고선 형태로 추가하는 등 운해 테라스는 더욱 많은 사람이 쾌적한 환경에서 운해를 감상할 수 있도록 꾸준히 노력하고 있다.

SIGHT

자작나무 가로수길
白樺並木道

google 43.045901, 143.172014 **Access** 오비히로역에서 자동차로 약 30분, 베이스캠프에서 자동차로 약 1시간 30분 **Address** 北海道河東郡音更町駒場並木8番地1 **Open** 24시간 **Holiday** 연중무휴 **Tel** 0155-44-2131 **Web** www.tokachigawa.net/sightseeing/white_birch.html

660여 그루의 자작나무가 1.3km 길이의 도로 양옆을 따라 길게 늘어서 있는 토카치 목장 十勝牧場의 자작나무 가로수길. 낮밤으로 보이는 풍경이 다르고 계절마다 변하는 특색 있는 전경 덕분에 드라마와 영화의 촬영지로 인기가 높다. 가로수길의 비포장도로를 따라 10분 정도 달리면 토카치 목장이 일반 방문객에게 무료로 개방하는 토카치 전망대에 도착한다. 전망대 정면으로 히다카산맥 日高山脈과 토카치평야가 파노라마처럼 시원하게 펼쳐진 절경을 즐길 수 있다.

FOOD

프티 플래지르
Petit Plaisir

 **google** 42.920993, 143.203481
Access 오비히로역에서 도보 5분, 베이스캠프에서 자동차로 약 1시간 15분 **Address** 北海道帯広市西一条南10-7 北の屋台 いきぬき通り三番街 **Open** 17:30~24:00 **Holiday** 수요일 **Tel** 090-1643-8810

오비히로의 포장마차 거리 키타노야타이 北の屋台에 위치한 실내포차 프티 플래지르는 와인 소믈리에 자격증을 보유한 남편과 프랑스 요리 전문 셰프인 아내가 함께 운영하는 아기자기한 프랑스 요리 전문점이다. 가게 이름 프티 플래지르는 프랑스어로 작은 즐거움을 뜻한다. 2년 동안 저온 숙성한 감자를 삶고 그 위에 홋카이도산 치즈를 위에 녹인 라크렛토 ラクレット(700엔), 갈릭버터와 빵가루, 츠부가이를 에스카르고풍으로 요리한 츠부가이노 에스카루고후 つぶ貝のエスカルゴ風(900엔)는 이 집을 방문하는 손님이라면 꼭 주문하는 필수 메뉴. 남편 아베 씨가 발톱이 까만 돼지만을 이용해서 만들었다며 입이 마르도록 칭찬하는 스페인산 이베리코 하몽(1,600엔)은 입에 넣는 순간 와인을 격하게 부른다. 프티 플래지르는 8석이 전부인 작은 실내 포장마차지만 20여 종에 이르는 와인을 보유하고 있어 음식과 어울리는 와인을 주문하여 함께 즐기기에 괜찮다.

FOOD

돈카츠 미야비
とんカツ 雅

google 42.915127, 143.207727
Access 오비히로역에서 차로 5분, 베이스캠프에서 자동차로 약 1시간 15분
Address 北海道帯広市東一条南 15-15-1 **Open** 11:00~14:00, 17:00~20:00 **Holiday** 일요일 **Tel** 0155-23-5188 **Parking** 가능

인생 돈카츠를 경험할 수 있는 미슐랭 맛집. 돈카츠 집이지만 실내에서 기름 냄새가 나지 않을 만큼 쾌적하고 깔끔하다. 또한. 아무 기름에나 돈카츠를 튀기지 않고 두 가지 동물성 기름과 한 가지 식물성 기름을 가게만의 황금비율로 혼합해서 만든 특별한 기름에 돈카츠를 튀길 정도로 맛에 대한 집념이 강하다. 양배추는 기계의 힘을 빌리지 않고 손으로 직접 썰어내 정성이 가득 느껴지고, 돈카츠와 함께 나오는 흰밥은 무료로 리필이 가능해 배부르게 먹을 수 있다. 이만하면 가격이 꽤나 비쌀 법도 하지만 가게의 메인 메뉴인 등심 돈카츠 정식 로스까스테이쇼쿠 ロースカツ定食의 가격은 불과 1,180엔. 도쿄였다면 족히 2,000엔은 넘을 수준 높은 돈카츠를 반값에 먹는 기분이 든다.

다케다 셰프

▲ 육즙이 살아있는 등심 돈카츠

◀ 등심 돈카츠 정식

핫슨
八寸

google 42.923143, 143.208196
Access 베이스캠프에서 자동차로 약 1시간 15분 **Address** 北海道帯広市東二条南8-19-2 **Open** 17:30~21:00 **Holiday** 일요일・국경일 **Tel** 0155-24-8866 **Parking** 가능

오비히로에서 유일한 미슐랭 원스타 가이세키 会席 전문점. 1,000년이 넘는 역사를 지닌 일본의 고급 코스요리 가이세키는 셰프들 사이에서 흔히 눈으로 먹고 혀로 느끼고 마지막에 가슴을 울리는 요리라고 일컬어진다. 손님을 대접하는 극진한 마음으로 음식을 준비하기에 최상의 재료로 정성을 다해 음식을 차린다. 가게명인 핫슨 八寸은 '여덟 마디'란 뜻으로, 한 마디에 약 3cm, 도합 24cm의 삼나무 그릇에 보기 좋게 담아내는 음식을 말한다. 12월에는 복요리를 제공하여 반드시 예약해야만 방문할 수 있을 만큼 인기다. 모든 손님을 단독 룸으로 안내하기 때문에 아늑한 분위기에서 식사할 수 있다. 예산은 한 사람당 대략 10,000엔 정도 소요된다.

▼ 키츠네 우동

▲ 모둠 튀김

모둠회 ▶

FOOD

톤타
とん田

google 42.913684, 143.223173 **Access** 오비히로역에서 차로 약 6분, 베이스캠프에서 자동차로 약 1시간 10분 **Address** 北海道帯広市東10条南17-2 **Open** 11:00~18:00(재고 소진 시 종료) **Holiday** 일요일 **Tel** 0155-24-4358 **Parking** 가능

주문 직후 조리를 시작하는 오비히로의 부타동 豚丼 미슐랭 맛집이다. 현지인은 물론 관광객의 입맛까지 완전히 사로잡아 오픈과 동시에 만석이 되고, 피크 타임에는 2시간까지도 대기를 감수해야 한다. 돼지 안심을 사용하는 히레부타동 ヒレ豚丼(780엔), 돼지 등심을 사용하는 로스부타동 ロース豚丼(780엔), 돼지 삼겹살을 쓰는 바라부타동 バラ豚丼(780엔)과 모듬으로 나오는 로스바라모리아와세부타동 ロースバラ盛り合わせ豚丼(880엔)이 톤타의 4대 메뉴. 삼겹살에 붙어 있는 비계를 선호하지 않는다면 등심과 삼겹살이 고루 나오는 모듬 부타동을 추천한다. 고기 추가(200엔)는 뒤늦게 주문하면 생각보다 오래 기다릴 수 있으므로, 음식을 주문할 때 미리 이야기하는 것이 좋다.

FOOD

로바타 우오센
炉ばた魚千

google 42.921554, 143.202630
Access 오비히로역에서 도보 5분, 베이스캠프에서 자동차로 약 1시간 15분 **Address** 北海道帯広市西2条9丁目20 **Open** 17:00~23:00 **Holiday** 둘째, 넷째 일요일 **Tel** 0155-25-1569 **Parking** 불가

한국의 실내포차를 떠올리게 만드는 훈훈하고 정감 가는 즉석 화로구이 로바타야키 炉端焼き 전문점. 미슐랭에도 이름을 올린 맛집이다. 구워 먹고 싶은 재료를 계산대 옆에서 고르면, 주문 즉시 재빨리 구워서 내놓는다. 모든 요리가 수작업으로 빠르게 이루어지는 고도의 숙련 노동이기에 자릿세 안주 오토시는 일인당 700엔으로 비싼 편이다. 가게 주인의 추천 메뉴인 도로부타스테키 どろぶたステーキ는 홋카이도 명물 흙돼지를 사용해서 잡내가 없고 고소하며, 긴가레이노 엔가와 銀ガレイのエンガワ(은가재미 지느러미)는 일반 스시집에 없는 별미로 광어 지느러미보다 맛이 진하고 고소하다. 한국에서도 판매하는 메로구이의 사촌격인 긴무츠카마 銀むつカマ(1,000엔)는 긴무츠의 아가미 아랫살 부분을 구운 요리로 맛과 양이 모두 뛰어나 가성비가 좋다. 무엇을 주문할지 망설여진다면 오늘의 추천 메뉴 '쿄우노 오스스메 今日のオススメ'를 고르는 것이 현명한 방법.

▼ 긴가레이노 엔가와

◀ 오토시

▲ 도로부타스테키

◀ 긴무츠카마

징기스칸 시라카바 오비히로 본점
ジンギスカン白樺 帯広本店

google 42.745651, 143.084147
Access 오비히로역에서 차로 약 45분, 베이스캠프에서 자동차로 약 50분
Address 北海道帯広市清川町西2線126 **Open** 11:00~14:00(재료 소진 시 종료) **Holiday** 월요일 **Tel** 0155-60-2058 **Web** www.hokkaido-shirakaba.com **Parking** 가능

오비히로에서 에리모로 내려가는 길 외진 곳에서 50년 넘게 자리를 지켜온 터줏대감 같은 식당. 살코기와 비계를 균등하게 맞춰서 고기를 자르고, 식감을 최대한 살리기 위해 등심과 삼겹살, 허벅지살을 적절하게 혼합해서 제공하는 등 징기스칸의 맛을 최대한 끌어내고자 여러 시도를 거치며 개업 이래 줄곧 사랑받아온 징기스칸 맛집이다. 특히, 아오모리산 후지 사과를 베이스로 자체 개발한 양념장은 징기스칸의 맛을 한 단계 끌어올리는 이 집만의 자랑이다. 메뉴는 어린 양고기 라무징기스칸 ラムジンギスカン(750엔)과 일반 양고기 마톤징기스칸 マトンジンギスカン(500엔) 두 종류가 있다. 어린 양고기를 먼저 먹고 일반 양고기를 먹을 경우, 일반 양고기가 질기게 느껴질 수 있으므로 두 양고기를 모두 맛보고 싶다면 일반 양고기를 먼저 주문하자.

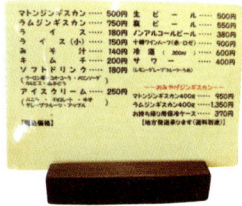

잇핀 본점
いっぴん 本店

google 42.912959, 143.143824
Access 오비히로역에서 자동차로 약 15분, 베이스캠프에서 자동차로 약 1시간 20분 **Address** 北海道帯広市西二十一条南3-5 **Open** 11:00~21:00 **Holiday** 설날 **Tel** 0155-41-1789 **Web** www.butadon-ippin.com **Parking** 가능

◀ 비장탄

오비히로 중심가에서 차로 15분 거리 떨어져 있는 잇핀 본점은 오비히로 시내에 있는 식당에 비해 여유로운 분위기에서 부타동을 즐길 수 있는 곳이다. 주문 시 고기와 소스의 양, 고기의 절단 방법을 직접 고를 수 있고, 돼지 등심으로 만든 부타동에 후추, 시치미 七味, 산초를 취향대로 첨가하여 먹을 수 있어 골라 먹고 만들어 먹는 재미가 쏠쏠하다. 기본 사양으로 주문하고 싶다면 '후츠 普通'라고 말하면 된다. 최고급 참숯 비장탄 備長炭을 사용하고, 밑간을 하지 않은 생고기를 세 차례에 걸쳐 양념소스를 입혀서 만든 부타동의 향과 식감은 한국의 양념 돼지갈비와 비슷하지만 단맛이 조금 더 강하다. 다른 부타동 가게에선 떨어지는 기름으로 인한 그을림과 연기가 고기에 머무는 것을 방지하기 위해 부채를 사용하는데, 이곳에선 부채 대신 헤어드라이어를 사용해 연기를 쫓는 모습이 인상적이다.

FOOD

가게 이름만 보면 와인이나 칵테일을 파는 바 bar로 오해하지만, 이곳은 미슐랭에도 등재된 고급스런 인테리어의 닭고기 꼬치 전문점이다. 가게 이름 오하나 Ohana는 가족이란 뜻의 하와이말로, 손님을 가족처럼 모시겠다는 오너의 철학을 담았다. 조명이 집중된 구이판에서 손을 바쁘게 놀리며 꼬치를 구워내는 모습이 어찌나 현란한지 모두 넋을 놓고 지켜본다. 식감이 좋은 신선한 닭고기와 닭 내장을 구하기 위해 재료마다 다른 지역에서 공수하고, 고기 본연의 맛에 집중할 수 있도록 일반 꼬치구이 가게에서 나오는 양배추도 제공하지 않는다. 정 반찬이 필요하다면 츠케모노 漬物(채소절임, 400엔)를 주문하자. 카와 皮(껍질, 200엔), 레바 レバー(간, 180엔), 난코츠 軟骨(연골, 180엔) 그리고 계절메뉴 카키 カキ(굴, 780엔) 모두 맛이 좋다. 방문하기 하루 전에 4인 이상이 예약하면 코스 요리를 주문하는 것도 가능하다.

쿠시 바 오하나
串 Bar OHANA

google 42.922129, 143.202596
Access 오비히로역에서 도보 6분, 베이스캠프에서 자동차로 약 1시간 15분
Address 北海道帯広市西2条南9丁目
Open 17:00~24:00 **Holiday** 일요일
Tel 0155-26-0870 **Parking** 불가

◀ 굴

◀ 간

껍질 ▶

▼ 채소절임

연골 ▶

마스야팡 무기오토
ますやパン 麦音

google 42.890435, 143.191654
Access 오비히로역에서 자동차로 15분, 베이스캠프에서 자동차로 약 1시간 10분 **Address** 帯広市稲田町南8線西16-43 **Open** 06:55~20:00 **Holiday** 연말연시 **Tel** 0155-67-4659 **Web** masuyapan.com **Parking** 가능

가게 이름 무기오토 麦音를 직역하면 '보리의 소리'란 뜻으로, 보리가 싹을 틔우는 소리, 보리 이삭이 바람에 흔들리는 소리, 맷돌에 보리가 갈리는 소리, 보리로 만든 빵이 구워지는 소리 등 보리가 빵이 되기까지의 신비한 과정에서 들리는 모든 소리를 들을 수 있는 가게를 의미한다. 무기오토는 모든 재료를 100% 토카치산 十勝産 지역 농산물만 사용하며, 가게에 있는 풍차와 물레방아, 맷돌을 활용한 친환경 공법으로 빵을 만든다. 개방형 주방으로 빵을 만드는 과정을 직접 지켜볼 수 있고 아이들을 위한 빵 교실도 운영하고 있다. 기본적으로 빵 맛이 좋을 뿐만 아니라, 빵집 앞에 넓은 테라스와 농가 분위기의 정원이 있어 소풍을 나온 기분으로 잠시 휴식을 만끽할 수 있어 가족 여행자가 가기에도 안성맞춤이다.

FOOD

오모이야리 팜
想いやりファーム

google 42.706811, 143.088239 **Access** 오비히로역에서 자동차로 약 40분, 베이스캠프에서 자동차로 약 45분 **Open** 6월~9월 09:00~16:00 **Holiday** 영업 기간 동안 무휴 **Tel** 0155-68-3137 **Web** www.omoiyari.com

가공하지 않은 생우유를 안전하게 먹을 수 있다고 과학적으로 검증한, 세계에서 유일무이한 목장. 오모이야리 팜은 사육하는 단계에서부터 소가 스트레스를 받지 않도록 세심한 주의와 갖은 정성을 다한다. 이런 정성과 노력으로 만든 생우유는 특유의 단맛과 고소한 맛을 내 한 번 맛보면 잊을 수 없다. 따뜻한 우유와 차가운 우유 모두 180mL 한 병에 540엔에 판매하고, 아이스크림도 같은 가격에 판매한다. 우유를 담아주는 유리병엔 귀여운 그림이 그려져 있어 실내 장식 소품으로 활용하기에도 나쁘지 않다.

크랜베리 패스트리 숍
Cranberry Pastry Shop

google 42.925929, 143.202265 **Access** 오비히로역에서 자동차로 약 6분, 베이스캠프에서 자동차로 약 1시간 15분 **Address** 北海道帯広市清川町西2条南6丁目 **Open** 09:00~20:00 **Holiday** 연중무휴 **Tel** 0155-22-6656 **Web** www.cranberry.jp **Parking** 가능

1972년 창업한 생과자 전문점으로, 50년 가까이 고구마 생과자를 만들어온 장인의 손맛을 느낄 수 있는 곳이다. 대표 메뉴는 고구마 식감을 그대로 살린 생과자 사츠마이모 さつまいも로 100g에 216엔이다. 한 개의 가격은 대략 1,200엔 정도. 특히, 고구마 껍질이 붙어 있는 부분이 맛있는데, 군고구마 같은 달콤한 맛이 매력적이다. 고구마와 크림을 파이에 넣고 구워서 만든 포테이토파이 ポテトパイ(756엔)도 부드러운 고구마의 식감을 잘 살린 맛이다. 고구마 생과자나 포테이토파이 모두 한 끼 식사로 먹어도 부족함이 없다.

오비히로에서 만난 사람들

🍴 프티 플래지르 <small>아베 셰프</small>

인테리어 디자인 회사의 대표였던 아베 씨와 피아노 선생이었던 아베 씨의 아내는 2004년 모든 것을 내려놓고 제2의 인생을 살기 위해 프티 플래지르를 오픈했다. 2010년 아베 씨는 와인 소믈리에 자격증을 취득했고, 그의 아내는 프랑스 요리 전문 셰프가 되었다. 부부가 함께 운영하는 프티 플래지르는 '작은 즐거움'이란 뜻으로, 내부 좌석은 여덟 석이 전부지만 부부가 내놓는 음식과 와인은 충만한 즐거움을 제공한다. 그리고 2017년 미슐랭에 등재되면서 예약 없이는 갈 수 없는 맛집이 되었다. 아베 씨는 이를 두고 인생역전이라 말한다. 두 사람만 마음이 맞으면 세상을 바꿀 수 있다는 말이 있다. 아베 씨 부부는 정말 그들이 사는 세계를 바꿨다.

츠부가이 에스카르고 ▲

◀ 이베리코 하몽

핫슨 고하타 셰프

고하타 씨는 가이세키의 격식이 높기로 유명한 교토에서 요리 수업을 받고, 수업을 받았던 음식점과 같은 이름의 가게를 1994년 오비히로에서 개점했다. 그는 전국에서 최고의 식재료를 찾아 사용하며, 정통 일본 음식에 창의력을 더한 요리를 추구한다. 이런 신념을 가지고 고하타 씨가 만드는 가이세키 요리의 진수는 미슐랭 원스타 가이세키 전문점 핫슨에서 맛볼 수 있다.

▼ 엔가와

▲ 과일 디저트

◀ 타키아와세

쿠시 바 오하나 마츠무라 셰프

꼬치구이 전문점 쿠시 바 오하나에서 마츠무라 씨가 손을 놀리며 꼬치를 굽는 모습이 어찌나 현란한지 손님들은 넋을 놓고 꼬치를 하나하나 구워내는 그의 손만 바라본다. 그는 꼬치를 굽는 손기술이 현란할 뿐만 아니라, 식재료에 대한 고집부터 남다르다. 다른 꼬치구이 가게처럼 한곳에서 모든 식재료를 구매하지 않고, 육즙이 충분한 닭고기와 식감이 살아있는 닭 내장 등 식재료마다 최고의 맛을 끌어내기 위해 재료의 특성을 파악한 후 서로 다른 지역에서 공수해온다. 그만큼 꼬치 맛에 자부심이 대단하기에 쿠시 바 오하나에서는 양배추도 따로 내지 않고 오로지 고기에 집중하도록 권한다.

ROUTE 10

천문학적인 시간과 비용을 들여 만든 황금도로와 홋카이도의 남단을 상징하는 관광명소 에리모곶으로 대표되는 여행지 에리모. 바다 맛을 담아낸 온갖 요리가 가득하게 만드는 황금도로와 절경의 자연풍경이 오랫동안 기억에 남을 여행지에서 나만의 드라마를 만들어 보자.

DRIVING ROUTE

두 베이스캠프간 거리는 103km, 자동차로 2시간이 소요된다. 장시간 운전이 힘들다면, 취향대로 베이스캠프 한 곳을 정하고 여유롭게 머무는 것이 좋다. 자연 풍경을 중점적으로 둘러본다면 베이스캠프 1 하쿠닌하마 오토캠핑장을, 맛집과 온천 여행 위주라면 베이스캠프 2 한간다테 삼림공원 캠핑장을 추천한다.

ERIMO

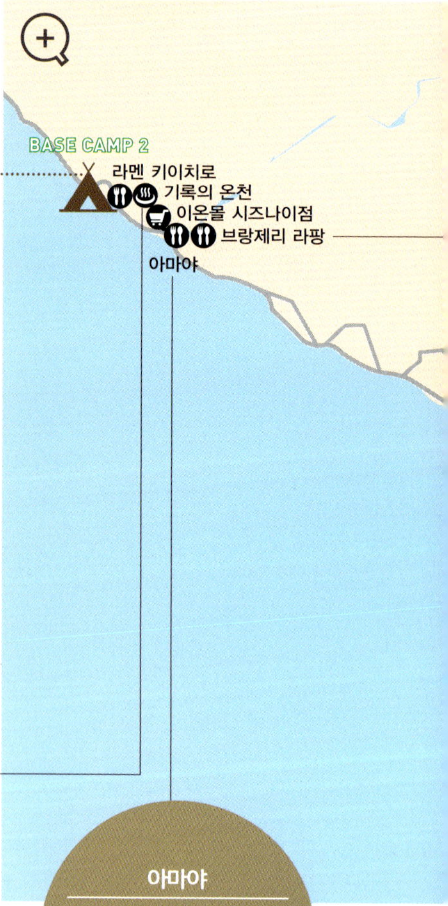

BASE CAMP 2
라멘 키이치로
기록의 온천
이온몰 시즈나이점
브랑제리 라팡
아마야

한간다테 삼림공원 캠핑장
산과 바다로 둘러싸인 삼림공원 안에 자리한 캠핑장. 방갈로의 전망이 좋아 태평양까지 내다보인다.

기록의 온천
한간다테 삼림공원 캠핑장 주변에 있는 가성비가 뛰어난 온천. 붉게 타는 저녁노을을 보면서 온천욕을 할 수 있다.

아마야
다양한 창작요리를 만드는 미슐랭 맛집. 성게알, 육회, 송이버섯 등 제철 식재료를 사용하여 만드는 덮밥 종류가 인기다.

BASE CAMP

01

햐쿠닌하마 오토캠핑장

百人浜オートキャンプ場

google 41.994408, 143.244020 **Access** 신치토세공항에서 자동차로 1시간 30분 **Address** 北海道幌泉郡えりも町庶野102-5 **Open** 4월 20일~10월 20일(체크인 13:00, 체크아웃 10:00) **Tel** 0146-64-2168 **Web** www.town.erimo.lg.jp/kankou/pages/k9mfea0000000bxo.html

에리모 주변의 인기 명소를 방문하기 좋은 캠핑장. 캠핑장 내부에서 바다가 보이지는 않지만, 캠핑장 밖으로 조금만 걸어 나가면 황금도로 너머 태평양이 시야에 들어온다. 캠핑장 주위로 울창하게 들어선 방풍목 덕분에 바람이 많이 부는 날에도 캠핑장 내부는 아늑하다. 장내에는 파크 골프장이 있어 가족이 함께 즐길 수 있고, 7월 중순에서 하순 사이에는 반딧불이를 관찰하는 체험도 할 수 있다. 간단한 식재료는 에리모 곶 인근에 있는 슈퍼마켓(전화 0146-63-1666)을 이용하면 되지만, 주변에 대형 마트가 없으므로 필요한 식재료가 있다면, 캠핑장을 방문하기 전에 미리 구매해야 편하다.

부대시설 및 대여용품

부대시설
- 샤워실
- 세탁기
- 건조기
- 목욕탕

대여용품
- 캠핑용품(텐트, 침낭, 매트 등)
- 조리도구 및 식기(스토브 등)
- 스포츠용품(자전거 등)

햐쿠닌하마 오토캠핑장

프리텐트 사이트
- 요금: 성인 310엔, 어린이 200엔
- 시설: 공동 취사장

오토캠핑 사이트
- 요금: 3,140엔
- 시설: AC 전원, 공동 취사장, 야외 화로

방갈로
- 요금: 4인용, 1박 5,240엔
- 시설: AC 전원, 야외화로, 캠핑 테이블, 2층 침대, 조명

장보기 편한 주변 마트

 코프 삿포로 에리모점
コープさっぽろ えりも店

홋카이도를 중심으로 만들어진 소비자 생활 협동조합이자 슈퍼마켓

google 42.016495, 143.147235 **Access** 베이스 캠프 1에서 자동차로 20분 **Address** 幌泉郡えりも町字本町182-2 **Open** 09:00~20:00 **Tel** 01466-2-2342 **Web** www.sapporo.coop/shop/detail.html?no=94 **Parking** 가능

02

한간다테 삼림공원 캠핑장

判官館森林公園キャンプ場

 **google** 42.369996, 142.303358 **Address** 北海道 新冠郡新冠町高江 **Open** 4월 하순~10월 31일(체크인 12:00 체크아웃 10:00) **Tel** 0146-47-2193 **Web** www.niikappu.jp

산과 바다로 둘러싸여 있는 삼림공원 안에 자리한 캠핑장. 산의 경사면 맨 위에 통나무를 이용하여 만든 방갈로는 전망이 좋아 태평양까지 내려 보이고, 1층 주방 공간과 2층 침실이 구분되어 있다. 텐트 사이트 바닥은 모래를 이용하여 만들어 정갈하고, 4월과 5월이면 텐트 사이트와 공원 산책로 주변에 싱그럽게 핀 수많은 야생화가 눈길을 끈다. 한간다테 삼림공원 캠핑장은 인근에 거주하는 어르신들이 관리하고 있는데, 퇴근 이후에도 필요한 물품을 집에서 직접 가져다주기도 하여 시골 할머니 댁에 방문한 따스함을 느낄 수 있다.

부대시설 및 대여용품

부대시설
- 공동 취사장
- 수세식 화장실
- 바비큐 하우스

대여용품
- 캠핑용품

> 장보기 편한 주변 마트

 이온몰 시즈나이점
イオン静内店

한국의 대형 마트와 같은 곳으로 회를 비롯해 육류와 채소를 구매할 수 있다

google 42.343030, 142.355669 **Access** 베이스캠프 2에서 자동차로 약 10분 **Address** 北海道日高郡新ひだか町静内末広町2-2-1 **Open** 09:00~21:00 **Holiday** 연중무휴 **Tel** 0146-42-3100 **Web** www.aeon-hokkaido.jp/shizunai **Parking** 무료

에리모곶
襟裳岬

google 41.924888, 143.249519
Access 베이스캠프 1에서 자동차로 약 15분 Open 24시간 Holiday 연중무휴 Web pref.hokkaido.lg.jp

태평양을 향해 뻗어 있는 홋카이도 최남단의 곶. 봄이 와도 서늘한 바람이 쉼 없이 부는 이곳은 70m가 넘는 높은 절벽과 지평선을 따라 펼쳐진 드넓은 바다, 그리고 해수면 위로 튀어 나온 암초의 조화가 장관을 이룬다. 또한, 바다사자의 서식지로도 알려져 있을 만큼 심심치 않게 바다사자를 만날 수 있어 가족여행지로도 그만이다. 산악지대를 제외하고 일본에서 가장 풍속이 강한 이곳 에리모곶 전망대 아래에는 직접 바람을 체험할 수 있는 테마관이 마련되어 있어 다양한 볼거리를 즐길 수 있다. 이곳의 경치를 보기 위해 일부러 방문하더라도 후회하지 않을 만큼 가치가 있다.

TIP

에리모곶이 전국구 관광지가 된 이유

에리모곶이 지역을 대표하는 관광지가 된 데엔 한 가지 에피소드가 있다. 1974년 일본 가수 모리 신이치 森進一가 '에리모곶 襟裳岬'이란 제목의 엔카를 발표해 폭발적인 흥행을 했는데, "에리모의 봄은 아무것도 없는 봄입니다. 襟裳の春は何もない春です"란 노래 가사가 에리모 지역 주민의 반발을 샀다. 지역 주민이 집단으로 항의했고, 이것이 의도치 않은 노이즈 마케팅이 되어 에리모곶을 더 많은 대중에게 알리는 계기가 되었다. 이후 지역 주민들은 에리모곶을 널리 알리는 데 혁혁한 공을 세운 모리 신이치에게 감사장을 수여하고 에리모곶 전망대 옆에 가사가 적힌 비석을 세움으로써 에피소드는 훈훈하게 마무리됐다.

황금도로 망양대
Ogon Road 黄金道路

google 42.054462, 143.311189
Access 베이스캠프 1에서 자동차로 약 15분 Open 24시간 Holiday 연중무휴 Parking 가능

히로오 広尾와 에리모 襟裳를 연결하는 장장 15.2km 길이의 긴 도로. 착공 기간 35년, 투자비용 169억 엔에 달하는 천문학적인 시간과 비용을 들여 만들었다고 하여 황금도로 黄金道路라 일컫는다. 지금은 시원한 해안가 풍경과 경쾌한 파도 소리를 보고 들으며 드라이브할 수 있는 에리모 최고의 드라이브 코스로 각광받고 있다. 황금도로 망양대엔 주차장이 마련되어 있어 운전대를 잠시 놓고 드넓은 태평양을 보며 피로를 풀고 기념사진을 촬영하기에 더할 나위 없다.

FOOD

브랑제리 라팡
ブランジェリ＿ラパン

google 42.339374, 142.367794 **Access** 베이스캠프 2에서 자동차로 약 15분 **Address** 新ひだか町静内御幸町2-6-82 **Open** 10:00~18:30 **Holiday** 월요일, 격주 일요일, 연말연시 **Tel** 0146-43-2715 **Web** www.recruit-hokkaido-jalan.jp/guide/g02273 **Parking** 가능

'토끼 빵집'이란 뜻의 프랑스어 브랑제리 라팡 Boulangerie Lapin은 갓 나온 빵의 참맛을 알게 해주는 빵집이다. 현지인 사이에서는 이미 소문난 맛집으로 새벽 3시부터 제빵을 시작해 오전 10시에 개점하는데, 어찌나 인기가 많은지 오후가 되면 전량 매진되기 일쑤다. 현지인이 극찬하는 메뉴는 크루아상(1개 135엔)이며 각종 과일을 토핑한 데니시 패스트리(1개 165엔)도 바삭거리는 식감이 훌륭하다. 명소가 아니라 브랑제리 라팡의 빵맛을 다시 보기 위해 에리모를 다시 방문하고 싶을 정도.

 TIP

초코 롤케이크의 명가
빵만 먹기 조금 아쉽다면 바로 옆에 있는 롤케이크의 명가 스위트 마스야 Sweet MASUYA(0146-42-0176)도 함께 들러보자. 일품 디저트인 초코 롤케이크(1,435엔)는 홋카이도에서도 알아주는 맛이다.

아마야
あま屋

google 42.339204, 142.367351
Access 베이스캠프 2에서 자동차로 약 15분 Address 北海道日高郡 新ひだか町静内御幸町2丁目5-51
Open 11:30~14:00, 17:00~22:00
Holiday 일요일 Tel 0146-42-7545
Web shizunai-amaya.com

토마코마이와 에리모 사이에 자리한 이름처럼 작고 조용한 마을 시즈나이 静内. 아야마는 셰프 아마노 天野 씨가 시즈나이에서 제철 식재료를 사용하여 다양한 창작요리를 만드는 미슐랭 맛집이다. 봄에는 말똥성게알과 소 육회, 여름에는 시샤모 사시미와 와규, 가을에는 송이버섯과 보라성게알, 그리고 겨울에는 털게와 사슴고기를 중심으로 색다른 메뉴를 구성한다. 런치세트로 주문할 수 있는 사슴고기 샤부샤부(2,000엔)는 적당히 숙성시킨 사슴고기를 아마야만의 특별한 토마토 육수에 익혀 먹는데, 잡내 하나 느껴지지 않는 깔끔한 사슴고기 맛에 깜짝 놀라게 된다.

▼ 규토로 우니동(2,200엔)

◀ 규사시미 우니동 (2,700엔)

히다카 카이코동 ▶ (3,000엔)

사슴고기 샤부샤부 런치세트

TIP
제철 음식의 일본 표현
특정한 시기나 계절에 얻을 수 있는, 가장 맛이 좋고 신선한 식재료로 만든 음식을 한국에서는 '제철 음식'이라고 하는데, 일본에서는 '순 旬'이라는 글자를 앞에 붙여 표현한다. 한자어 '순'은 10일간을 의미하기 때문에 재료의 가장 좋은 상태가 통상 10일 정도라는 뜻도 된다. 식당에서 음식을 주문할 때, '순'이라는 글자가 메뉴 이름 앞에 붙어 있다면 대체로 신선한 제철 재료를 사용했다고 생각하면 편하다.

라멘 키이치로
らーめん 喜一郎

google 42.357339, 142.317995
Access 베이스캠프 2에서 자동차로 약 10분 **Address** 新冠町字東町13-33
Open 10:00~15:00, 18:00~19:30, 토요일 10:00~15:00 **Holiday** 일요일·국경일 **Tel** 0146-47-2616 **Web** niikappu.gr.jp/shokujidokoro/kiichiro.html **Parking** 가능

한국산 고춧가루와 일본 라멘의 환상적인 콜라보를 경험할 수 있는 라멘 가게. 라멘 키이치로를 운영하는 마츠모토 松本 부부는 매운맛을 내기 위해 각종 고춧가루를 모두 사용해 봤지만, 한국산 고춧가루가 입맛을 당기는 최고의 매운맛을 낸다며 칭찬한다. 키이치로에서 가장 매운 대표 라멘은 역시 한국산 고춧가루를 넣어 만든 매운 된장 라멘 카라미소 からみそ(780엔). 얼큰하고 매콤한 맛이 한국인의 입맛에 꼭 맞는다. 조금 맵다면 중국식 볶음밥 차항 チャーハン(380엔)을 주문해 같이 먹어보자. 매운맛을 줄여주는 효과도 있고 음식 궁합도 잘 맞는다. 라멘 수프의 재고가 떨어지면 일찍 폐점하니 방문할 계획이라면 염두에 두자.

◀ 카라미소

맛있는 온도를 위한 그릇 데우기

◀ 차항

기록의 온천
レ・コードの湯

google 42.355538, 142.329381 **Access** 베이스캠프 2에서 자동차로 약 10분 **Address** 北海道新冠郡新冠町字西泊津16-3 **Open** 05:00~08:00, 10:00~22:00 **Holiday** 연중무휴 **Tel** 0146-47-2100 **Web** hotelhills.jp **Cost** 성인 500엔 초등학생 300엔 **Parking** 가능

한간다테 삼림공원 캠핑장에서 불과 5km 거리에 있는 가성비가 뛰어난 온천. 미슐랭 숙박시설 부분에 등재된 호텔 힐스 Hotel Hills에서 운영하는 기록의 온천은 호텔 내부에 위치해 있으며 모든 시설이 철저히 관리되고 있어 믿고 이용할 수 있다. 가장 매력적인 점은 노천온천에서 석양을 받아 붉게 타는 저녁놀을 맞으며 온천욕을 할 수 있다는 것. 또한, 1시간에 2,000엔으로 빌릴 수 있는 가족탕에는 어린이 침대와 의자도 있어 온 가족이 함께 온천을 즐길 수 있다.

에리모에서 만난 **사람들**

 라멘 키이치로 점주 마츠모토 부부

마츠모토 부부가 운영하는 라멘 키이치로는 오픈 키친으로 주방에서 요리하는 모습을 관찰할 수 있다. 부부가 주문을 받고 음식을 만들어 내는 과정은 오랜 시간 반복하며 숙련된 것으로 보인다. 남편은 새 주문을 접수할 때마다 조리도구를 깨끗하게 닦고, 라멘을 담기 전 그릇을 따듯하게 데운다. 아내는 라멘을 서빙하기 전 김 토핑을 정갈하게 올리고 손을 씻고 수건으로 닦은 후에 손님에게 서빙한다. 주문을 접수받을 때마다 일정한 과정을 계속 반복하는 이유를 마츠모토 부부에게 물었다. 마츠모토 부부는 항상 일정한 맛(Routine Taste)을 유지하기 위해, 음식을 조리하고 서빙하는 과정도 일정한 루틴으로 반복한다고 말한다. 과연, 미슐랭에 등재될 만한 맛집이다.

 바이크 여행자 이토 군

한간다테 삼림공원 캠핑장을 방문한 날은 비가 쏟아졌다. 늦은 저녁 비에 흠뻑 젖은 젊은이 세 명이 오토바이를 끌고 캠핑장 안으로 들어왔다. 우린 술 한 잔에 금세 친구가 되어 이야기를 주고받았다. 이들은 도쿄에 있는 회사에 취업을 확정한 뒤 3만 엔만 챙겨서 바이크로 홋카이도를 일주하고 있는 대학교 4학년 졸업반 학생들이었다. 그중 이토군은 바이크를 좋아해 아르바이트도 바이크를 탈 수 있는 피자 배달을 한다며 너스레를 떠는 밝은 청년이었다. 그는 홋카이도 바이크 여행을 꿈꾸는 한국인에게 전하고 싶은 말이 있다며 글을 남겨주기도 했다. 여기에 일부를 소개한다.

"저는 사랑하는 제 바이크 CBR1000RR(HONDA)로 홋카이도를 일주하고 있는 대학생 이토 오나오야입니다. 바이크로 홋카이도 일주를 할 때 무엇보다 중요한 건 가벼운 마음이라고 생각합니다. 바이크로 홋카이도를 일주한다는 것만으로도 말할 수 없는 즐거움이지만, 어려움도 적지 않습니다. 소지할 수 있는 짐은 적고, 비가 오면 춥고, 시시때때로 등나는 휘발유와 방심할 틈이 없이 튀어 나오는 야생동물도 주의해야 합니다. 저희는 바이크 여행을 시작하기 전 여행 일정표를 만들었지만, 여행은 예기치 못한 일들로 가득했습니다. 돌발 상황과 불편함 때문에 고생도 했지만 그만큼 즐거웠고, 감동은 깊었습니다."

ROUTE 11

신비한 안개의 도시 구시로. 이곳은 안개만큼이나 신비하고 멋스러운 볼거리로 가득하다. 대표적인 관광 명소는 서울 면적의 3배에 달하는 거대한 구시로 습원과 시내에서 조금 떨어진 곳에 위치한 '세계에서 가장 맑은 호수' 마슈호. 둘 다 빼놓을 수 없는 구시로의 필수 여행지다.

DRIVING ROUTE

주요 명소와 맛집이 베이스캠프에서 멀지 않고, 주차 시설도 잘 갖추고 있어 어디를 가든 편하게 이동할 수 있다. 단, 세계적으로 유명한 절경을 볼 수 있는 마슈호나 뛰어난 수질을 자랑하는 산코 온천을 가려면 약 1시간 30분을 투자해야 한다. 가는 길이 다소 지루할 수 있지만, 그만한 가치를 한다.

KUSHIRO

닷코부 오토캠핑장
일본 최대 면적의 습원 지역이자 국립공원인 구시로 습원의 일부인 닷코부 達古武 호수와 접해 있는 캠핑장

구시로 습원 호소오카 전망대
드넓게 펼쳐진 습원과 굽이굽이 휘돌아 흐르는 아름다운 강을 한눈에 담을 수 있는 홋카이도 드라이브 여행의 백미

키신
두 차례나 미슐랭에 등재된 가이세키 전문점. 주택가 한복판에 있지만 6,500엔이란 합리적인 가격으로 고급 일식 요리를 맛볼 수 있다.

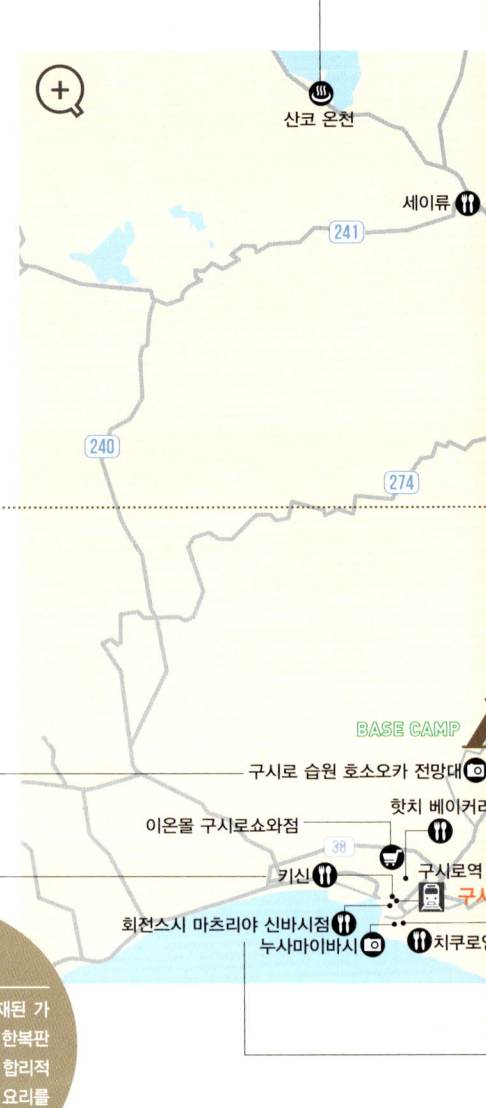

01

닷코부 오토캠핑장
達古武オートキャンプ場

google 43.109053, 144.489076
Access 구시로역에서 자동차로 약 35분
Open 5월 1일~10월 31일(체크인 15:00, 체크아웃 10:00) **Tel** 0154-40-4448 **Web** town.kushiro.lg.jp/kankou/html/camp/takkobu.html

부대시설 및 대여용품

부대시설	대여용품
☐ 매점	☐ 캠핑용품 (텐트, 침낭, 매트 등)
☐ 산책로	☐ 바비큐용품
☐ 보트 체험	☐ 스포츠용품 (자전거, 카누 등)
☐ 샤워실	
☐ 빨래방	
☐ 건조기	

일본 최대 면적의 습원이자 국립공원인 구시로 습원의 일부인 닷코부 達古武 호수와 접해 있는 캠핑장. 자연 속에 있는 캠핑장답게 구시로의 자연환경을 다방면으로 즐길 수 있다. 우선 캠핑장 근처 전망대에 오르면 구시로 습원을 내려다볼 수 있고, 노을이 질 때면 호수가 노을의 빛을 그대로 비추는 환상적인 풍경을 만끽할 수 있다.

닷코부 호수에선 카누를 대여하여 이용할 수 있는데, 카누가 처음이라면 카누 스쿨에 등록하여 배우는 것도 가능하다. 그밖에 MTB 자전거를 빌려 전망대 주변을 일주하는 것도 닷코부 오토캠핑장에서 즐길 수 있는 재미있는 액티비티 중 하나.

단, 캠핑장이 호수 바로 옆에 있고 주변에 나무가 울창해 모기가 기승을 부릴 수 있으므로 모기퇴치제를 준비하면 좋다.

닷코부 오토캠핑장

오토캠핑 사이트

- **요금**: 1구획 1,290엔
- **시설**: 공동 샤워실, 공동 취사장, 공동 화장실

프리텐트 사이트
- 요금: 5인용 1박 640엔
- 시설: 공동 샤워실, 공동 취사장, 공동 화장실

로지
- 요금: 4인용 1박 3,780엔, 2인용 간이 방갈로 1박 2,160엔
- 시설: 전기, 수도, 테라스

카누 스테이션
- 요금: 1시간 1,000엔

장보기 편한 주변 마트

이온몰 구시로쇼와점
イオンモール釧路昭和

구시로 시내에만 지점이 두 곳 있는 다양한 식재료를 구매할 수 있는 대형마트

google 43.026870, 144.360149 **Access** 베이스캠프에서 자동차로 약 40분 **Address** 北海道釧路市昭和中央4丁目18番1号 **Open** 09:00~22:00 **Tel** 0154-55-7711 **Web** http://www.aeon.jp/sc/kushiroshowa

마슈호
摩周湖

google 제1전망대 43.555623, 144.506958 / 제3전망대 43.583127, 144.503808 **Access** 구시로역에서 자동차로 약 1시간 40분, 베이스캠프에서 자동차로 약 1시간 30분 **Open** 24시간 **Holiday** 11월 말~4월 초 **Tel** 015-482-2200(마슈호 관광협회) **Web** masyuko.or.jp **Parking** 제1전망대 500엔, 제3전망대 무료주차

아칸 국립공원 내에 자리하며 신비함을 자아내는 마슈호는 세계에서 가장 맑은 호수로 오묘한 푸른색을 띠어 '마슈 블루'라고도 불린다. 마슈호가 이토록 맑고 투명할 수 있는 건 호수의 물이 다른 하천으로 유출되지 않고, 수온이 낮아 호수에 사는 생물이 적어 유기물이 퇴적하지 않기 때문이다. 또 사람의 출입을 철저히 통제한 것 역시 주요했다. 마슈호 전망대는 모두 세 곳으로 그중 제1전망대와 제3전망대에서 바라보는 파노라마 경치가 단연 일품이다. 특히 제1전망대 오른쪽으로는 호수가 하트 모양으로 보이는데, 이곳에서 사진을 찍으면 사랑이 이루어진다는 이야기가 전해지면서 마슈호의 대표적인 포토존으로 사랑받고 있다. 또 10월이면 주변 단풍이 형형색색 물들어 절경이라는 표현이 꼭 들어맞는다.

TIP

추천 드라이브 포인트

마슈호에서 출발, 카와유 온천과 굿샤로호를 지나 하이랜드 코시미즈 캠핑장 ハイランド 小清水キャンプ場(0152-62-2311)까지 이어지는 102번 국도는 사계절 내내 절경을 보여주는 아름다운 드라이브 코스다. 규정 속도로 달리면 약 40분 정도 걸리므로 여유가 된다면 푸른 녹음으로 둘러싸인 멋진 캠핑장에서 자연을 만끽하며 쉬어보자. 7월 초에서 9월 초 사이에 오픈하며 방갈로를 1시간 빌리는 데 300엔, 숙박은 5,000엔이다.

구시로 습원
호소오카 전망대
釧路湿原 細岡展望台

google 43.098118, 144.449321 **Access** 베이스캠프에서 자동차로 약 20분 **Address** 北海道釧路郡釧路町字達古武22-9 **Open** 방문객 라운지 09:00~16:00(시기에 따라 다름) **Holiday** 연말연시 **Cost** 무료 **Tel** 0154-40-4455 **Web** www.kushiro-shitsugen-np.jp/tenbou/hosooka **Parking** 가능

구시로 습원은 원래 5,000여 년 전까지는 바다였는데, 해수가 모두 빠지면서 아름다운 경치를 가진 습원으로 변모한 곳이다. 습원을 즐기는 가장 좋은 방법은 호소오카 전망대에 오르는 것. 드넓게 펼쳐진 습원과 굽이굽이 휘돌아 흐르는 아름다운 강을 한눈에 담을 수 있고 망원렌즈를 사용하면 습원을 뛰노는 사슴과 두루미의 모습도 어렵지 않게 찍을 수 있다. 구시로 습원에서는 거침없는 강의 물살을 느끼는 카누 체험과 드넓은 구시로 습지를 항공샷으로 담을 수 있는 열기구 체험, 그리고 기차로 구시로 습원을 둘러보는 열차 관광까지 다양한 액티비티를 즐길 수 있다. 하지만, 호소오카 전망대에 올라 마주하는 석양 아래의 구시로 습원이 단연 압도적인 황홀함을 선사한다.

SIGHT

누사마이바시
幣舞橋

google 42.981178, 144.385527
Access 베이스캠프에서 자동차로 약 35분 **Address** 北海道釧路市北大通1丁目 **Open** 연중무휴 **Tel** 0154-23-5151 **Parking** 30분 105엔

낭만이 몽글몽글 피어오르는 연인들을 위한 구시로의 명소. 일본 현지에서는 인도네시아 발리섬, 필리핀 마닐라와 함께 이곳 구시로 누사마이바시에서 바라본 석양을 세계 3대 석양으로 소개하기도 한다. 다리 난간에 설치된 봄·여름·가을·겨울 사계절을 형상화한 여성 동상이 누사마이바시의 시원한 풍경과 어울리면서 그림 같은 풍경을 연출한다. 특히, 해 질 무렵이면 석양 아래 동상의 존재가 멋스러운 운치를 한껏 자아낸다. 그 장면이 얼마나 아름다운지 수많은 사진작가가 누사마이바시의 석양 사진을 앵글에 담기 위해 애써 이곳을 찾아온다.

FOOD

키신
紀伸

google 43.003755, 144.379189 **Access** 구시로 역에서 자동차로 약 10분, 베이스캠프에서 자동차로 약 35분 **Address** 北海道釧路市柳町10-12 **Open** 18:00~23:00 **Holiday** 일요일 · 공휴일 **Tel** 0154-22-4847 **Web** reap-japan.com/kishin **Parking** 가능

▼ 오이 · 무 게살말이

▼ 오토시

▼ 우동

▼ 보탄에비 · 고래 아가미 · 도미

누구나 남들에게 알려주기 아쉬운 나만의 은신처 같은 식당을 갖고 싶어 한다. 구시로의 키신을 방문했을 때 느낀 감정이 그랬다. 키신은 나 혼자만 알고 싶은 식당, 다른 사람에게 알려주기 아쉬운 맛집이다. 키신의 셰프 와타베 渡部 씨는 음식 맛만 좋다면 후미진 곳에 있어도 손님이 자연히 찾아오리라 확신을 갖고 주택가 한복판에 가게를 차렸고, 그 확신은 완벽히 적중했다. 한 사람당 6,500엔(세금 별도)에 7가지 요리가 차례로 나오는 가이세키 会席를 맛볼 수 있는 맛집으로 2012년과 2017년 두 차례나 미슐랭에 등재되었다. 고급 일식 요리로 분류하는 가이세키를 6,500엔에 제대로 맛볼 기회는 흔치 않으므로, 키신은 애써 방문할 가치가 충분하다. 방문한 날은 모둠회, 구이, 찜, 튀김, 우동이 나왔는데, 날마다 조금씩 다른 제철 식재료를 가지고 요리를 구성하기 때문에 메뉴는 매일 바뀐다.

회전스시 마츠리야 신바시점
回転寿し まつりや 新橋店

축제라는 뜻의 일본어 오마츠리 お祭り에서 가게이름을 착안한 마츠리야 まつりや는 손님들이 왁자지껄 축제 같은 분위기에서 식사를 즐기도록 만든 홋카이도 중심의 회전스시 전문 프랜차이즈다. 이곳 신바시점은 마츠리야 프랜차이즈의 본점으로 현지 지역 주민에게 인기가 많아 11시 30분에 개점하자마자 금세 빈자리 없이 손님이 들어서므로, 개점 10분 전에 방문해야 시간을 절약할 수 있다. 스시를 주문해보면 인기의 이유를 곧바로 납득한다. 일부 대도시의 회전스시 가게에서 양식 어종을 사용하는 것과 달리, 이곳은 구시로나 네무로 지역에서 잡은 자연산 어종을 사용하기 때문. 게다가 편안하게 식사할 수 있도록 커튼으로 공간을 구분해주는 배려도 돋보인다. 자녀가 스시를 싫어한다면 캬베츠노 톤네루 キャベツのトンネル를 주문하자. 양배추 밑에 돈카츠가 있어 어린이 입맛에 딱 맞는다.

google 43.002607, 144.378804 **Access** 구시로역에서 자동차로 약 10분, 베이스캠프에서 자동차로 약 35분 **Address** 釧路市新橋大通1-1-19 **Open** 11:30~22:30 **Holiday** 설날 **Tel** 0154-21-6777 **Web** kushiro-matsuriya.co.jp **Parking** 가능

▶ 방어

▼ 활고둥

▶ 양배추 돈카츠말이

◀ 참치 붉은 살

▼ 구운 지느러미

▼ 대뱃살

세이류
青龍

google 43.486420, 144.458707
Access 마슈호 전망대에서 자동차로 약 20분, 베이스캠프에서 자동차로 약 1시간 **Address** 北海道川上郡弟子屈町中央1-9-14 **Open** 11:30~14:00, 17:00~19:00(저녁은 테이크아웃만 가능) **Holiday** 일요일·공휴일 **Tel** 015-482-1152 **Web** www.masyuko.or.jp/pc/mkk/gourmet/seiryuu.html **Parking** 가능

◀ 찐만두

◀ 닭고기 캐슈너트 볶음

40년이 넘는 세월 동안 매일 수작업으로 중화요리를 만들어 온 세이류의 두 노부부는 일흔이 넘은 나이에도 손을 멈추지 않는다. 최근엔 만두와 춘권같이 손이 많이 가는 음식은 직접 만들기보다 외부에서 완성품을 반입하는 경우가 다반사지만, 두 노부부는 여전히 늘 그래왔듯이 직접 두 손으로 만두를 빚는다. 두 명이 방문하면 주인 할머니가 고모쿠야키소바 五目やきそば와 야사이라멘 野菜ラーメン을 권한다. 조언에 따라 고모쿠야키소바에 식초를 살짝 가미해서 먹으면 감칠맛이 배가 되고, 야사이라멘은 일반 라멘 전문점의 그것보다 훨씬 담백하다. 단품 요리인 찐만두와 닭고기·캐슈너트 볶음은 전혀 느끼하지 않고 깔끔해 배불리 먹어도 속이 더부룩하지 않다. 안타까운 점은 현재 노부부의 체력 저하로 저녁 시간엔 테이크아웃만 가능하다는 것이다.

◀ 고모쿠야키소바

야사이라멘 ▶

TIP
중화요리 전문점의 라멘

일본에 있는 중화요리 전문점에서 파는 라멘은 국물로 승부를 보려하는 일반 라멘 전문점에 비해 기름을 덜 쓰고 국물 맛이 강하지 않아 한국인의 입맛에는 비교적 담백하게 느껴진다. 일본 라멘이 짜서 못 먹겠다면, 중화요리 전문점에서 만드는 라멘을 추천한다. 또, 일본에서 '고모쿠 五目'란 글자가 들어가 있는 메뉴는 해산물 등 여러 재료를 섞었다는 의미로 이해하면 편하다.

핫치 베이커리
ハッチベーカリー

google 43.014643, 144.387852
Access 구시로역에서 차로 약 15분, 베이스캠프에서 차로 약 30분
Address 北海道釧路市文苑1-9-3
Open 07:00~17:00 **Holiday** 목요일·두번째 수요일 **Tel** 0154-65-5185 **Web** facebook.com/HatchBakery **Parking** 가능

아침에 문을 여는 가게가 많지 않은 일본에서, 아침 7시에 오픈하는 빵집 정보는 무척이나 반갑다. 제빵 경력만 20년이 넘는 제빵사 우케가와 誧川 씨가 직접 가게를 디자인하고 건물을 쌓아 올려 2012년 오픈한 핫치 베이커리에선 출입문 앞 의자에 놓인 빵이 간판 역할을 대신한다. 배의 갑판 위에 사람들이 오르내릴 수 있게 만든 출구를 핫치 hatch라고 하는데, 가게 내부 곳곳에서 갑판을 떠올리게 하는 실내장식이 눈길을 끈다. 홋카이도산 재료만 고집하지 않고 최적의 가격에 좋은 재료를 구할 수 있다면 수입산 재료도 사용한다고 밝히는 신세대 제빵사 우케가와 씨. 그는 굴·연어 등 제철 해산물을 활용한 도전적인 빵도 척척 구워내는데, 판매하는 빵 종류만 무려 50여 가지에 달한다. 금방 나온 카츠카레빵 カツカレーパン과 초코크림빵 チョコクリームパン이 특히 맛있다.

로바타 시라카바
炉ばたしらかば

google 42.983083, 144.388146
Access 구시로역에서 자동차로 약 10분, 베이스캠프에서 자동차로 약 30분 **Address** 北海道釧路市栄町2-3 **Open** 17:30~24:00 **Holiday** 일요일 · 국경일 **Tel** 0154-22-6686

일본식 숯불구이를 로바타 炉端라고 하고 로바타를 활용해 해산물을 굽는 요리를 로바타야키 炉端焼き 라고 하는데, 일본에서 로바타야키로 가장 유명한 지역이 바로 이곳 구시로다. 미슐랭에도 당당하게 이름을 올린 로바타 시라카바는 작은 그릇 하나, 주인 할머니의 주름살에서도 로바타야키의 역사를 느낄 수 있는 맛집으로 구시로의 명물 로바타야키 맛을 제대로 살려 낸다. 주인 할머니는 주문받은 생선을 한 마리씩 정성스레 구우면서, 손님에게 살갑게 말을 걸기도 하고 구시로 자랑을 늘어놓기도 한다. 로바타야키의 인기가 최고조에 이르는 시기는 시샤모가 산란을 위해 구시로로 모이는 11월이며, 시샤모 로바타야키뿐 아니라 굴찜과 정어리구이, 꽁치구이 맛도 준수하다.

◀ 굴찜

TIP
로바타야키의 장점

프로판 가스불로 해산물을 구우면 수증기가 발생해 음식의 맛을 떨어뜨리지만, 로바타야키는 원적외선에 의한 높은 복사열을 이용하기 때문에 겉은 튀긴 듯 바삭하고, 안은 육즙을 가둬 촉촉함을 유지한다. 또, 오래된 로바타야키 가게에는 화로 밑에 재가 30cm 정도 깔려 있는데 그 이유는 재가 많이 있으면 숯불이 오래 가기 때문이다.

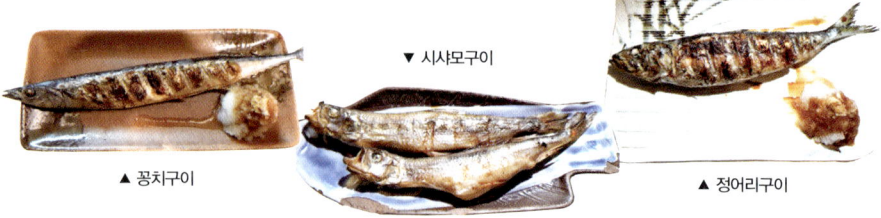

▲ 꽁치구이   ▼ 시샤모구이   ▲ 정어리구이

치쿠로엔
竹老園

google 42.972135, 144.391884
Access 구시로역에서 자동차로 약 10분, 베이스캠프에서 자동차로 약 35분 **Address** 北海道釧路市柏木町3番19号 **Open** 11:00~18:00 **Holiday** 화요일 **Tel** 0154-41-6291 **Web** chikurouen.com **Parking** 가능

1874년 설립 이래 약 150년을 이어 온 홋카이도 최초의 소바집으로 미슐랭에도 등재되어 있다. 1960년대 이후 소바에 색소 사용이 금지되면서 녹색 소바가 점차 사라졌지만, 이곳은 소바 가루에 클로렐라를 첨가해 여전히 녹색 소바를 만든다. 일본의 역대 일왕들이 이곳을 방문해 소바를 먹었고, 쇼와 일왕이 리필까지 주문하면서 폭발적인 인기를 얻었다. 맛도 맛이지만, 가게에서 아름답게 꾸민 일본식 정원을 보기 위해 방문하는 손님도 끊이지 않는다. 객실 요금 300엔을 추가로 지불하면 식당 뒤편 다다미방에서 정원을 감상하며 소바를 먹을 수 있다. 추천 메뉴는 소바를 김에 감싸 스시처럼 간장에 찍어 먹는 소바스시 そば寿司(700엔)와 구시로 사람들이 여름철 즐겨 찾는 메뉴로 소바에 참기름과 달걀노른자, 김을 섞어 먹는 무료쥬소바 無量寿そば(870엔) 두 가지. 클로렐라를 베이스로 만든 차소바 茶そば(970엔)도 인기 메뉴다.

무료쥬소바

차소바

소바스시

산코 온천
三香温泉

google 43.573971, 144.315245
Access 마슈호 제1전망대에서 차로 30분, 베이스캠프에서 자동차로 약 1시간 30분 **Address** 北海道川上郡弟子屈町屈斜路391-15
Open 10:00~20:00 **Cost** 일반 400엔 초등학생 300엔 **Tel** 015-484-2140 **Web** travel.rakuten.co.jp/HOTEL/51652/51652.html **Parking** 선착순 20대 무료

홋카이도에서 단 하나의 온천을 꼽자면 단연 산코 온천이다. 온천을 소개하는 일본 잡지에서 매번 상위권에 오르는 온천이기도 하다. 숲속 작은 오두막에 방문한 느낌을 주는 산코 온천은 기존의 온천과 다르게 노천온천 露天風呂만 있고 별도의 샤워시설은 없다. 일견 불편해 보일 수 있지만, 산코 온천만의 소박하고 아늑한 분위기와 뛰어난 수질은 다른 온천과 비교할 수 없을 만큼 빼어나다. 온천 주변으로 다람쥐가 뛰어다니고 딱따구리가 놀러 올 만큼 자연 친화적인 환경 또한 산코 온천의 자랑거리. 1박에 7,800엔이란 저렴한 요금으로 숙박도 가능한데, 조식과 석식까지 포함되어 있다.

구시로에서 만난 **사람들**

🍴 키신 와타베 셰프

65세를 지나 칠순을 바라보고 있는 와타베 씨는 18세 때부터 도쿄 긴자에서 요리 수업을 들었다. 결혼을 하고나서 아내의 이름과 본인의 이름에서 각각 한 글자씩 가져와 키신이란 이름의 가게를 만들었다. 자식이 없어 후계를 물려줄 사람이 없다고 너스레를 떠는 와타베 씨는 일본 요리에서 사용하는 칼은 여러 종류가 있지만, 얇은 식칼인 우스바 薄刃만 잘 다루어도 웬만한 요리는 가능하다고 말한다. 특히, 우스바로 글씨가 보일 정도로 얇고 투명하게 무채를 썰어야 실력을 인정받을 수 있다. 와타베 씨는 일본식 무채 썰기를 배워서 합격하면 후계자로 받아준다며 너스레를 이어간다.

▶ 생선구이와 단호박계란

🍴 핫치 베이커리 우케가와 셰프

제빵 경력이 무려 20년이 넘는 우케가와 씨는 어린 시절의 꿈이 빵집을 하는 것이었다고 한다. 고등학교 졸업과 동시에 구시로에서 2년, 삿포로에서 2년, 치바에서 9년 동안 각지의 유명한 제과점에서 수준 높은 제빵 기술을 배우고 다시 돌아온 것이 2012년. 그는 그동안의 수행 결과를 증명이라도 하듯, 자신의 고향인 구시로에 베이커리를 오픈하게 된다. 처음에는 지금처럼 장사가 잘되지 않았지만, 우케가와 씨는 별다른 광고를 하지 않았다고 한다. 빵에 워낙 자신이 있었기에 알아서 입소문이 날 거라고 생각했기 때문. 실제로 1년이 지나지 않아 일대를 평정하는 인기 빵집이 되었다.

손님들이 빵을 먹으면서 즐거워하는 모습을 보는 것이 가장 큰 행복이라는 우케가와 씨. 지금까지 쌓아온 기술을 활용해서 구시로에 놀러온 사람들에게 맛있는 빵을 대접해주겠다고 다짐하는 그의 모습에서 장인의 면모가 엿보인다.

▲ 초코바나나 브리오슈

망고 브리오슈 ▶

ROUTE 12

광활하고 다채로운 홋카이도 대자연의 보고. 홋카이도 동부에 위치한 시레토코는 유네스코 세계자연유산에 등재되었을 만큼 천혜의 자연경관을 자랑한다. 시레토코 동남쪽, 홋카이도 최동단에 자리한 네무로는 일본에서 가장 빨리 아침을 맞을 수 있는 도시이자 수많은 호수와 습지가 있는 동식물의 보금자리로 유명하다.

일본 여행 최고의 즐거움이자 성공하고 싶은 미션은 역시 제대로 먹는 것!
본격 일본어 공부에 앞서 눈으로 먼저 보고 일본어 메뉴판을 익혀보자.
일본 먹방 여행의 품격이 달라질 것이다.

스시
すし

명실공히 일본의 대표 음식으로 꼽히는 스시. 다양한 종류를 알아두는 만큼 맛있게 즐길 수 있다.

참치
マグロ **마구로**

참치 중뱃살
中トロ **츄-토로**

참치 대뱃살
大トロ **오-토로**

연어
サーモン **사-몬**

농어
スズキ **스즈키**

도미
鯛 **타이**

광어
ヒラメ **히라메**

방어
ブリ **부리**

가자미
カレイ **카레이**

잿방어
かんぱち **칸파치**

복어
ふぐ **후구**

전어
コノシロ **코노시로**

고등어
さば 사바

정어리
イワシ 이와시

장어
ウナギ 우나기

가리비
ほたて 호타테

키조개
タイラギ 타이라기

조개
貝 카이

전복
アワビ 아와비

새우
エビ 에비

단새우
甘エビ 아마에비

문어
たこ 타코

오징어
イカ 이카

달걀말이
たまご 타마고

군함말이
軍艦巻 군칸마키

김초밥
のりまき 노리마키

유부초밥
いなり 이나리

라멘
ラーメン

일본인이 좋아하는 3대 음식 중 하나인 라멘. 육수 재료나 먹는 방식에 따라 다양한 종류로 나뉜다.

시오라멘 塩ラーメン
소금으로 맛을 낸 깔끔한 라멘

쇼유라멘 醬油ラーメン
간장으로 맛을 낸 대중적인 라멘

미소라멘 味噌ラーメン
된장으로 맛을 낸 구수한 라멘

돈코츠라멘 とんこつラーメン
돼지 뼈 육수로 향이 진한 라멘

츠케멘 つけ麺
면을 양념에 적셔 먹는 라멘

탄탄멘 坦々麺
매운 국물의 중국식 라멘

히야시멘 冷やし麺
다양한 토핑과
소스를 뿌려 먹는 냉라멘

■ **라멘 토핑**

돼지고기 叉燒 차-슈-
달걀 玉子 타마고
면 추가 替え玉 카에다마
파 ネギ 네기

숙주 もやし 모야시
죽순 メンマ 멤마
마늘 ニンニク 닌니쿠
김 のり 노리

목이버섯 きくらげ 키쿠라게
양배추 キャベツ 카베츠
시금치 菠薐草 호-렌소-
양파 玉ねぎ 타마네기

돈부리
丼

돈부리는 육류, 튀김, 생선회 등의 요리를 밥 위에 얹어 먹는 일본식 덮밥. 주재료의 뒤에 '동 丼'을 붙이면 해당 돈부리 요리를 지칭하는 명사가 된다.

카츠동 カツ丼
돈까스 덮밥

규동 牛丼
소고기 덮밥

부타동 豚丼
돼지고기 덮밥

오야코동 親子丼
닭고기와 달걀 덮밥

텐동 天丼
튀김 덮밥

에비텐동 海老天丼
새우튀김 덮밥

이쿠라동 いくら丼
연어알 덮밥

우나동 鰻丼
장어 덮밥

우니동 ウニ丼
성게 덮밥

규토로동 牛トロ丼
소고기 육회 덮밥

카이센동 海鮮丼
해산물 덮밥

마구로동 マグロ丼
참치회 덮밥

우동
うどん

오동통한 면발, 개운한 국물이 매력인 우동은 다양한 종류 때문에 더욱 여행자의 입맛을 당긴다.

카케우동
かけうどん
기본 우동

키츠네우동
きつねうどん
유부 우동

미소니코미우동
味噌煮込みうどん
된장 우동

텐푸라우동
天ぷらうどん
튀김 우동

니쿠우동
肉うどん
고기 우동

타누키우동
たぬきうどん
튀김 부스러기 우동

자루우동
ざるうどん
츠유에 찍어 먹는 우동

야끼우동
焼うどん
볶음 우동

붓가케우동
ぶっかけうどん
비빔 우동

PLUS 메뉴판 읽기

■ 주문

이름	일본어	발음
단품 메뉴	単品メニュー	탄핀 메뉴-
세트 메뉴	セットメニュー	셋또 메뉴-
점심 메뉴	お昼メニュー	오히루 메뉴-
저녁 메뉴	夕食メニュー	유-쇼쿠 메뉴-
디저트	デザート	데자-토
리필	お代わり	오카와리
날마다 바뀌는 메뉴	日変り	히가와리
기간 한정	期間限定	키캉겐테-
물수건	おしぼり	오시보리
앞접시	取り皿	토리자라

■ 소스・조미료

이름	일본어	발음
간장	醤油	쇼-유
고추냉이	わさび	와사비
된장	味噌	미소
마요네즈소스	ソースマヨ	소-스마요
설탕	砂糖	사토-
소금	塩	시오
소스	ソース	소-스
참기름	ごま油	고마아부라
초간장	ポンズ	폰즈
파+마요네즈	ネギマヨ	네기마요
파+초간장	ネギポン	네기폰

■ 채소

이름	일본어	발음
감자	ジャガイモ	쟈가이모
고구마	サツマイモ	사츠마이모
마늘	ニンニク	닌니쿠
목이버섯	きくらげ	키쿠라게
숙주	もやし	모야시
아스파라거스	アスパラガス	아스파라가스
양파	玉ねぎ	타마네기
죽순	メンマ	멤마
파	ネギ	네기
표고버섯	しいたけ	시이타케
호박	カボチャ	카보챠

■ 음료・주류

이름	일본어	발음
일본술	日本酒	니혼슈
칵테일	カクテル	카쿠테루
맥주	ビール	비-루
소주	焼酎	쇼-추-
물	お水	오미즈
냉수	お冷	오히야
콜라	コーラ	코-라
주스	ジュース	쥬-스

■ 육류

이름	일본어	발음
닭고기	鶏肉	토리니쿠
돼지고기	豚肉	부타니쿠
소고기	牛肉	규-니쿠
고기완자	ミートボール	미-토보-루
달걀	玉子	타마고
메추리알	ウズラの卵	우즈라노타마고
베이컨	ベーコン	베-콘
소시지	ソーセージ	소-세-지

■ 해산물

이름	일본어	발음
가리비	ほたて	호타테
문어	タコ	타코
새우	えび	에비
오징어	いか	이카
김	のり	노리

■ 기타

이름	일본어	발음
김치	キムチ	기무치
떡	餅	모치
치즈	チーズ	치-즈
곤약	こんにゃく	콘냐쿠
믹스	ミックス	믹쿠스

1
왕초보 일본어

왕초보 일본어 패턴

PLUS 왕초보 일본어 표현

왕초보 일본어 패턴

여긴 제 자리입니다.
ここは私の席です。
코코와 와타시노 세키**데스**

(방문 목적은) 여행입니다.
(訪問の目的は)旅行です。
(호-몬노 모쿠테키와) 료코-**데스**

~입니다.
~です

두 명입니다.
二人です。
후타리**데스**

2박입니다.
2泊です。
니하쿠**데스**

이건 무엇인가요?
これは何ですか?
코레와 난데스카

이건 ○○행 버스인가요?
これは ○○行き バスですか?
코레와 ○○유키 바스**데스카**

이건 ~인가요?
これは~ですか?

이건 무료인가요?
これは無料ですか?
코레와 무료-**데스까**

이건 세일 중인가요?
これはセール中ですか?
코레와 세-루츄-**데스까**

방 청소 부탁드려요.
部屋の掃除お願いします。
헤야노 소-지 **오네가이시마스**

일행과 같이 부탁드려요.
連れと一緒にお願いします。
츠레토 잇쇼니 **오네가이시마스**

~부탁드려요.
お願いします

냅킨 좀 부탁드려요.
ティッシュをお願いします。
팃슈오 **오네가이시마스**

한 장 더 부탁드려요.
もう一枚お願いします。
모- 이치마이 **오네가이시마스**

메뉴판 주세요.
メニューください。
메뉴- **쿠다사이**

이거 하나 주세요.
これ一つください。
코레히토츠 **쿠다사이**

~주세요.
~ください

영수증 주세요.
領収書ください。
료-슈-쇼 **쿠다사이**

감기약 주세요.
風邪薬ください。
카제구스리 **쿠다사이**

요금은 얼마인가요?
料金はいくらですか?
료-킹**와 이쿠라데스까**

구매 한도 금액은 얼마인가요?
購入限度額はいくらですか?
코-뉴-겐도가쿠**와 이쿠라데스까**

~는 얼마인가요?
~はいくらですか?

수수료는 얼마인가요?
手数料はいくらですか?
테스-료-**와 이쿠라데스까**

입장료는 얼마인가요?
入場料はいくらですか?
뉴-죠-료-**와 이쿠라데스까**

제 자리는 어디인가요?
私の席はどこですか?
와타시노세키**와 도코데스까**

지금 여기가 어디예요?
今ここはどこですか?
이마 코코**와 도코데스까**

~는 어디인가요?
~はどこですか?

탑승구는 어디인가요?
搭乗口はどこですか?
토-죠-구치**와 도코데스까**

여기서 가까운 전철역은 어디인가요?
ここから近い電車駅はどこですか?
코코카라 치카이 덴샤에키**와 도코데스까**

더 저렴한 것 있나요?
もっと安いものがありますか?
몯또 야스이모노**가 아리마스까**

다른 사이즈가 있나요?
他のサイズがありますか?
호카노 사이즈**가 아리마스까**

~가 있나요?
~がありますか

근처에 편의점이 있나요?
近くにコンビニがありますか?
치카쿠니 콤비니**가 아리마스까**

남은 자리가 있나요?
余った席がありますか?
아맏따 세키**가 아리마스까**

얼마부터 면세가 되나요?
いくらから免税できますか?
이쿠라카라 멘제-**데키마스까**

사진 촬영 할 수 있나요?
写真撮影できますか?
샤신사츠에-**데키마스까**

~할 수 있나요?
(~が)できますか

카드로 계산할 수 있나요?
カードで払うことができますか?
카-도데 하라우코토**가 데키마스까**

다른 것으로 교환할 수 있나요?
他のものに交換できますか?
호카노 모노니 코-칸**데키마스까**

이건 기내에 반입할 수 없어요.
これは機内に持ち込めません。
코레와 키나이니 모치코메**마셍**

제 수하물을 찾을 수 없어요.
私の手荷物を見つけられません。
와타시노 테니모츠오 미츠케라레**마셍**

~할 수 없어요.
~(でき)ません

만 엔권은 사용할 수 없어요.
一万円札は使用できません。
이치망엔사츠와 시요-**데키마셍**

일본어를 할 줄 몰라요.
日本語ができません。
니홍고가 데키**마셍**

방문 목적이 무엇입니까?
訪問の目的は何ですか?
호-몬노 모쿠테키**와 난데스까**

와이파이 비밀번호는 무엇인가요?
Wi-Fiのパスワードは何ですか?
와이화이노파스와-도**와 난데스까**

> ~는 무엇인가요?
> **~は何ですか**

오늘의 특선메뉴는 무엇인가요?
今日の特選メニューは何ですか?
쿄-노 톡셈메뉴-**와 난데스까**

가장 인기 있는 공연은 무엇인가요?
一番人気のある公演は何ですか?
이치방닝끼노아루 코-엥**와 난데스까**

PLUS 왕초보 일본어 표현

여기	ここ	코코
저기	あそこ	아소코
이것	これ	코레
저것	あれ	아레
네	はい	하이
아니요	いいえ	이-에
알겠습니다	わかりました。	와카리마시따
모르겠습니다	わかりません。	와카리마셍
실례합니다	すみません。	스미마셍
감사합니다	ありがとうございます。	아리가토-고자이마스
고맙습니다	どうも。	도-모
천만에요	どういたしまして。	도-이타시마시테
잘 부탁드립니다	よろしくおねがいします。	요로시쿠 오네가이시마스
아침 인사	おはようございます。	오하요-고자이마스
낮 인사(일반 인사)	こんにちは。	콘니치와
밤 인사	こんばんは。	콤방와
어서 오세요	いらっしゃいませ。	이랏샤이마세
안녕히 가(계)세요	さようなら。	사요-나라

2

공항에서

탑승 수속하기

보안 검색받기

면세점 쇼핑하기

비행기 탑승하기

입국 심사받기

수하물 찾기

세관 신고하기

환전하기

탑승 수속하기

일본 항공사를 이용하거나 일본에서 탑승 수속을 하기 위해 필요한 표현들. 수속 전 항공사의 수하물 규정을 숙지하여 기내에 반입할 짐과 위탁할 수하물의 양을 적절히 분배하는 센스가 필요하다.

🔊 여행 단어

여권	パスポート 파스포-토	(전자)항공권	(電子)航空券 (덴시)코-쿠-켕
탑승권	搭乗券 토-죠-켕	일행과 같이	連れと一緒に 츠레토 잇쑈니
창가 좌석	窓側の席 마도가와노 세키	수하물	手荷物 테니모츠
한 개·두 개	一つ·二つ 히토츠·후타츠	반입 금지	持ち込み禁止 모치코미 킨시
추가 요금	追加料金 츠이카 료-킹	규정 무게 초과	規定重量超過 키테-쥬-료-쵸-카

🎤 여행 회화

❶ 항공권은 어디서 발급하나요?
航空券はどこで発給しますか?
코-쿠-켕와 도코데 학껜시마스까

❷ 일행과 같이 부탁드립니다.
連れと一緒にお願いします。
츠레토 잇쑈니 오네가이시마스

❸ 가방을 여기에 올려주세요.
カバンをここに載せてください。
카방오 코코니 노세테 쿠다사이

❹ 수하물 초과 비용은 얼마인가요?
超過手荷物料金はいくらですか?
쵸-카 테니모츠 료-킹와 이쿠라데스까

❺ 이 가방은 기내에 반입이 가능한가요?
このカバンは機内に持ち込めますか?
코노 카방와 키나이니 모치코메마스까

❻ 가방은 몇 개까지 부칠 수 있나요?
カバンはいくつまで預けられますか?
카방와 이쿠츠마데 아즈케라레마스까

보안 검색받기

보안 검색을 받을 땐 겉옷과 모자 등을 벗어 물품 바구니에 담아야 한다. 주머니에 있던 소지품도 모두 꺼내서 올려놓자. 간혹 경보음이 울리거나 재검색을 받게 되어도 당황하지 말고 요청에 따르자.

🔊 여행 단어

벗다	脱ぐ	누구
액체류	液体類	에키타이루이
안경	眼鏡	메가네
휴대폰	携帯電話	케-타이 뎅와
주머니	ポケット	포켓또
물품 바구니	検査用カゴ	켄사요-카고
모자	帽子	보-시
점퍼 · 외투	ジャンパー·コート	잠빠- · 코-토
소지품	持ち物	모치모노
임산부	妊産婦	닌삼뿌

🎤 여행 회화

❶ 무슨 문제가 있나요?
何か問題がありますか?
나니카 몬다이가 아리마스까

❷ 이것도 벗을까요?
これも脱ぎますか?
코레모 누기마스까

❸ 주머니에 아무것도 없어요.
ポケットに何もないです。
포켓또니 나니모 나이데스

❹ 이건 기내에 반입할 수 없어요.
これは機内に持ち込めません。
코레와 키나이니 모치코메마셍

❺ 이제 가도 되나요?
もう行ってもいいですか?
모- 잇떼모 이-데스까

❻ 저는 임산부예요.
私は妊婦です。
와타시와 님뿌데스

면세점 쇼핑하기

공항에서 면세품을 구매할 때 구매자의 여권이 필요하므로 꼭 휴대하고 있어야 한다. 상품별로 구매 한도 관련 규정이 다르므로 사전에 알아보거나 현장에서 직원에게 물어보자.

🔊 여행 단어

가장 인기 있는	一番人気のある	이치방 닝끼노 아루
신상품	新商品	신쇼-힝
세일 상품	セール商品	세-루 쇼-힝
계산	計算	케-상
세금	税金	제-킹
이것 · 저것	これ · あれ	코레 · 아레
화장품	化粧品	케쇼-힝
더 저렴한	もっと安い	몯또 야스이
면세	免税	멘제-
구매 한도	購入限度	코-뉴- 겐도

🎤 여행 회화

❶ 가장 인기 있는 게 뭐예요?
一番人気のあるものは何ですか?
이치방 닝끼노 아루 모노와 난데스까

❷ 이걸로 할게요.
これにします。
코레니 시마스

❸ 더 저렴한 것 있나요?
もっと安いものはありますか?
몯또 야스이 모노와 아리마스까

❹ 선물 포장되나요?
プレゼント用に包装できますか?
프레젠또요-니 호-소- 데키마스까

❺ 이건 기내 반입이 가능한가요?
これは機内に持ち込めますか?
코레와 키나이니 모치코메마스까

❻ 구매 한도 금액은 얼마인가요?
購入限度額はいくらですか?
코-뉴- 겐도가쿠와 이쿠라데스까

비행기 탑승하기

공항이 익숙하지 않거나 탑승 시간이 임박했다면 길을 헤매지 말고 물어보자. 일본까지 가는 비행기의 소요 시간은 2시간 이내로 길지 않아 특별한 기내 서비스가 필요한 경우는 드물다.

🔊 여행 단어

내 자리	私の席 와타시노 세키	좌석번호	座席番号 자세키 방고-
화장실	トイレ 토이레	사용 중	使用中 시요-츄-
비어 있음	空いている 아이테 이루	물·담요	水·毛布 미즈·모-후
가방	かばん 카방	탑승구	搭乗口 토-죠-구치
탑승권	搭乗券 토-죠-켄	좌석벨트	シートベルト 시-토 베루토

🎤 여행 회화

❶ ○○탑승구는 어디인가요?
○○搭乗口はどこですか?
○○토-죠-구치와 도코데스까

❷ 제 자리는 어디인가요?
私の席はどこですか?
와타시노 세키와 도코데스까

❸ 여긴 제 자리예요.
ここは私の席です。
코코와 와타시노 세키데스

❹ 선반에 가방을 넣어주세요.
荷物入れにかばんを入れてください。
니모츠이레니 카방오 이레테 쿠다사이

❺ 자리를 바꿔 주시겠어요?
席を変えてもらえますか?
세키오 카에테 모라에마스까

❻ 물(담요)을 주세요.
水(毛布)をください。
미즈(모-후)오 쿠다사이

입국 심사받기

일본으로 가는 첫 관문, 바로 입국 심사다. 묵게 될 숙소명과 전화번호를 가장 중요하게 생각하므로 입국신고서에 정확히 기입하고, 작성한 입국신고서와 여권을 함께 제출하자.

🔊 여행 단어

입국 심사	入国審査 뉴-코쿠 신사	입국신고서	入国申告書 뉴-코쿠 신꼬쿠쇼
방문 목적	訪問目的 호-몬 모쿠테키	여행	旅行 료코-
비즈니스	ビジネス 비지네스	여권	パスポート 파스포-토
왕복 항공권	往復航空券 오-후쿠 코-쿠-켕	하루·이틀·사흘	一泊·二泊·三泊 입빠쿠·니하쿠·삼바쿠
숙소	宿舎 슈쿠샤	전화번호	電話番号 뎅와 방고-

🎤 여행 회화

❶ 방문 목적이 무엇입니까?
訪問の目的は何ですか?
호-몬노 모쿠테키와 난데스까

❷ 여행(비즈니스)입니다.
旅行(ビジネス)です。
료코-(비지네스)데스

❸ 어디에서 묵을 예정입니까?
どこで泊まる予定ですか?
도코데 토마루 요테-데스까

❹ ○○에 묵을 예정이에요.
○○に泊まる予定です。
○○니 토마루 요테-데스

❺ 얼마나 머물 예정인가요?
どのくらい泊まる予定ですか?
도노쿠라이 토마루 요테-데스까

❻ 한국어가 가능한 분은 있나요?
韓国語のできる方はいますか?
캉코쿠고노 데키루 카타와 이마스까

수하물 찾기

입국 심사 후 수하물 안내판에서 항공편의 컨베이어 벨트 번호를 확인하고 수하물을 찾으면 된다. 보안 검색으로 시간이 늦어졌거나 수하물이 파손 또는 분실된 경우 공항 직원에게 문의하자.

🔊 여행 단어

기내 수하물	機内持ち込み荷物 키나이 모치코미 니모츠	위탁 수하물	預け荷物 아즈케 니모츠
수하물 찾는 곳	手荷物受取所 테니모츠 우케토리쇼	수하물 영수증	手荷物引換証 테니모츠 히키카에쇼-
분실	紛失 훈시츠	파손	破損 하손
이름표	名札 나후다	전화번호	電話番号 뎅와 방고-
분실물 센터	お忘れ物預り所 오와스레모노 아즈카리쇼	수하물 카트	手荷物カート 테니모츠 카-토

🎤 여행 회화

❶ 수하물은 어디서 찾나요?
手荷物はどこで受け取りますか?
테니모츠와 도코데 우케토리마스까

❷ 제 수하물을 못 찾겠어요.
私の手荷物が見つからないんです。
와타시노 테니모츠가 미츠카라나인데스

❸ 여기 수하물 영수증이요.
ここに手荷物引換証があります。
코코니 테니모츠 히키카에쇼-가 아리마스

❹ 제 수하물이 파손됐어요.
私の手荷物が破損しました。
와타시노 테니모츠가 하손 시마시따

❺ 짐을 분실했어요.
手荷物を紛失しました。
테니모츠오 훈시츠 시마시따

❻ 찾으면 여기로 연락주세요.
見つけたらここに連絡ください。
미츠케타라 코코니 렌라쿠 쿠다사이

세관 신고하기

휴대품 신고서를 별도로 작성해야 한다. 신고하지 않은 고가의 물품이 있는지, 100만 엔을 초과하는 현금이 있는지 등을 확인하여 기입하고, 역시 숙소명과 전화번호를 명기해야 한다.

🔊 여행 단어

현금	現金 겡낑	휴대품	携帯品 케-타이힝
신고서	申告書 싱꼬쿠쇼	가방	かばん 카방
과세 대상	課税対象 카제- 타이쇼-	세금	税金 제-킹
세관	税関 제-캉	면세 한도	免税限度 멘제- 겐도
벌금	罰金 박낑	반입 금지	持ち込み禁止 모치코미 킹시

🎤 여행 회화

❶ 이것도 신고해야 하나요?
これも申告対象ですか?
코레모 싱꼬쿠 타이쇼-데스까

❷ 가방을 좀 봐도 되겠습니까?
かばんを確認してもいいですか?
카방오 카쿠닌시테모 이-데스까

❸ 이건 과세 대상입니다.
これは課税対象です。
코레와 카제- 타이쇼-데스

❹ 신고할 물건은 없어요.
申告するものはありません。
신코쿠스루 모노와 아리마셍

❺ 벌금을 물어야 하나요?
罰金を払わなければならないですか?
박낑오 하라와나케레바 나라나이데스까

❻ 면세 한도를 알려주세요.
免税限度を教えてください。
멘제-겐도오 오시에테 쿠다사이

환전하기

한국에서 미처 환전하지 못했다면 일본 공항에 도착해 환전소를 찾아보자. 공항에서도 환전하지 못했거나 여행 경비가 부족하다면 여행지 곳곳의 환전소를 이용하면 된다.

🔊 여행 단어

환전·환전소	両替·両替所 료-가에·료-가에쇼	지폐	お札 오사츠
소액권 지폐	小額紙幣 쇼-가쿠 시헤-	잔돈	小銭 코제니
동전	コイン 코잉	환율	為替レート 카와세 레-토
수수료	手数料 테스-료-	은행	銀行 깅꼬-
영수증	レシート 레시-토	엔화	円 엥

🎤 여행 회화

❶ 환전소는 어디에 있나요?
両替所はどこにありますか?
료-가에쇼와 도코니 아리마스까

❷ 엔화로 환전하고 싶어요.
円に両替したいです。
엔니 료-가에 시타이데스

❸ 오늘 환율은 얼마인가요?
今日の為替レートはいくらですか?
쿄-노 카와세 레-토와 이쿠라데스까

❹ 천 엔권으로 주세요.
1000円札でお願いします。
셍엔사츠데 오네가이시마스

❺ 잔돈으로 바꿔주세요.
小銭に両替してください。
코제니니 료-카에시테 쿠다사이

❻ 영수증 주세요.
レシートお願いします。
레시-토 오네가이시마스

3

교통수단

승차권 구매하기

버스 이용하기

전철 · 지하철 이용하기

택시 이용하기

렌터카 이용하기

주유소에서 기름 넣기

도보로 길 찾기

교통편 놓쳤을 때

승차권 구매하기

여행 일정에 알맞은 교통패스는 비싼 교통비를 효과적으로 줄여준다. 교통패스마다 각각의 장단점이 있으므로 꼼꼼히 알아보고 가장 적합한 것을 구입할 것.

🔊 여행 단어

교통패스	交通パス 코-츠-파스	승차권·티켓	乗車券·チケット 죠-샤켕·치켇또
1일 승차권	1日乗車券 이치니치 죠-샤켕	매표소	きっぷ売り場 킵뿌 우리바
편도 요금	片道料金 카타미치 료-킹	왕복 요금	往復料金 오-후쿠 료-킹
유효기간	有効期間 유-코-키캉	급행·쾌속·특급	急行·快速·特急 큐-코-·카이소쿠·톡큐-
시간표	時刻表 지코쿠효-	프리패스	フリーパス 후리-파스

🎤 여행 회화

❶ 매표소가 어디에 있나요?
きっぷ売り場はどこにありますか?
킵뿌 우리바와 도코니 아리마스까

❷ 1일 승차권 하나 주세요.
1日乗車券一つください。
이치니치 죠-샤켕 히토츠 쿠다사이

❸ 성인 왕복 승차권 두 장 주세요.
大人往復乗車券二枚ください。
오토나 오-후쿠 죠-샤켄 니마이 쿠다사이

❹ 프리패스를 구매하고 싶어요.
フリーパスを購入したいです。
후리-파스오 코-뉴- 시타이데스

❺ 언제 출발(도착) 하나요?
いつ出発(到着)しますか?
이츠 슙빠츠(토-챠쿠) 시마스까

❻ 어디서 타면 되나요?
どこで乗ればいいですか?
도코데 노레바 이-데스까

버스 이용하기

고속버스와 달리 노선버스는 구간에 따라 요금이 달라지는 버스와 균일 요금을 지불하는 버스가 있다. 구간 요금이 있는 버스를 탈 때는 정리권을 뽑은 후 내릴 때 요금과 함께 내야 한다.

🔊 여행 단어

고속버스	高速バス 코-소쿠 바스	승차권 (판매기)	乗車券(販売機) 죠-샤켕(함바이키)
매표소	きっぷ売り場 킵뿌 우리바	노선버스	路線バス 로셈바스
정리권	整理券 세-리켕	요금함	運賃箱 운침바코
동전 교환기	コイン交換機 코잉 코-캉끼	거스름돈	お釣り 오츠리
다음 정류장	次の停留所 츠기노 테-류-죠	다음 버스	次のバス 츠기노 바스

🎤 여행 회화

❶ 이 버스가 ○○에 가나요?
このバスが○○に行きますか?
코노 바스가 ○○니 이키마스까

❷ 여기서 얼마나 걸려요?
ここからどのくらいかかりますか?
코코카라 도노쿠라이 카카리마스까

❸ 이번 정류장에서 내리면 되나요?
今回の停留所で降りればいいですか?
콩까이노 테-류-죠데 오리레바 이-데스까

❹ 여기서(다음 역에서) 내리세요.
ここ(次の停留所)で降りてください。
코코(츠기노 테-류-죠)데 오리테 쿠다사이

❺ 내릴 정류장을 지나쳤어요.
降りる停留所を乗り越しました。
오리루 테-류-죠오 노리코시마시따

❻ 다음 버스는 언제 오나요?
次のバスはいつ来ますか?
츠기노 바스와 이츠 키마스까

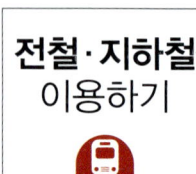

전철·지하철 이용하기

거미줄처럼 얽혀있는 일본 도심의 전철과 지하철은 탑승 및 환승 방법이 헷갈리기 십상. 목적지로 가는 가장 빠른 열차가 무엇인지 파악하고 열차를 탑승하는 승강장 위치만 알면 반은 성공이다.

🔊 여행 단어

특급·급행·쾌속	特急·急行·快速 톡뀨-·큐-코-·카이소쿠	전철·지하철	電車·地下鉄 덴샤·치카테츠
역	駅 에키	승강장	乗り場 노리바
환승	乗り換え 노리카에	노선도	路線図 로센즈
티켓 판매기	チケット販売機 치켙또 함바이키	출발시간	出発時間 슘빠츠 지캉
도착시간	到着時間 토-챠쿠 지캉	직행·각 역 정차	直行·各駅停車 쵹꼬-·카쿠에키 테-샤

🎤 여행 회화

❶ 가까운 전철역이 어디에 있나요?
近い電車駅はどこにありますか?
치카이 덴샤에키와 도코니 아리마스까

❷ 특급 열차 승차권 한 장 주세요.
特急列車の乗車券一枚ください。
톡뀨-렛샤노 죠-샤켄 이치마이 쿠다사이

❸ 몇 번 승강장에서 타야 하나요?
何番乗り場で乗りますか?
남방 노리바데 노리마스까

❹ ○○으로 환승은 어디서 하나요?
○○への乗換はどこでしますか?
○○에노 노리카에와 도코데 시마스까

❺ 이 열차는 ○○역에 정차하나요?
この列車は○○駅に停まりますか?
코노 렛샤와 ○○에키니 토마리마스까

❻ ○○역까지 몇 정거장 남았나요?
○○駅まであと何駅ですか?
○○에키마데 아토 낭에키데스까

택시 이용하기

일본 택시는 요금이 비싸서 혼자 이용하면 부담스럽지만, 필요에 따라 매우 유용한 교통수단이다. 일본 택시는 문을 자동으로 여닫는 시스템이므로 타고 내릴 때 문을 직접 열지 말고 기다리자.

🔊 여행 단어

이 주소	この住所	코노 쥬-쇼
기본 요금	初乗り運賃	하츠노리운칭
택시 미터기	タクシーメーター	탁시-메-타-
빨리	はやく	하야쿠
빈차	空車	쿠-샤
택시 (승강장)	タクシー(乗り場)	탁시-(노리바)
할증	割り増し	와리마시
트렁크	トランク	토랑쿠
잔돈 · 거스름돈	小銭 · おつり	코제니 · 오츠리
탑승 중	賃走	친소-

🎤 여행 회화

❶ 어디로 가시나요?
どこへ行きますか?
도코에 이키마스까

❷ 이 주소로 가주세요.
この住所までお願いします。
코노 쥬-쇼마데 오네가이시마스

❸ 여기서 내릴게요.
ここで降ります。
코코데 오리마스

❹ 트렁크 열어주세요.
トランクを開けてください。
토랑쿠오 아케테 쿠다사이

❺ 서둘러 가주세요.
急いで行ってください。
이소이데 읻떼 쿠다사이

❻ 요금은 얼마인가요?
料金はいくらですか?
료-킹와 이쿠라데스까

렌터카 이용하기

일본에서 자동차 여행은 여러모로 용기가 필요하지만, 역시 기동성은 최고다. 내가 가고 싶은 곳을 골라 마음껏 갈 수 있는 자유! 일단 원하는 옵션의 차를 빌리는 것부터 시작한다.

🔊 여행 단어

렌터카	レンタカー	렌타카-
요금	料金	료-킹
반납	返却	헹캬쿠
하이브리드	ハイブリッド	하이부릳도
5인승	5人乗り	고닌노리
운전면허증	運転免許証	운템멩쿄쇼-
보험료	保険料	호켄료-
승용차	乗用車	죠-요-샤
미니밴·왜건	ミニバン·ワゴン	미니방·와공
내비게이션	ナビゲーション·ナビ	나비게-숑·나비

🎤 여행 회화

❶ 어떤 종류의 자동차를 원하세요?
どんな種類の車をお求めですか?
돈나슈루이노 쿠루마오 오모토메데스까

❷ 하이브리드 자동차를 빌리려고 합니다.
ハイブリッドの車を借りようと思います。
하이부릳도노 쿠루마오 카리요-토 오모이마스

❸ 운전면허증을 보여주세요.
運転免許証を見せてください。
운템멩쿄쇼-오 미세테 쿠다사이

❹ 요금은 얼마인가요?
料金はいくらですか?
료-킹와 이쿠라데스까

❺ 보험료가 포함된 가격입니다.
保険料込みの価格です。
호켄료-코미노 카카쿠데스

❻ 자동차를 반납하겠습니다.
車を返却します。
쿠루마오 헹캬쿠시마스

주유소에서 기름 넣기

주유소에 들어가면 직원이 기름 종류, 얼마나 넣을 건지, 지불 방법 등을 물어본다. 잘 모르겠으면 '가득이요'에 해당하는 '만탕데 오네가이시마스!'를 외치자.

🔊 여행 단어

주유소	ガソリンスタンド 가소린스탄도	경유	軽油 케-유
고급 휘발유	ハイオク 하이오크	휘발유	レギュラー 레규라-
가득	満タン 만탕	주유량 지정	数量指定 스-료-시테-
금액 지정	金額指定 킹가쿠시테-	영수증	レシート 레시-토
현금	現金 겡킹	신용카드	クレジットカード 쿠레짙또카-도

🎤 여행 회화

❶ 근처에 주유소가 있나요?
近くにガソリンスタンドがありますか?
치카쿠니 가소린스탄도가 아리마스까

❷ 경유인가요? 가솔린인가요?
軽油ですか? ガソリンですか?
케-유데스까 가소린데스까

❸ 얼마나 넣으실 건가요?
どのくらい入れますか?
도노쿠라이 이레마스까

❹ 가득 넣어주세요.
満タンでお願いします。
만탕데 오네가이시마스

❺ 현금으로 하실 건가요? 카드로 하실 건가요?
現金にしますか? カードにしますか?
겡킹니 시마스까 카-도니 시마스까

❻ 차 안에 버릴 쓰레기가 있나요?
車の中に捨てるゴミがありますか?
쿠루마노 나카니 스테루고미가 아리마스까

도보로 길 찾기

구글맵이 있다면 일본 어디든 도보로 찾아가기 어렵지 않다. 무선 인터넷을 원활하게 사용하려면 포켓 와이파이나 유심칩을 꼭 준비하자.

🔊 여행 단어

여기	ここ 코코	길	道 미치
가깝다 · 멀다	近い · 遠い 치카이 · 토-이	걷다	歩く 아루쿠
왼쪽 · 오른쪽	左 · 右 히다리 · 미기	이쪽 · 저쪽	こっち · あっち 콧찌 · 앗찌
블록	ブロック 부록꾸	직진	直進 쵹씬
반대편 · 건너편	反対側 · 向う側 한타이가와 · 무코-가와	관광안내소	観光案内所 캉꼬-안나이죠

🎤 여행 회화

❶ 말씀 좀 묻겠습니다.
すみません、ちょっとお伺いしますが。
스미마셍, 촛또 오우카가이시마스가

❷ ○○까지 어떻게 가나요?
○○までどう行きますか?
○○마데 도오 이키마스까

❸ 여기가 어디예요?
ここはどこですか?
코코와 도코데스까

❹ 거기까지 걸어갈 수 있나요?
そこまで歩いて行けますか?
소코마데 아루이테 이케마스까

❺ 걸어서 10분 정도 걸려요.
歩いて10分ほどかかります。
아루이테 쥽뽕호도 카카리마스

❻ 다시 한 번 말해주세요.
もう一度言ってください。
모-이치도 읻떼 쿠다사이

교통편 놓쳤을 때

교통편을 놓쳤다면 규정에 따라 수수료를 지급하거나 별도의 수수료 없이 다음 교통편으로 재발권할 수 있다. 단, 규정에 따라 재발권이 불가능한 경우도 있으니 우선 티켓 판매처에 문의하자.

🔊 여행 단어

비행기	飛行機 히코-키	열차	列車 렛샤
버스	バス 바스	시간표	時刻表 지코쿠효-
변경·환불	変更·払い戻し 헹코-·하라이 모도시	대기자(명단)	キャンセル待ち(リスト) 칸세루 마치 (리스토)
수수료	手数料 테스-료-	항공사	航空会社 코-쿠-가이샤
여행사	旅行会社 료코-가이샤	연락처	連絡先 렌락사키

🎤 여행 회화

❶ ○○를 놓쳤어요.
○○に乗り遅れました。
○○니 노리오쿠레마시따

❷ 다음 ○○를 탈 수 있나요?
次の○○に乗れますか?
츠기노 ○○니 노레마스까

❸ 다음 ○○는 출발이 언제죠?
次の○○はいつ出発しますか?
츠기 ○○와 이츠 슙빠츠시마스까

❹ 환급(변경) 가능한가요?
払い戻し(変更)可能ですか?
하라이모도시(헹코-) 카노-데스까

❺ 수수료가 얼마죠?
手数料はいくらですか?
테스-료-와 이쿠라데스까

❻ 가능한 빨리 출발하고 싶어요.
できるだけ早く出発したいです。
데키루다케 하야쿠 슙빠츠시타이데스

4

숙소에서

- 숙소 체크인하기
- 숙소 체크아웃하기
- 부대시설 이용하기
- 숙소 서비스 요청하기
- 객실 비품 요청하기
- 불편사항 말하기

숙소 체크인하기

혹시 모를 상황에 대비해 숙소 예약 바우처를 꼭 출력해가자. 일본 숙소의 체크인 시간은 보통 오후 3~4시 정도이지만 숙소에 따라 다르므로 미리 체크할 것.

🔊 여행 단어

예약	予約 요야쿠	체크인	チェックイン 첵꾸잉
층	階 카이	몇 박·1박·2박	何泊·一泊·二泊 남빠쿠·입빠쿠·니하쿠
숙박 요금	宿泊料金 슈쿠하쿠 료-킹	지불	支払 시하라이
객실 번호	部屋番号 헤야 방고-	객실 열쇠	ルームキー 루-무키-
침대	ベッド 벳도	와이파이 비밀번호	Wi-Fiのパスワード 와이화이노 파스와-도

🎤 여행 회화

❶ 체크인하고 싶어요.
チェックインお願いします。
첵꾸잉 오네가이시마스

❷ ○○이름으로 예약했어요.
○○の名前で予約しています。
○○노 나마에데 요야쿠시테이마스

❸ 호텔 바우처를 보여드릴게요.
ホテルバウチャーをお見せします。
호테루 바우챠-오 오미세시마스

❹ 객실 요금은 이미 지불했어요.
客室料金はもう払いました。
카쿠시츠료-킹와 모- 하라이마시따

❺ 와이파이 비밀번호를 알려주세요.
Wi-Fiのパスワードを教えてください。
와이화이노 파스와-도오 오시에테 쿠다사이

❻ 객실은 몇 층인가요?
部屋は何階でしょうか?
헤야와 낭가이데쇼-까

숙소 체크아웃하기

일본 숙소의 체크아웃 시간은 보통 오전 10~11시다. 체크아웃 시간에 맞춰 퇴실하는 것이 예의지만 사정상 늦은 체크아웃을 해야 한다면 미리 문의하자.

🔊 여행 단어

체크아웃	チェックアウト 첵꾸 아우토	퇴실	退室 타이시츠
보관하다	預かる 아즈카루	분실하다	紛失する 훈시츠스루
객실 열쇠	ルームキー 루-무키-	소지품	持ち物 모치모노
숙박 요금	宿泊料金 슈쿠하쿠 료-킹	추가 요금	追加料金 츠이카 료-킹
사용료	使用料 시요-료-	영수증	領収証 료-슈-쇼-

🎤 여행 회화

❶ 체크아웃 할게요.
チェックアウトお願いします。
첵꾸 아우토 오네가이시마스

❷ 체크아웃은 몇 시죠?
チェックアウトは何時ですか?
첵꾸 아우토와 난지데스까

❸ 체크아웃 시간 연장이 가능한가요?
チェックアウトの延長はできますか?
첵꾸 아우토노 엔쵸-와 데키마스까

❹ 방에 소지품을 두고 왔어요.
部屋に忘れ物をしてしまいました。
헤야니 와스레모노오 시테시마이마시따

❺ 짐 좀 보관해줄 수 있나요?
荷物を預かってもらえますか?
니모츠오 아즈칸떼 모라에마스까

❻ 택시를 불러주세요.
タクシーを呼んでください。
탁시-오 욘데 쿠다사이

부대시설 이용하기

레스토랑, 온천, 목욕탕, 세탁실 등의 부대시설을 자유롭게 이용하기 위한 표현들. 숙소 서비스 차원에서 무료로 제공하기도 하고, 때에 따라 추가 요금을 받을 수도 있으니 미리 확인하자.

🔊 여행 단어

조식	朝食 쵸-쇼쿠	흡연실	喫煙室 키츠엔시츠
목욕탕	大浴場 다이요쿠쵸-	온천	温泉 온셍
세탁실	洗濯室 센탁시츠	바	バー 바-
자판기	自販機 지항키	이용 방법	利用方法 리요-호-호-
개점(시간)	開店(時間) 카이텡(지캉)	폐점(시간)	閉店(時間) 헤-텡(지캉)

🎤 여행 회화

❶ 조식은 어디서 먹을 수 있죠?
朝食はどこで食べられますか?
쵸-쇼쿠와 도코데 타베라레마스까

❷ 조식시간은 몇 시부터인가요?
朝食の時間は何時からですか?
쵸-쇼쿠노지캉와 난지카라데스까

❸ 온천은 어디에 있나요?
温泉はどこにありますか?
온셍와 도코니 아리마스까

❹ 목욕탕은 몇 시부터 이용할 수 있나요?
大浴場は何時から利用できますか?
다이요쿠쵸-와 난지카라 리요-데키마스까

❺ 근처에 편의점이 있나요?
近くにコンビニがありますか?
치카쿠니 콤비니가 아리마스까

❻ 흡연실은 몇 층인가요?
喫煙室は何階でしょうか?
키츠엔시츠와 낭가이데쇼-까

숙소 서비스 요청하기

필요한 서비스가 있다면 직접 프런트에 말해보자. 콜택시, 모닝콜을 부탁하거나 귀중품을 위탁하는 등 다양한 서비스를 요청할 수 있다.

🔊 여행 단어

공항	空港 쿠-코-	셔틀버스	無料送迎バス 무료- 소-게- 바스
택시	タクシー 탁시-	리무진버스	リムジンバス 리무진바스
룸 서비스	ルームサービス 루-무 사-비스	짐	荷物 니모츠
귀중품	貴重品 키쵸-힝	모닝콜	モーニングコール 모-닝구 코-루
방 청소	部屋の掃除 헤야노 소-지	와이파이 비밀번호	Wi-Fiのパスワード 와이화이노 파스와-도

🎤 여행 회화

❶ 택시 좀 불러 줄 수 있나요?
タクシーを呼んでもらえますか?
탁시-오 욘데 모라에마스까

❷ 셔틀버스 운행하나요?
無料送迎バス運行していますか?
무료-소-게-바스 운꼬-시테이마스까

❸ 룸 서비스 부탁드려요.
ルームサービスお願いします。
루-무 사-비스 오네가이시마스

❹ 모닝콜 부탁드려요.
モーニングコールをお願いします。
모-닝구 코-루오 오네가이시마스

❺ 방 청소를 부탁드려요.
部屋の掃除をお願いします。
헤야노 소-지오 오네가이시마스

❻ 와이파이 비밀번호를 알려주세요.
Wi-Fiのパスワードを教えてください。
와이화이노 파스와-도오 오시에테 쿠다사이

객실 비품 요청하기

샴푸와 수건 등 기본적인 비품은 대부분 숙소에서 무료 제공한다. 생수와 전기 포트 역시 대체로 별도의 추가 요금 없이 사용할 수 있지만, 더 필요한 것이 있다면 이렇게 요청하자.

◀» 여행 단어

무료	無料 무료-	필요하다	必要だ 히츠요-다
수건	タオル 타오루	비누	石鹼 섹껭
화장지	トイレットペーパー 토이렡또 페-파-	칫솔	歯ブラシ 하부라시
샴푸	シャンプー 샴뿌-	바디 샴푸	ボディーソープ 보디- 소-프
헤어드라이어	ヘアドライヤー 헤아도라이야-	침대 시트	ベッドのシーツ 벳도노 시-츠

🎤 여행 회화

❶ 객실 비품(어메니티)은 무료인가요?
アメニティは無料ですか?
아메니티와 무료-데스까

❷ 수건이 더 필요해요.
タオルがもっと必要です。
타오루가 몯또 히츠요-데스

❸ 칫솔이 없어요.
歯ブラシがありません。
하부라시가 아리마셍

❹ 헤어드라이어가 고장 났어요.
ヘアドライヤーが壊れました。
헤아도라이야-가 코와레마시따

❺ 슬리퍼 하나 더 주세요.
スリッパもう一つください。
스립빠 모오 히토츠 쿠다사이

❻ 침대 시트를 교체해주세요.
ベッドのシーツを変えてください。
벳도노 시-츠오 카에테 쿠다사이

불편사항 말하기

불편한 상황을 구체적으로 설명하기 어렵다면 호텔 직원에게 객실 방문을 부탁하자. 상황을 직접 보여주면 생각보다 쉽게 해결할 수 있다.

🔊 여행 단어

문제	問題	몬다이
시끄럽다	うるさい	우루사이
난방·냉방	暖房·冷房	단보-·레-보-
인터넷	インターネット	인타-넽또
변기	便器	벵끼
고장 나다	壊れる	코와레루
방을 바꾸다	部屋を変える	헤야오 카에루
덥다·춥다	暑い·寒い	아츠이·사무이
청소	掃除	소-지
온수	お湯	오유

🎤 여행 회화

❶ 온수가 안 나와요.
お湯が出ません。
오유가 데마셍

❷ 너무 시끄러워요.
とてもうるさいです。
토테모 우루사이데스

❸ 금연실로 예약했는데요.
禁煙室に予約しました。
킹엔시츠니 요야쿠 시마시따

❹ 방을 바꾸고 싶어요.
部屋を変えてもらいたいです。
헤야오 카에테 모라이타이데스

❺ 그건 처음부터 고장 나 있었어요.
それはすでに壊れていました。
소레와 스데니 코와레테 이마시따

❻ 방에 와서 확인해주세요.
部屋に来て確認してください。
헤야니 키테 카쿠닌시테 쿠다사이

5
식당에서

자리 안내받기

메뉴 주문하기

식당 서비스 요청하기

음식 불만 제기하기

음식값 계산하기

식권 자판기 사용하기

커피 주문하기

주류 주문하기

자리 안내받기

식당에 들어가면 가장 먼저 몇 명인지 물어보니 대답을 준비하자. 이름난 맛집이라면 대기시간을 피하기 어려운데 줄을 설지, 대기자 명단에 이름을 쓸지 미리 확인하면 헛수고를 막을 수 있다.

🔊 여행 단어

예약	予約 요야쿠	몇 명	何人・何名様 난닌・난메ー사마
카운터석	カウンター席 카운타ー세키	한 사람・두 사람	一人・二人 히토리・후타리
세 사람・네 사람	三人・四人 산닝・요닝	아침 식사	朝食 쵸ー쇼쿠
점심 식사	昼食・ランチ 츄ー쇼쿠・란치	저녁 식사	夕食・ディナー 유ー쇼쿠・디나ー
창가 자리	窓際席 마도기와세키	흡연석・금연석	喫煙席・禁煙席 키츠엔세키・킹엔세키

🎙 여행 회화

❶ 몇 명이신가요?
何人ですか?・何名様ですか?
난닝데스까・난메ー사마데스까

❷ 한 명(두 명)입니다
一人(二人)です。
히토리(후타리)데스

❸ 대기 명단에 이름을 쓸까요?
順番待ちリストに名前を書きましょうか?
쥼밤마치 리스토니 나마에오 카키마쇼ー까

❹ 미리 주문해도 될까요?
先に注文してよろしいでしょうか?
사키니 츄ー몬시테 요로시ー데쇼ー까

❺ 얼마나 기다려야 하나요?
どのくらい待つのですか?
도노쿠라이 마츠노데스까

❻ 금연석으로 안내해주세요.
禁煙席に案内してください。
킹엔세키니 안나이시테 쿠다사이

메뉴 주문하기

사진 메뉴판이 있다면 손가락으로 메뉴를 가리키며 "코레 これ"라고 말해도 되지만, 일본어 메뉴판을 알아보기 힘들다면 직원에게 추천을 받는 것도 좋다.

🔊 여행 단어

메뉴	メニュー 메뉴-	이것 · 저것	これ · あれ 코레 · 아레
한 개 · 두 개	一つ · 二つ 히토츠 · 후타츠	추천	お勧め 오스스메
가장 인기 있는	一番人気のある 이치방 닝끼노 아루	정식	定食 테-쇼쿠
세트 메뉴	セットメニュー 셋또 메뉴-	무한리필	食べ放題 타베호-다이
오늘의 특선 메뉴	今日の特選メニュー 쿄-노 톡셈메뉴-	테이크아웃	テークアウト · 持ち帰り 테-쿠 아우토 · 모치카에리

🎤 여행 회화

❶ (한국어)메뉴판 주세요.
(韓国語の)メニューください。
(캉코쿠고노)메뉴- 쿠다사이

❷ 이걸로 주세요.
これにします。
코레니 시마스

❸ 이거 하나랑 이거 두 개 주세요.
これ一つとこれ二つください
코레 히토츠토 코레 후타츠 쿠다사이

❹ 테이크아웃하고 싶어요.
テークアウトしたいです。
테-쿠아우토 시타이데스

❺ 추천 메뉴는 무엇인가요?
お勧めのメニューはなんでしょうか?
오스스메노 메뉴- 와 난데쇼-까

❻ 조금 있다가 주문할게요.
少し後で注文します。
스코시 아토데 츄-몬시마스

식당 서비스 요청하기

접시, 냅킨 등이 더 필요하거나 남은 음식을 포장하고 싶을 때는 직원에게 요청해보자. 단, 사진을 찍는 것에 민감하게 반응할 수 있으므로 사진을 찍고 싶다면 미리 양해를 구하는 편이 좋다.

🔊 여행 단어

사진	写真 샤싱	포크	フォーク 훠-쿠
숟가락	スプーン 스푸-웅	젓가락	箸 하시
접시	皿 사라	냅킨	ティッシュ 팃쓔
물수건	おしぼり 오시보리	물컵	コップ 콥뿌
소스	ソース 소-스	하나 더	もう一つ 모- 히토츠

🎤 여행 회화

❶ 젓가락 하나 더 주세요.
箸もう一つください。
하시 모- 히토츠 쿠다사이

❷ 냅킨 좀 부탁합니다.
ティッシュをお願いします。
팃쓔오 오네가이시마스

❸ 접시를 바꿔주세요.
皿を替えてください。
사라오 카에테 쿠다사이

❹ 이것 좀 더 주세요.
これもっとください。
코레 몯또 쿠다사이

❺ 사진 좀 찍어도 될까요?
ちょっと写真撮ってもいいですか?
쵿또 샤싱 톹떼모 이-데스까

❻ 남은 거 포장해주세요.
残ったの包んでください。
노콛따노 츠츤데 쿠다사이

음식 불만 제기하기

음식에 대한 호불호가 아니라 위생 상태에 관한 문제라면 직원에게 알릴 필요가 있다. 주문하지 않은 요리가 나오거나, 주문한 요리가 나오지 않을 때에도 불만사항을 말할 수 있다.

🔊 여행 단어

머리카락	髪の毛 카미노케	이물질	異物 이부츠
더럽다	汚い 키타나이	상하다	傷む 이타무
신선하지 않다	新鮮ではない 신센데와 나이	덜 익은	熟していない 주쿠시테 이나이
너무 익은	熟し過ぎた 쥬쿠시스기따	달다·맵다	あまい·辛い 아마이·카라이
짜다·싱겁다	塩辛い·あじきない 시오카라이·아지키나이	미지근하다	ぬるい 누루이

🎤 여행 회화

❶ 이거 못 먹겠어요.
これ食べられません。
코레 타베라레마셍

❷ 음식에서 머리카락이 나왔어요.
料理から髪の毛が出ました。
료-리카라 카미노케가 데마시따

❸ 이거 상한 것 같아요.
これは腐ったみたいです。
코레와 쿠삳따 미타이데스

❹ 너무 매워(짜)요.
とても 辛(塩辛)すぎます。
토테모 카라(시오카라)스기마스

❺ 주문한 메뉴가 아니에요.
注文したメニューじゃありません。
츄-몬시타 메뉴-쟈 아리마셍

❻ 아직도 음식이 안 나왔어요.
まだ料理が出てこないんですが。
마다 료-리가 데테 코나인데스가

음식값 계산하기

일부 식당은 부가세를 제외한 가격만 메뉴에 표기한다. 혹은 신용카드 결제가 불가능한 식당도 있으니, 결제 전에 이런 점을 미리 확인하는 센스가 필요하다.

🔊 여행 단어

계산서	会計書 카이케-쇼
착오·틀림	まちがい 마치가이
신용카드	クレジットカード 쿠레짇또카-도
주문하지 않은	注文していない 츄-몬시테 이나이
따로	別々に 베츠베츠니
계산·지불하다	会計·支払う 카이케-·시하라우
현금	現金 겡킹
영수증	レシート·領収証 레시-토·료-슈-쇼-
거스름돈	おつり 오츠리
세금 포함·별도	税込·税別 제-코미·제-베츠

🎤 여행 회화

❶ 계산할게요.
お勘定お願いします。
오칸죠- 오네가이시마스

❷ 같이(따로) 계산해주세요.
会計は一緒(別々)にしてください。
카이케-와 잇쑈(베츠베츠)니 시테 쿠다사이

❸ 여기 카드 사용할 수 있나요?
ここはカード使えますか?
코코와 카-도 츠카에마스까

❹ 영수증 주세요.
レシートお願いします。
레시-토 오네가이시마스

❺ 부가세는 별도인가요?
消費税は別ですか?
쇼-히제-와 베츠데스까

❻ 잔돈(거스름돈)을 잘못 주신 것 같아요.
おつりを間違えたようです。
오츠리오 마치가에타 요-데스

식권 자판기 사용하기

일본 식당에선 식권 자판기를 사용하는 경우가 많다. 미리 엔화를 준비하거나 혹은 직원에게 잔돈 교환을 요청하자. 한국어가 지원되지 않는 식권 자판기라면 사용법을 문의하는 편이 좋겠다.

🔊 여행 단어

식권 자판기	食券自動販売機 숏껜 지도- 함바이키
지폐	紙幣 시헤-
잔돈	小銭 코제니
천 엔권	千円札 셍엔사츠
물	お水 오미즈
사용 방법	使い方・使用方法 츠카이카타・시요-호-호-
동전	コイン 코잉
5천 엔권	5千円札 고셍엔사츠
곱빼기	大盛 오-모리
물수건	おしぼり 오시보리

🎤 여행 회화

❶ 사용법을 알려주세요.
使い方を教えてください。
츠카이카타오 오시에테 쿠다사이

❷ 5천 엔권은 사용할 수 없습니다.
5千円札は使えません。
고셍엔사츠와 츠카에마셍

❸ 천 엔권이 없어요.
千円札がありません。
셍엔사츠가 아리마셍

❹ 잔돈으로 바꿔주세요.
小銭に換えてください。
코제니니 카에테 쿠다사이

❺ 식권은 직원에게 전달해주세요.
食券を職員に渡してください。
숏껜오 쇼쿠인니 와타시테 쿠다사이

❻ 물은 셀프입니다.
お水はセルフサービスです。
오미즈와 세루후 사-비스데스

커피 주문하기

메뉴 이름 뒤에 요청의 의미를 지닌 일본어 '쿠다사이ください'를 붙여 주문하면 간단하다. 뜨거운 음료를 "핫"이라고 말하면 못 알아듣는 경우가 많으니 "홋또"라고 발음하여 주문하자.

🔊 여행 단어

아메리카노	アメリカーノ 아메리카ー노	카페라테	カフェラテ 카훼라테
핫 · 아이스	ホット·アイス 홋또 · 아이스	작은 사이즈	小さいサイズ 치ー사이 사이즈
큰 사이즈	大きいサイズ 오ー키ー 사이즈	진하다	濃い 코이
연하다	薄い 우스이	샷 추가	ショットの追加 숏또노 츠이카
시럽	シロップ 시롭뿌	휘핑크림	ホイップクリーム 호입뿌 쿠리ー무

🎤 여행 회화

❶ 카페라테 작은 사이즈 한 잔이요.
カフェラテ小さいサイズ一杯ください。
카훼라테 치ー사이 사이즈 입빠이 쿠다사이

❷ 휘핑크림은 빼주세요.
ホイップクリームは抜いてください。
호입뿌 쿠리ー무와 누이테 쿠다사이

❸ 샷 추가해주세요.
ショットを追加してください。
숏또오 츠이카시테 쿠다사이

❹ 커피를 연하게 해주세요.
コーヒーを薄くしてください。
코ー히ー오 우스쿠시테 쿠다사이

❺ 얼음은 빼주세요.
氷は抜いてください。
코ー리와 누이테 쿠다사이

❻ 뜨거운 것(차가운 것)으로 주세요.
ホット(アイス)でお願いします。
홋또(아이스)데 오네가이시마스

주류 주문하기

아래 단어와 문장은 일반 식당에서는 물론 일본 술집 '이자카야 居酒屋'에서도 유용하다. 일본엔 기본 안주를 제공하고 자릿세를 받는 '오토-시 お通し' 문화가 있으므로 예산을 짤 때 염두에 두자.

🔊 여행 단어

추천하다	お勧め料理 오스스메 료-리	앞 접시	取り皿 토리자라
맥주	ビール 비-루	생맥주	なまビール 나마비-루
와인	ワイン 와잉	칵테일	カクテル 카쿠테루
소주	焼酎 쇼-츄-	오토-시	お通し 오토-시
술안주	おつまみ 오츠마미	한 병 · 한 잔	一本 · 一杯 입뽕 · 입빠이

🎤 여행 회화

❶ 한 병 더 주세요.
もう一本ください。
모- 입뽕 쿠다사이

❷ 우선 생맥주 한 잔 주세요.
とりあえず生ビール一杯ください。
토리아에즈 나마비-루 입빠이 쿠다사이

❸ 추천 안주는 무엇인가요?
お勧めのおつまみは何でしょうか?
오스스메노 오츠마미와 난데쇼-까

❹ 물수건이랑 얼음물 좀 주세요.
おしぼりとお冷やください。
오시보리토 오히야 쿠다사이

❺ 앞 접시 부탁드립니다.
取り皿お願いします。
토리자라 오네가이시마스

❻ 영업시간은 몇 시까지인가요?
営業時間は何時までですか?
에-교-지캉와 난지마데 데스까

би
관광할 때

관광지 정보 얻기

사진 촬영 부탁하기

공연 표 구입하기

관광 명소 관람하기

관광지 정보 얻기

현장에서 얻은 생생한 정보는 여행을 역동적으로 만든다. 현지인이 직접 추천하는 맛집과 핫플레이스만큼 정확하고 핫한 정보는 없다. 인기 여행지를 직접 찾아가는 재미를 느껴보자.

🔊 여행 단어

추천하다	推薦する	스이센스루
가까운	近い	치카이
유명한	有名な	유-메-나
위치	位置	이치
안내 책자	パンフレット	팡후렌또
가는 길	行く道	이쿠 미치
인기 있는	人気のある	닝끼노 아루
안내소	案内所	안나이죠
여기	ここ	코코
무료 · 유료	無料 · 有料	무료- · 유-료-

🎤 여행 회화

❶ 인기 관광지를 추천해주세요.
人気のある観光地を推薦してください。
닝끼노아루 캉코-치오 스이센시테 쿠다사이

❷ 산책하기 좋은 곳이 있나요?
お散歩にいい所がありますか?
오삼뽀니 이- 토코로가 아리마스까

❸ 인기 있는 식당을 알려주세요.
人気のある食堂を教えてください。
닝끼노 아루 쇼쿠도-오 오시에테 쿠다사이

❹ 여기가 어디인가요?
ここはどこですか?
코코와 도코데스까

❺ 걸어가면 얼마나 걸리죠?
歩いてどのくらいかかりますか?
아루이테 도노쿠라이 카카리마스까

❻ 어떻게 가면 될까요?
どうやって行けばいいですか。
도- 얕떼 이케바 이이데스까

사진 촬영 부탁하기

'셀카봉'과 삼각대에만 의지하자니 인생샷 찍기엔 뭔가 부족한 느낌. 지나칠 수 없는 절경이라면 사진 촬영을 부탁하는 것도 좋겠다.

🔊 여행 단어

사진 찍다	写真を撮る 샤싱오 토루	누르다	押す 오스
셔터	シャッター 샷따-	한 장 더	もう一枚 모- 이치마이
사진·촬영	写真·撮影 샤싱·사츠에-	가까이·멀리	近く·遠く 치카쿠·토-쿠
배경	背景 하이케-	카메라	カメラ 카메라
촬영 금지	撮影禁止 사츠에-킨시	같이	一緒に 잇쑈니

🎤 여행 회화

❶ 사진 좀 찍어줄 수 있나요?
ちょっと写真を撮ってもらえますか?
춋또 샤싱오 톳떼 모라에마스까

❷ 이 셔터를 누르면 됩니다.
このシャッターを押せばいいです。
코노 샷따-오 오세바 이이데스

❸ 같이 사진 찍을 수 있을까요?
一緒に写真撮っていただけますか?
잇쑈니 샤싱 톳떼 이타다케마스까

❹ 여기서 사진 찍어도 되나요?
ここで写真を撮ってもいいですか?
코코데 샤싱오 톳떼모 이이데스까

❺ 배경이 나오게 찍어주세요.
背景が出るように撮ってください。
하이케-가 데루요-니 톳떼 쿠다사이

❻ 한 장 더 부탁드려요.
もう一枚お願いします。
모- 이치마이 오네가이시마스

공연 표 구입하기

우리나라에서 보기 힘든 공연이 현지에서 열린다면 치열한 예매 경쟁도 감수할 만하다. 입장료가 얼마인지, 남은 좌석은 있는지 물어야 할 때 유용한 필수 표현들.

🔊 여행 단어

공연	公演 코-엥	라이브 공연	ライブ公演 라이부 코-엥
티켓	チケット 치켙또	가장 인기 있는	一番人気の(ある) 이치방 닝끼노(아루)
가장 유명한	最も有名な 몯또모 유-메-나	좌석	座席 자세키
스탠딩석	スタンディング席 스탄딩구 세키	라인업	ラインアップ 라인 압뿌
시작 시간	開始時間 카이시 지캉	매진	売り切れ 우리키레

🎤 여행 회화

❶ 가장 인기 있는 공연이 뭐예요?
一番人気のある公演は何ですか?
이치방 닝끼노 아루 코-엥와 난데스까

❷ 입장료는 얼마인가요?
入場料はいくらですか?
뉴-죠-료-와 이쿠라데스까

❸ 4시 공연 자리 있나요?
4時公演の席ありますか?
요지 코-엔노 세키 아리마스까

❹ 5시 공연 티켓 두 장 주세요.
5時公演のチケット二枚ください。
고지 코-엔노 치켙또 니마이 쿠다사이

❺ 스탠딩석으로 주세요.
スタンディング席でおねがいします。
스탄딩구 세키데 오네가이시마스

❻ 짐을 맡길 수 있나요?
荷物を預かってもらえますか?
니모츠오 아즈칻떼 모라에마스까

관광 명소 관람하기

여행지를 대표하는 명소는 저마다 다르지만, 자주 쓰는 표현은 크게 다르지 않다. 한국어 오디오 가이드가 있다면 관광 명소를 더욱 깊고 풍부하게 이해할 수 있으므로 놓치지 말자.

🔊 여행 단어

박물관	博物館	하쿠부츠캉
신사	神社	진쟈
입구·출구	入り口·出口	이리구치·데구치
기념품 숍	ギフトショップ	기후토 숍뿌
한국어 가이드	韓国語ガイド	캉꼬쿠고 가이도
미술관	美術館	비쥬츠캉
매표소	チケット売り場	치켇또우리바
화장실	トイレ	토이레
오디오 가이드	音声ガイド	온세- 가이도
대여	レンタル	렌따루

🎤 여행 회화

❶ 매표소는 어디인가요?
チケット売り場はどこですか?
치켇또 우리바와 도코데스까

❷ 입구(출구)가 어디인가요?
入り口(出口)はどこですか?
이리구치(데구치)와 도코데스까

❸ 입장료는 얼마인가요?
入場料はいくらですか?
뉴-죠-료-와 이쿠라데스까

❹ 화장실은 어디에 있어요?
トイレはどこにありますか。
토이레와 도코니 아리마스까

❺ 팸플릿을 보고 싶어요.
パンフレットが見たいです。
팡후렏또가 미타이데스

❻ 한국어 해설을 듣고 싶어요.
韓国語の解説が聞きたいです。
캉꼬쿠고노 카이세츠가 키키타이데스

7
쇼핑할 때

제품 문의하기

착용 요청하기

가격 흥정하기

제품 계산하기

포장 요청하기

교환 · 환불하기

제품 문의하기

한국에서 보기 어려운 브랜드와 제품은 여행자의 쇼핑 욕구를 높인다. 매장에 들어가 원하는 제품을 찾기 어렵거나, 제품을 고르는 데 점원의 도움이 필요하다면 다음과 같이 말해보자.

🔊 여행 단어

가장 인기 있는	最も人気の(ある) 못또모 닝끼노(아루)	지역 특산품	地域特産品 치이키 톡상힝
세일	セール 세-루	신품 · 중고	新品 · 中古 심삥 · 츄-코
이것 · 저것	これ · あれ 코레 · 아레	재고	在庫 자이코
가격	値段 네당	세금 포함 · 별도	税込 · 税別 제-코미 · 제-베츠
남성용 · 여성용	男性用 · 女性用 단세-요- · 죠세-요-	할인	割引 와리비키

🎤 여행 회화

❶ 가장 인기 있는 제품이 뭐죠?
最も人気のある製品は何ですか?
못또모 닝끼노 아루 세-힝와 난데스까

❷ 이거 얼마예요?
これはいくらですか?
코레와 이쿠라데스까

❸ 이거 세일 중인가요?
これはセール中ですか?
코레와 세-루츄-데스까

❹ 이 쿠폰으로 할인받을 수 있나요?
このクーポンで割引できますか?
코노 쿠-폰데 와리비키 데키마스까

❺ 추천 상품이 있나요?
お勧め商品はありますか?
오스스메 쇼-힝가 아리마스까

❻ 재고가 있나요?
在庫ありますか?
자이코 아리마스까

착용 요청하기

치수 표기법이 다른 외국에서는 특히 입어보고 신어본 후에 구매하는 것이 최선이다. 한국에 돌아와 후회하지 않으려면 구매 전에 착용해보자.

🔊 여행 단어

착용해보다	試着してみる 시챠쿠 시테 미루	사이즈	サイズ 사이즈
더 큰 것	もっと大きいもの 몯또 오-키- 모노	더 작은 것	もっと小さいもの 몯또 치-사이 모노
너무 큰	大きすぎる 오-키스기루	너무 작은	小さすぎる 치-사스기루
더 저렴한	もっと安い 몯또 야스이	다른 색상	他の色 호카노 이로
피팅룸	試着室 시챠쿠시츠	탈의실	脱衣室 다츠이시츠

🎤 여행 회화

❶ 이거 입어 봐도 돼요?
これ試着してみてもいいですか?
코레 시챠쿠시테 미테모 이-데스까

❷ 사이즈가 어떻게 되나요?
サイズはどうなりますか?
사이즈와 도- 나리마스까

❸ 피팅룸은 어디죠?
試着室はどこですか?
시챠쿠시츠와 도코데스까

❹ 더 저렴한 걸로 주세요.
もっと安いのをください。
몯또 야스이 노오 쿠다사이

❺ 다른 색상도 있나요?
他の色もありますか。
호카노 이로모 아리마스까

❻ 더 큰 것은 없나요?
もっと大きいのはないですか?
몯또 오-키- 노와 나이데스까

가격 흥정하기

대도시 쇼핑몰이나 백화점 등 정찰제로 상품을 판매하는 곳에서 무리하게 할인과 흥정을 요구하지는 말자. 단, 정감 있는 재래시장에서는 여행자의 애교가 통할 수도 있다.

🔊 여행 단어

가격	価格 카카쿠	할인	割引 와리비키
쿠폰	クーポン 쿠-퐁	비싸다	高い 타카이
저렴하다	安い 야스이	손해	損害 송가이
현금	現金 겡킹	덤	おまけ 오마케
신용카드	クレジットカード 쿠레짇또 카-도	서비스	サービス 사-비스

🎤 여행 회화

❶ 할인받을 수 있나요?
割引適用されてますか?
와리비키 테키요-사레테 마스까

❷ 현금이면 깎아주나요?
現金なら負けてくれますか?
겡낀나라 마케테 쿠레마스까

❸ 너무 비싸요.
とても高いです。
토테모 타카이데스

❹ 좀 더 싸게 해주세요.
もっと安くしてください。
몯또 야스쿠 시테 쿠다사이

❺ 돈이 이것밖에 없어요.
お金がこれしかありません。
오카네가 코레시카 아리마셍

❻ 100엔 깎아주시면 살게요.
100円負けてくだされば買います。
햐쿠엥 마케테 쿠다사레바 카이마스

제품 계산하기

현금은 미리 환전해서 준비하고, 카드는 소지한 카드가 해외에서 사용 가능한지 미리 확인해두자.
아래 단어와 문장을 활용하면 영수증을 요구하거나 여럿이 나눠서 계산하는 일도 문제없다.

🔊 여행 단어

계산하다	計算する 케-산스루	현금	現金 겡킹
신용카드	クレジットカード 쿠레짇또 카-도	영수증	レシート·領収証 레시-토·료-슈-쇼-
면세	免税 멘제-	할부	分割払い 붕까츠바라이
일시불	一括払い 익까츠바라이	엔·원	円·ウォン 엥·웡
비닐 봉투	レジ袋 레지부쿠로	전부	全部 젬부

🎤 여행 회화

❶ 얼마부터 면세가 되나요?
いくらから免税できますか?
이쿠라카라 멘제- 데키마스까

❷ 신용카드로 결제 가능한가요?
クレジットカードで払えますか?
쿠레짇또 카-도데 하라에마스까

❸ 세금은 포함된 건가요?
税込ですか?
제-코미데스까

❹ 나눠서 계산할게요.
会計は別々にしてください。
카이케-와 베츠베츠니 시테 쿠다사이

❺ 영수증 주세요.
レシートお願いします。
레시-토 오네가이시마스

❻ 계산이 잘못된 것 같아요.
会計が間違ったようです。
카이케-가 마치갇따 요-데스

포장 요청하기

보기 좋은 떡이 먹기도 좋다. 같은 선물이라도 봉투에 담긴 것과 예쁜 포장지로 말끔히 포장된 건 하늘과 땅 차이다. 추가 요금이 발생하더라도 애정을 더하고 싶다면 선물 포장을 주문해보자.

🔊 여행 단어

포장	包装	호-소-
포장 코너	ラッピングコーナー	랍삥구 코-나-
포장지	包装紙	호-소-시
진공 포장	真空パック	싱꾸- 팍꾸
따로따로	別々に	베츠베츠니
선물 포장	プレゼント包装	푸레젠또 호-소
쇼핑백	ショッピングバッグ	숍삥구 박구
비닐봉지	レジ袋	레지부쿠로
뽁뽁이	ぷちぷち	푸치푸치
예쁘게	きれいに	키레-니

🎤 여행 회화

❶ 선물용으로 포장해주세요.
プレゼント用に包装してください。
푸레젠또요-니 호-소-시테 쿠다사이

❷ 포장비는 얼마인가요?
ラッピング代はいくらですか?
랍삥구 다이와 이쿠라데스까

❸ 쇼핑백에 담아주세요.
ショッピングバッグに入れてください。
숍삥구 박구니 이레테 쿠다사이

❹ 따로따로 포장해주세요.
別々に包装してください。
베츠베츠니 호-소-시테 쿠다사이

❺ 다른 포장지는 없나요?
他の包装紙はないですか?
호카노 호-소-시와 나이데스까

❻ 예쁘게 포장해주세요.
きれいに包装してください。
키레-니 호-소-시테 쿠다사이

교환·환불 하기

물품을 잘못 구매했거나 물품에 하자가 있는 경우 교환·환불을 요청할 수 있다. 단, 계산했던 신용카드와 영수증 지참 등 교환·환불 규정에 따른 요건을 갖춘 후에 정중히 요청하자.

🔊 여행 단어

교환하다	交換する	코-칸스루
지불하다	支払う	시하라우
환불 불가	払い戻し不可	하라이모도시 후카
새것	新しいもの	아타라시- 모노
불량품	不良品	후료-힝
환불하다	払い戻す	하라이모도스
반품하다	返品する	헴삔스루
흠집	キズ	키즈
문제	問題	몬다이
고장나다	壊れる	코와레루

🎤 여행 회화

❶ 다른 것으로 교환할 수 있나요?
他のものに交換できますか?
호카노 모노니 코-칸 데키마스까

❷ 새것으로 바꾸고 싶어요.
新しいものに換えたいです。
아타라시- 모노니 카에타이데스

❸ 이 제품에 문제가 있어요.
この製品に問題があるようです。
코노 세-힌니 몬다이가 아루요-데스

❹ 전혀 사용하지 않았습니다.
全然使っていません。
젠젠 츠칻떼 이마셍

❺ 환불해주세요.
返金してください。
헹낀시테 쿠다사이

❻ 현금(신용카드)으로 계산했어요.
現金(カード)で払いました。
겡낀(카-도)데 하라이마시따

8

위급상황

분실 · 도난 신고하기

부상 · 아플 때

분실·도난 신고하기

만약 중요한 물품을 잃어버렸다면 반드시 도난·분실 신고를 할 것. 여행자 보험 시 보상받는 필수 조건이 신고서 작성임을 명심하자. 여권 사본을 준비하는 것도 만약을 대비하는 좋은 방법이다.

🔊 여행 단어

경찰서·파출소	警察署·交番 케-사츠쇼·코-방
도난 신고서	盗難届け 토-난 토도케
잃어버리다	落とす 오토스
휴대폰	携帯電話 케-타이 뎅와
여권	パスポート 파스포-토
가장 가까운	一番近い 이치방 치카이
도난	盗難 토-난
지갑	財布 사이후
가방	かばん 카방
대사관·영사관	大使館·領事館 타이시캉·료-지캉

🎤 여행 회화

❶ 가장 가까운 경찰서가 어디인가요?
一番近い警察署がどこですか?
이치방 치카이 케-사츠쇼와 도코데스까

❷ 도난 신고를 하고 싶어요.
盗難届けを出したいんですが。
토-난 토도케오 다시타인데스가

❸ 휴대폰을 분실했어요.
携帯電話を落としました。
케-타이 뎅와오 오토시마시따

❹ 지갑을 도난당했어요.
財布を盗まれました。
사이후오 누스마레마시따

❺ 여권을 재발급받고 싶어요.
パスポートを再発行したいんです。
파스포-토오 사이학꼬- 시타인데스

❻ 대사관에 전화를 연결해주세요.
大使館に電話を繋いでください。
타이시칸니 뎅와오 츠나이데 쿠다사이

고대하던 여행도 몸이 아프면 즐거울 리 없다. 견디기 힘든 통증이 있다면 약국이나 병원을 찾아 증상을 설명하고 적절한 처방을 받는 것이 좋다.

🔊 여행 단어

병원	病院 보-잉		약국	薬屋 쿠스리야
아프다	痛い 이타이		어지럼증	めまい 메마이
설사	下痢 게리		멀미약	酔い止め 요이도메
해열제	解熱剤 게네츠자이		진통제	痛み止め 이타미도메
소화제	消化剤 쇼-카자이		여행자 보험	旅行者保険 료코-샤 호켕

🎙 여행 회화

❶ 가장 가까운 병원은 어디에 있나요?
一番近い病院はどこにありますか?
이치방 치카이 보-잉와 도코니 아리마스까

❷ 여기가 아파요.
ここが痛いです。
코코가 이타이데스

❸ 열이 있어요.
熱があります。
네츠가 아리마스

❹ 어제 아침부터 아팠어요.
昨日の朝から痛かったんです。
키노-노 아사카라 이타캇딴데스

❺ 감기약 주세요.
風邪薬ください。
카제구스리 쿠다사이

❻ 진통제를 살 수 있을까요?
痛み止めありますか?
이타미도메 아리마스까

TRAVEL JAPANESE
여행 일본어

미리 보는 일본어 메뉴판

스시	4
라멘	6
돈부리	7
우동	8
PLUS 메뉴판 읽기	9

Part.1 왕초보 일본어

왕초보 일본어 패턴	12
PLUS 왕초보 일본어 표현	15

Part.2 공항에서

탑승 수속하기	18
보안 검색받기	19
면세점 쇼핑하기	20
비행기 탑승하기	21
입국 심사받기	22
수하물 찾기	23
세관 신고하기	24
환전하기	25

Part.3 교통수단

승차권 구매하기	28
버스 이용하기	29
전철 · 지하철 이용하기	30
택시 이용하기	31
렌터카 이용하기	32
주유소에서 기름 넣기	33
도보로 길 찾기	34
교통편 놓쳤을 때	35

Part.4 숙소에서

숙소 체크인하기	38
숙소 체크아웃하기	39
부대시설 이용하기	40
숙소 서비스 요청하기	41
객실 비품 요청하기	42
불편사항 말하기	43

Part.5 식당에서

자리 안내받기	46
메뉴 주문하기	47
식당 서비스 요청하기	48
음식 불만 제기하기	49
음식값 계산하기	50
식권 자판기 사용하기	51
커피 주문하기	52
주류 주문하기	53

Part.6 관광할 때

관광지 정보 얻기	56
사진 촬영 부탁하기	57
공연 표 구입하기	58
관광 명소 관람하기	59

Part.7 쇼핑할 때

제품 문의하기	62
착용 요청하기	63
가격 흥정하기	64
제품 계산하기	65
포장 요청하기	66
교환 · 환불하기	67

Part.8 위급상황

분실 · 도난 신고하기	70
부상 · 아플 때	71

먹방 미션에 도전하라!

미리 보는
일본어 메뉴판

시레토코 知床

SHIRETOKO

DRIVING ROUTE

시레토코와 네무로는 150km나 떨어져 있기 때문에 양쪽 여행지를 함께 둘러보고 싶다면 중간 위치에 있는 니지베츠 오토캠핑장을 이용하는 것이 좋다. 주변에 굿샤로호, 마슈호 등 빼어난 자연풍경을 만끽할 수 있는 명소가 많아 홋카이도 동부 드라이브 여행의 베이스캠프로 하기에도 부족함이 없다.

니지베츠 오토캠핑장
홋카이도 동쪽 지역을 둘러보기 위한 거점으로 손색이 없는 캠핑장. 부엉이 우는 소리가 들려 부엉이 캠핑장으로도 알려져 있다.

142번 도로
'북태평양 해안선'이란 이름의 드라이브 코스로 교통량이 적고 신호등도 거의 없어 여유롭게 드라이브할 수 있다.

01

니지베츠 오토캠핑장
虹別オートキャンプ場

google 43.459166, 144.693712
Access 네무로역에서 자동차로 약 1시간 30분 **Address** 北海道川上郡標茶町字虹別690-32 **Open** 5월 1일 ~10월 31일(체크인 숙소에 따라 상이, 체크아웃 11:00) **Tel** 015-488-2550 **Web** www.sip.or.jp/~nijibetu

네무로에서 가장 추천할 만한 캠핑장으로 시레토코를 비롯해서 홋카이도 동쪽 지역을 둘러보기 위한 거점으로 손색이 없다. 밤에는 부엉이가 우는 소리가 들려 일본 캠퍼들에겐 부엉이 캠핑장으로도 알려져 있다. 네무로 시내에서 차로 이동할 경우 1시간 30분 정도 소요되며, 캠핑장 근처에 굿샤로호 屈斜路湖와 마슈호 등 빼어난 자연경관이 많아 드라이브 여행을 하기에 부족함이 없다. 캠핑 시설로는 가족을 위한 별장 타입의 코티지 3동과 잔디와 나무가 잘 어우러진 오토사이트 등이 있다. 코티지는 침구류와 샤워시설, 수세 화장실, 전자레인지와 냉장고 등을 골고루 구비하고 있으며 야외 바비큐 시설도 준비되어 있다. 바이크 여행객 또는 자전거 여행객이 주로 이용하는 프리텐트 사이트의 잔디는 캠핑장의 자랑으로 각별히 관리하고 있다.

부대시설 및 대여용품

부대시설
- 매점
  (가스통, 목탄 등 판매)
- 세탁기(1회 200엔)
- 건조기(1회 100엔)
- 샤워실(1회 100엔)
- 공동 취사장
- 바비큐 하우스
- 시반 베츠담 호수

대여용품
- 캠핑용품
  (텐트, 침낭 등)
- 조리도구 및 식기
  (냄비 등)
- 스포츠용품
  (자전거 등)

니지베츠 오토캠핑장

- 코티지
- 관리동
- 오토캠핑 사이트
- 프리텐트 사이트
- 잔디광장
- 방갈로

관리동

프리텐트 사이트
- 요금 : 일반 370엔, 초·중학생 210엔
- 시설 : 천연 잔디

오토캠핑 사이트

- **요금** 3,240엔
- **시설** 천연 잔디, 야외 전원부

코티지

- **요금** 9월 1일~6월 30일 6,480엔, 7월 1일~8월 31일 10,800엔(6~8인용, 6인 이상 투숙할 경우 한 사람당 1,080엔 추가)
- **시설** 베개, 샤워실, 드라이어, 수세식 화장실, 냉장고, 오븐, 전기포트, 야외 테이블 및 의자

방갈로

- **요금** 3,240엔
- **시설** 야외 전원부

장보기 편한 주변 마트

이온몰 네무로점
イオン 根室店

육류와 어류, 채소와 과일을 살 수 있는 네무로 유일의 대형 슈퍼마켓

google 43.332253, 145.582948 **Access** 네무로역에서 자동차로 약 5분, 베이스캠프에서 자동차로 약 1시간 35분 **Address** 北海道根室市 常磐町3丁目9 **Open** 09:00~21:00 **Tel** 0153-24-6111 **Web** www.aeon-hokkaido.jp/nemuro **Parking** 무료

어신
魚信

횟감을 구매하기 좋은 어시장. 회는 바로 먹을 수 있게 포장해서 판매한다.

google 43.333454, 145.581451 **Access** 네무로역에서 자동차로 5분, 베이스캠프에서 자동차로 약 1시간 35분 **Address** 北海道根室市 緑町3丁目 緑町3-27 **Open** 08:00~17:00 **Holiday** 연중무휴 **Tel** 0153-23-3817 **Web** n-uoshin.co.jp **Parking** 가능

BASE CAMP

02

국설 시레토코 야영장
国設知床野営場

google 44.073673, 145.001559
Access 시레토코샤리역에서 자동차로 45분 **Address** 北海道斜里郡斜里町ウトロ **Open** 6월 1일~9월 30일(체크인 11:00, 체크아웃 11:00) **Tel** 0152-24-2722 **Web** www.shiretoko.asia/hotel/camp_utoro.html

부대시설 및 대여용품

부대시설
- 공동 취사장
- 매점
- 공중 목욕탕
- 온천 노천탕
- 화장실

대여용품
- 없음

TIP
캠핑장 주변 음식점

시레토코 주변에 있는 음식점은 대부분 관광객을 대상으로 장사를 하는 곳으로, '맛집'이라고 소개할 만한 식당이 많지 않다. 이런 사정을 고려하여 미리 식재료를 준비하는 것이 좋다. 간단하게 끼니를 해결하고 싶다면 베이스캠프에서 차로 5분 거리에 있는 편의점 세이코마트(전화 0152-22-5012)에 있는 핫셰프 Hot Chef 에서 만든 음식을 추천한다.

세계자연유산 시레토코를 관광하기 위한 최적의 입지 조건을 갖춘 캠핑장. 캠핑장에서 대부분의 유명 명소까지 차로 30분이면 도착할 만큼 접근성이 뛰어나다. 자연을 있는 그대로 살려서 조성해 캠핑장 내부에서 사슴이 심심치 않게 보인다. 오래전 만들어진 캠핑장이기에 프리사이트 구획이 나뉘어 있지 않고 캐빈이 조금 낡긴 했지만, 입지가 워낙 좋아 시레토코를 찾는 캠핑족들에겐 여전히 인기다. 캠핑장 바로 앞에 시레토코 팔경 중 하나인 석양대 전망대 夕陽台展望台가 있고, 200m 떨어진 곳에 석양대 온천 夕陽台の湯(0152-24-2811)과 편의점이 있어 여러모로 묵기 좋다.

시레토코 다섯 호수
知床五湖

google 44.122212, 145.080395
Access 베이스캠프 2에서 자동차로 약 35분, 베이스캠프 1에서 자동차로 약 2시간 10분 **Open** 지상 산책길 07:30~17:00(계절에 따라 개폐), 고가 목도 07:30~18:30(상시 개방) **Cost** 지상 산책길 계절별 상이(개원~5월 초·8월 초~10월 말 일반 250엔 어린이 100엔, 5월 초~7월 말 투어 코스와 가이드에 따라 상이, 10월 말~폐원 무료), 고가 목도 무료 **Tel** 0152-24-3323 **Web** www.goko.go.jp

세계자연유산 시레토코 관광을 대표하는 스폿으로 시레토코 원시림에 모여 있는 5개의 호수를 말한다. 태평양, 호수, 산, 숲 그리고 각종 동식물을 한자리에서 만날 수 있다. 시레토코 다섯 호수를 살펴보는 방법은 다양하지만, 크게 무료로 산책할 수 있는 첫 번째 호수까지만 구경하는 방법과 곰이 출몰하기 때문에 안전교육을 이수하고 가이드와 동행해서 지상산책길을 둘러보는 방법 두 가지로 나뉜다. 지상산책길을 이용하는 코스는 두 번째 호수까지 살펴보는 1.6km 코스와 다섯 개의 호수를 모두 둘러보는 3km 코스가 있으며 두 코스 모두 유료다. 산책길을 걷다 보면 그늘에서 쉬고 있는 야생사슴을 비롯해 동물원에서도 가까이 볼 수 없는 희귀한 동식물을 자연 속에서 만날 수 있어 마냥 신기하다.

노츠케반도
野付半島

google 43.590319, 145.334979 **Access** 베이스캠프 1에서 자동차로 약 1시간 10분 **Address** 北海道野付郡別海町野付63番地 **Open** 노츠케반도 네이처 센터 4월~10월 09:00~17:00, 11월~3월 09:00~16:00 **Holiday** 노츠케반도 네이처 센터 12월 30일~1월 5일 **Tel** 0153-82-1270 **Web** notsuke.jp

노츠케반도는 시레토코반도와 네무로반도 중간에 있는 일본 최대 규모의 사주 砂洲로 그 길이만 26km에 육박한다. 동쪽으로 길게 돌출한 갈고리 형태를 하고 있으며, 계절마다 색다른 풍경을 선보이는 천연 꽃밭으로 유명하다. 시베츠에서 일명 플라워 로드로 불리는 950번 국도를 따라 노츠케반도에 들어서면 왼쪽으로는 네무로 해협이, 오른쪽으로는 노츠케만과 습지대가 지평선까지 펼쳐진다. 도로 중간 지점엔 본래 숲이었지만 해수로 침식되어 이제는 풍화된 나무 고목만이 황량한 대지 위에 넓게 자리하고 있는 나라와라 ナラワラ라고 부르는 구역이 있다. 이색적인 자연경관과 아름다운 석양을 보고 싶어 하는 여행자라면 후회하지 않는 명소가 될 것이다.

142번 도로
道道142号

google 네무로 출발점 43.174539, 145.315522/구시로 출발점 42.957203, 144.457772 **Access** 베이스캠프 1에서 자동차로 약 1시간 10분 **Open** 24시간

구시로와 네무로 사이를 연결하는 142번 도로는 흔히 '북태평양 해안선'이란 이름의 드라이브 코스로 알려져 있다. 교통량이 비교적 적고 신호등도 거의 없어 편안한 마음으로 여유롭게 드라이브할 수 있다는 점이 142번 도로가 가진 최대 매력 포인트. 도로를 따라 끊임없이 이어지는 목초지와 해변이 만드는 조화로운 풍경은 수많은 영화와 드라마 로케이션 장소로 애용되었을 만큼 아름답다.

노삿푸곶
納沙布岬

google 43.385503, 145.816897
Access 네무로역에서 자동차로 약 30분, 베이스캠프 1에서 자동차로 약 2시간 **Open** 24시간 **Holiday** 연중무휴 **Tel** 0153-24-3104 **Web** www.nemuro-kankou.com

홋카이도 동쪽 끝에 있는 노삿푸곶은 일본에서 가장 일찍 일출을 감상할 수 있는 장소로 알려진 네무로 관광의 핵심 스폿이다. 새해가 되면 일본에서 가장 빨리 일출을 감상하기 위해 일본 각지에서 이곳 노삿푸곶으로 모인다. 운이 좋다면 노삿푸곶에서 수달이나 고래를 구경하는 기회를 잡을 수도 있다. 노삿푸곶을 향해 차를 운전하다 좌우를 살피면 방목된 말이 드넓은 초원을 한가로이 거니는 모습이나 총총 걸어가는 여우의 모습을 심심치 않게 볼 수 있어 지루하지 않다. 6월 기준 새벽 3시 30분이면 일출을 감상할 수 있다.

오신코신 폭포
オシンコシンの滝

google 44.038169, 144.935333
Access 베이스캠프 2에서 자동차로 약 15분, 베이스캠프 1에서 자동차로 약 1시간 45분 **Address** 北海道斜里郡斜里町ウトロ西 **Open** 24시간 **Holiday** 연중무휴 **Tel** 0152-22-2125(시레토코 관광 협회) **Web** www.shiretoko.asia **Parking** 가능

시레토코 팔경 중 하나이자 일본의 100대 폭포에도 선정된 곳이다. 폭 30m, 낙차 80m의 거대한 폭포가 시원한 소리를 내며 쏟아지는 박력 넘치는 모습이 여행자를 매료하는데, 돌계단을 오르면 좀 더 근접한 거리에서 물보라를 맞으며 폭포를 감상할 수 있다. 오신코신 폭포는 커다란 두 개의 물줄기로 나뉘어 흘러 후타미노타키 双美の滝라고도 불린다. 시레토코로 진입하는 도로 초입에 있어 쉽게 찾아갈 수 있고 주차장과 화장실, 간소한 기념품을 판매하는 상점 등 부대시설도 충실히 갖추고 있어 여행 중 부담 없이 쉬어가기 좋다.

오론코 바위
オロンコ岩

google 44.073712, 144.990665 Access 베이스캠프 2에서 자동차로 5분, 베이스캠프 1에서 자동차로 약 1시간 50분 Address 北海道斜里郡斜里町ウトロ東 Open 4월 말~12월 초 Holiday 영업 기간 동안 무휴 Tel 0152-22-2125 Web www.shiretoko.asia/oronkoiwa.html Parking 가능(여름철 주차 요금 있음)

사람이 아니라 자연이 만들고 자연이 선사하는 천연전망대. 오론코 바위는 시레토코 우토로 항구 인근에 있는 60m 높이의 거대한 바위인데, 계단을 걸어 정상에 오르면 오호츠크해와 시레토코산을 파노라마로 살펴볼 수 있는 경치 좋은 전망대로 탈바꿈한다. 특히, 오론코 바위 정상에서 바라보는 석양은 보는 것만으로도 힐링이 될 만큼 장관이다. 별도 입장료가 필요 없으므로 마음 편하게 가서 경치를 즐겨보자.

푸유니곶 전망대
プユニ岬展望台

google 44.089946, 145.019595
Access 베이스캠프 2에서 자동차로 10분, 베이스캠프 1에서 자동차로 약 2시간 Open 24시간 Holiday 연중무휴 Cost 무료 Web shiretoko.asia Parking 불가

우토로 항구와 시레토코 다섯 호수를 잇는 334번 국도에 위치한 전망대. 334번 국도의 오르막길을 오르면 보이는 푸유니곶 プユニ岬 표지판이 있는 곳이 바로 전망대다. 도로와 인접해 있고 관광버스가 심심치 않게 노상 주차를 하는 장소이므로 찾아가기 어렵지 않다. 전망대에 오르면 오호츠크해와 우토로 항구를 한눈에 담을 수 있을 뿐만 아니라, 겨울이면 북쪽에서 내려오는 유빙까지 관찰할 수 있어 인기가 높다. 겨울철 시레토코를 여행한다면 필수 여행지로 일정에 넣어두자.

시레토코 고개 주차장
知床峠パーキング

google 44.054225, 145.104730
Access 베이스캠프 2에서 자동차로 10분, 베이스캠프 1에서 자동차로 약 1시간 50분 Address 北海道斜里郡斜里町遠音別村岩尾別 Open 24시간 Holiday 연중무휴 Tel 0152-23-3131 Parking 무료

시레토코를 횡단하는 334번 국도 중간에 위치한 주차장이지만, 근방에서 손꼽히는 뷰포인트이기 때문에 일반적인 주차장과는 차원이 다른 곳이다. 해발 고도가 1,661m에 이르는 시레토코 화산의 주봉 라우스산 羅臼岳을 가장 선명하게 볼 수 있고, 밤이 되면 어두운 하늘을 아름답게 수놓는 별들을 감상할 수 있다. 그 광경이 얼마나 아름다운지 이제는 라우스산과 주변 풍경을 카메라 앵글에 담기 위해 수많은 사진작가가 일부러 찾아오는 사진 명소가 되었다.

도리안
どりあん

google 43.332170, 145.581991
Access 네무로역에서 자동차로 약 5분, 베이스캠프 1에서 자동차로 약 1시간 35분 **Address** 北海道根室市常磐町 2-9 **Open** 10:00~21:00 **Holiday** 화요일 **Tel** 0153-24-3403 **Web** www.nemuro-kankou.com/gourmet/t010 **Parking** 가능

1969년 처음 개업한 이래 2대에 걸쳐 50년 동안 홋카이도 사람이라면 남녀노소 모르는 사람이 없는 네무로의 소울푸드 에스카롯푸 エスカロップ를 판매하는 식당. 에스카롯푸는 죽순을 넣고 홋카이도산 버터를 사용해 만든 버터라이스 위에 얇게 저민 고기나 생선을 튀긴 커틀릿을 올려 데미그라스 소스와 함께 먹는 음식을 말한다. 본래 항구의 어부들이 즐겨 먹는 음식이었으나 이제는 네무로를 상징하는 향토음식이 되었다. 도리안의 간판 메뉴는 에스카롯푸(870엔)와 드라이 카레 느낌의 오리엔탈라이스 オリエンタルライス(980엔) 두 개다.

INTER VIEW

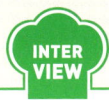

네무로에서 만난 사람들

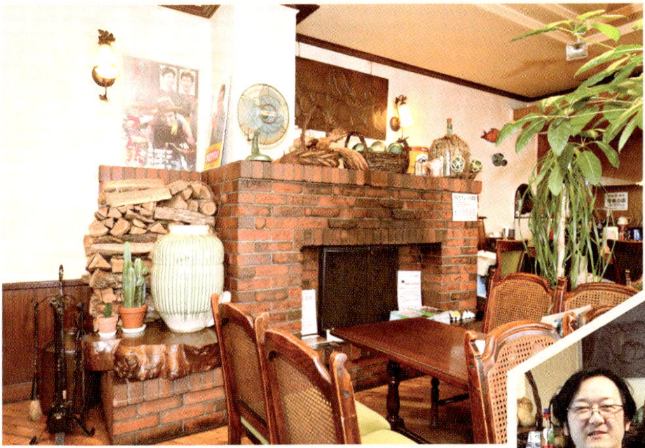

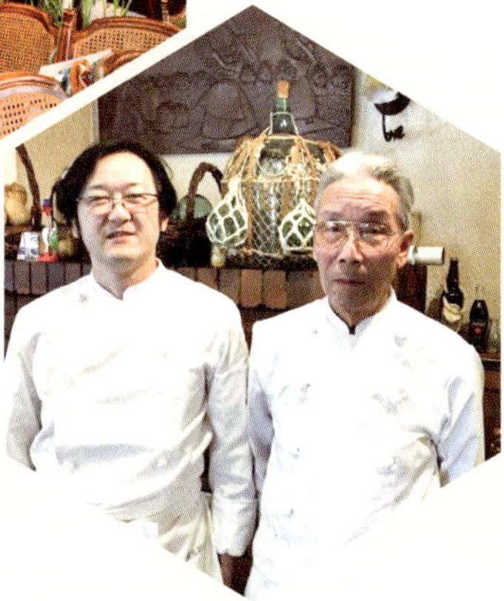

도리안 코타키 셰프

네무로의 소울 푸드 에스카롯푸를 파는 도리안의 셰프 코타키 씨는 주문한 음식을 내놓고는 옆 테이블에 앉아 자연스레 말을 붙인다. 무슨 말인가 하고 들어보니, 한국 밴드 '장기하와 얼굴들'에서 활동하는 일본인 멤버, 일명 '양평이형'과 자신이 꽤나 친한 친구라며 자랑을 하나씩 풀어내놓는다. 코타키 셰프 말에 따르면 양평이형은 본인이 좋아하는 밴드 '산울림'과 '신중현과 엽전들'의 LP를 구매하기 위해 한국에 갔던 것이 인연이 되어 한국에서 밴드 활동까지 이어졌다고 한다. 역시, 요즘은 뭐 하나에 제대로 빠져서 열과 성을 다하는 '덕후'가 되어야 성공할 수 있는 시대다.

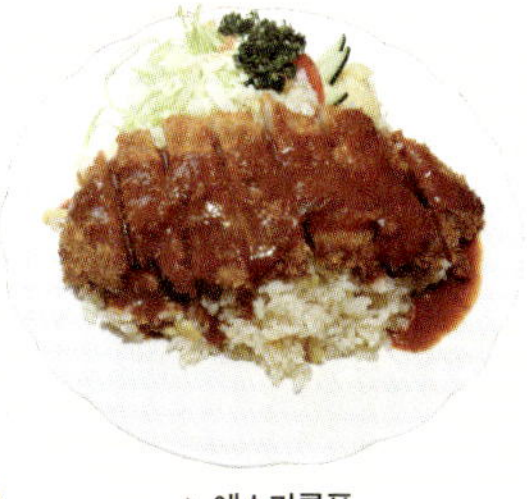

▲ 에스카롯푸

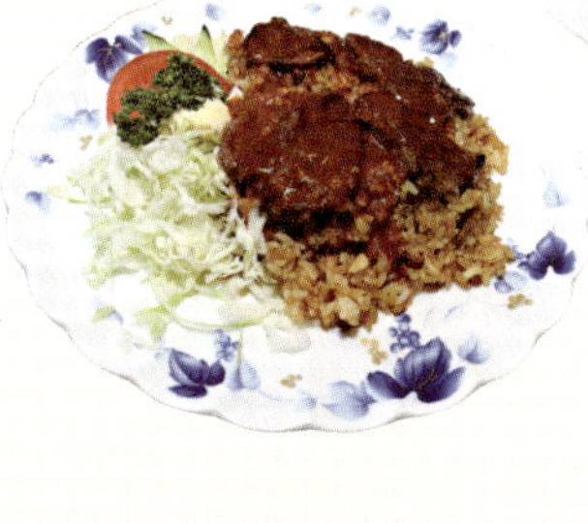

오리엔탈라이스 ▶

ROUTE
13

홋카이도에서 가장 독특한 체험을 할 수 있는 여행지. 겨울이면 오호츠크해를 타고 내려온 유빙을 구경할 수 있고, 홋카이도에서 유일하게 합법적으로 고래 고기를 맛볼 수도 있다. 그밖에 홋카이도 개척사를 돌아보게 만드는 아바시리 감옥 박물관과 홋카이도에서 가장 큰 호수 사로마호 サロマ湖 등 볼거리도 풍부하다.

아바시리 網走
ABASHIRI

DRIVING ROUTE

베이스캠프에서 맛집과 마트가 모여 있는 아바시리 시내까지는 자동차로 10분 거리다. 원할 때마다 편하게 이동할 수 있기 때문에 끼니때 식사 걱정을 할 필요가 없다. 또한, 주요 명소인 사쿠라 폭포, 왓카 원생 화원, 사로마호 전망대도 자동차로 1시간 내외면 갈 수 있어 입지 조건만큼은 다른 어떤 캠핑장보다 뛰어나다.

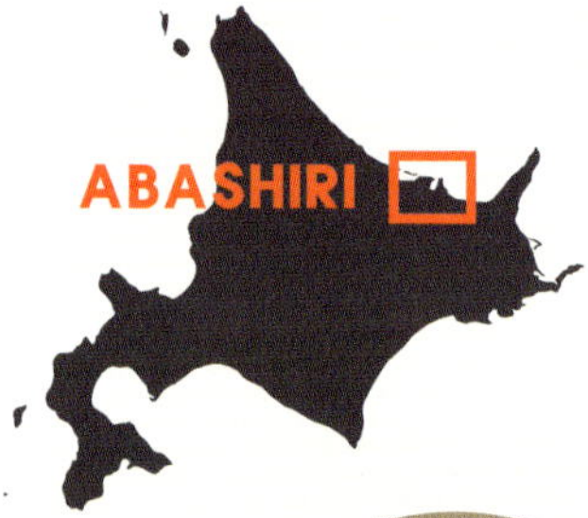

ABASHIRI

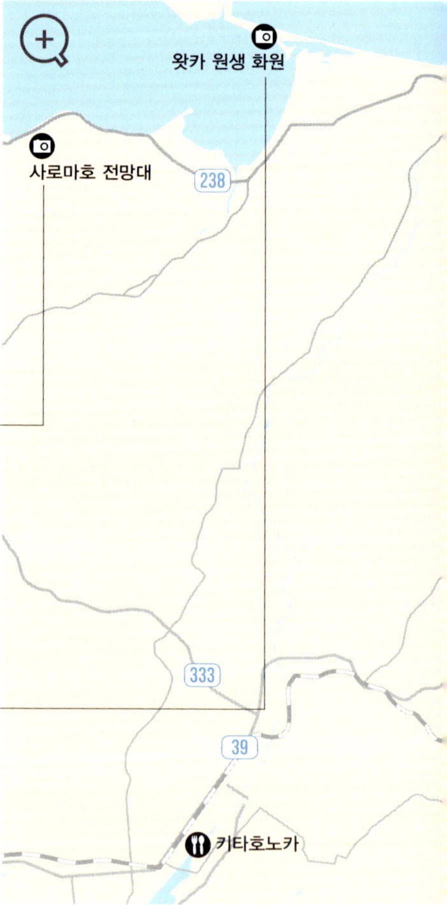

사로마호 전망대
사로마호 연안의 중앙에 있는 전망대로 사로마호 전체를 시원하게 내려다볼 수 있는 최적의 장소

왓카 원생 화원
지각 변동으로 만들어진 일본 최대 규모의 해변 식물 군락지이자 홋카이도의 대표적인 자연 유산

왓카 원생 화원

사로마호 전망대

238

333

39

🍴 카타호노카

도립 오호츠크 공원 텐트 랜드

道立オホーツク公園 てんとらんど

google 43.987974, 144.239389
Access 아바시리역에서 자동차로 약 10분 **Address** 北海道網走市字潮見 309番地1 **Open** 4월 28일~10월 14일(체크인 13:00, 체크아웃 11:00) **Tel** 0152-45-2277 **Web** tentland.or.jp

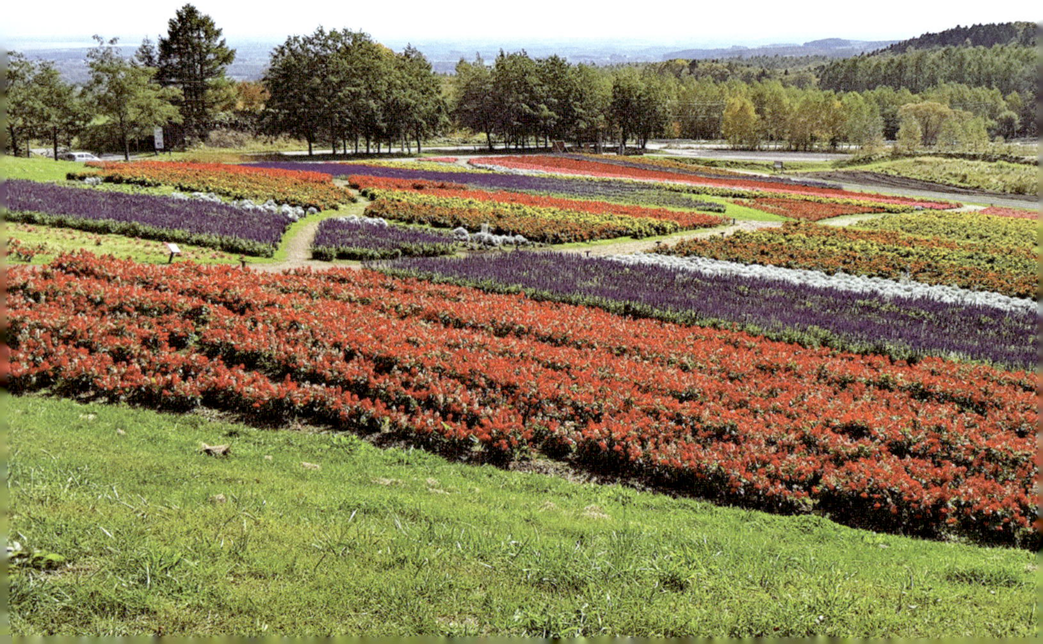

부대시설 및 대여용품

부대시설
- 매점(라면, 접시, 숯 등 판매. 단, 식료품 및 주류는 취급하지 않음)
- 샤워실(비누, 샴푸 없음)
- 세탁기(1회 60분 300엔)
- 건조기(1회 30분 100엔)
- 화장실
- 데굴데굴광장(무료)
- 파크 골프장(1일 250엔)

대여용품
- 캠핑용품(텐트, 랜턴 등)
- 침구류(매트, 담요 등)

위치, 시설, 주변 환경 뭐하나 빠지지 않는, 오호츠크 공원 내부에 자리한 홋카이도에서 손꼽히는 고품격 캠핑장. 여기에 오호츠크해역과 세계자연유산 시레토코반도가 눈앞에 펼쳐지는 아름다운 풍경은 덤으로 즐길 수 있다. 대형 리조트와 비교해도 손색이 없는 각종 용품과 시설을 갖추고 있고, 가족용 파크 골프장과 높이 15m의 대형 네트 놀이기구, 50m 길이의 미끄럼틀을 비롯해 각종 실내 놀이기구도 있어 자녀를 동반한 가족이라면 더할 나위 없다. 뿐만 아니라 캠핑장 입구에서 길만 건너면 후라노와 비에이의 화원과 견주어도 손색없는 무료 화원 하나 텐토 Hana Tento가 있어 산책을 하기에 안성맞춤이다. 또한, 차로 20분 거리에는 천연석을 사용해 만든 욕조와 음이온 원적외선 사우나를 갖춘 알칼리성 온천 산수이비하다노유 山水美肌の湯(hotel-sansui.com)도 있어 여행에 지친 몸을 말끔하게 씻어낼 수 있다.

도립 오호츠크 공원 텐트 랜드

프리텐트 사이트
- 요금 비수기 300엔, 성수기 500엔
- 시설 공동 취사장

프라이빗 사이트

- **요금** 비수기 1,300엔, 성수기 2,500엔
- **시설** 공동 취사장, 전원(15A), 수세식 화장실

로지 A

- **요금** 6인용, 비수기 11,900엔~, 성수기 19,000엔~
- **시설** 밥솥, 가스레인지, 냄비, 프라이팬, 식기 도구, 전자레인지, 냉장고 등

로지 B

- **요금** 4인용, 비수기 8,600엔~ 성수기 12,500엔~
- **시설** 밥솥, 가스레인지, 냄비, 프라이팬, 식기 도구, 전자레인지, 냉장고 등

장보기 편한 주변 마트

코프 삿포로 아바시리 숍
コープさっぽろ あばしり店

다양한 식품과 물품은 물론 약국과 빵집도 있다. 매주 화요일에는 할인 행사도 진행

google 44.002067, 144.285370 **Access** 베이스캠프에서 자동차로 약 15분 **Open** 09:00~21:45 **Tel** 0152-45-3500 **Web** http://www.sapporo.coop/shop/detail.html?no=107 **Parking** 가능

DCM 호마크 아바시리점
DCMホーマック 網走店

동일본 최대 규모를 자랑하는 쇼핑몰. 생활용품, 자동차용품 및 캠핑용품 등을 고루 갖췄다.

google 43.997879, 144.288242 **Access** 베이스캠프에서 자동차로 약 15분 **Address** 北海道網走市つくしヶ丘1丁目1番5号 **Open** 09:30~20:00 **Tel** 0152-45-1496 **Web** www.homac.co.jp/shop_detail/id=160

사쿠라 폭포
さくらの滝

google 43.731949, 144.523053
Access 베이스캠프에서 자동차로 약 1시간 **Address** 北海道斜里郡清里町町字川向 **Open** 24시간(6월 초~8월 초에 송어 관찰 가능) **Tel** 0152-25-4111 **Web** www.kiyosatokankou.com/sakuranotaki.html

오비히로에서 마슈호 올라가는 도로에서 샤리강 斜里川을 따라 계속 가다보면, 3.7m 높이의 폭포에 도착한다. 이곳은 폭포를 향해 점프하는 송어 떼로 유명한 사쿠라 폭포다. 6월 초부터 8월 초까지, 바다에서 생활하던 사쿠라 송어가 고향으로 돌아가 산란하기 위해 이곳으로 집결하는데, 그 수만 무려 3,000마리에 이른다. 본래 은빛으로 빛나던 송어 비늘은 산란기에 점차 분홍색으로 띠기 시작해, 여름철 이곳에 모인 송어 떼는 완연한 분홍빛을 띤다. 그 모습이 만개한 벚꽃을 연상하게 만들어 폭포 이름에 벚꽃을 뜻하는 일본어 '사쿠라'가 붙었다. 연어가 강을 거슬러 오르는 현상은 일본 곳곳에서 발견할 수 있지만, 수천 마리의 송어가 거칠게 쏟아지는 폭포를 거슬러 뛰어오르는 장면은 세계적으로도 드물다고 한다. 단, 이곳에서 송어 낚시는 할 수 없으므로 주의하자.

왓카 원생 화원
ワッカ原生花園

google 44.141274, 143.953935
Access 베이스캠프에서 자동차로 약 50분 **Address** 北海道北見市常呂町字栄浦242-1 **Open** 4월 말~10월 체육의 날, 4월~5월·9월~10월 08:00~17:00, 6월~8월 08:00~18:00 **Holiday** 운영기간 중 무휴 **Cost** 무료 **Tel** 0152-54-3434 **Web** tokorollc.sakura.ne.jp

아바시리 국립공원이자 홋카이도 자연유산으로 지정된 왓카 원생 화원은 지각 변동으로 만들어진 일본 최대 규모의 해변 식물 군락지다. 폭은 200m에서 700m 사이를 오가며, 길이는 20km에 육박하는 왓카 원생 화원은 오호츠크해와 사로마호 ザロマ湖 사이를 길게 가르며 위용을 자랑한다. 해당화를 비롯해 약 300여 종의 화초가 5월부터 10월까지 흐드러지게 피고 지는 화원이자 야생 조류의 번식지로 잘 알려져 있다. 특히, 10월엔 산호 잔디가 절정을 맞아 인근 해안을 붉게 물들여 많은 관광객을 불러 모은다. 화원을 도보로 산책하려면 적어도 하루 이상이 소요되므로, 1일 대여료 650엔을 지불하고 자전거를 대여하거나 관광 마차 '드림 왓카'를 이용하는 방법을 고려해보자.

TIP
관광 마차 '드림 왓카'
왓카 원생 화원 관광 마차는 4월 29일부터 10월 체육의 날까지 운영하며, 6월부터 8월까지는 오전 8시부터 오후 6시까지, 이외의 기간은 오전 8시부터 오후 5시까지 2.6km 구간을 40분간 왕복 운행한다. 요금은 통상 1,500엔이며 매주 수요일에는 운행하지 않으므로 참고하자.

사로마호 전망대
サロマ湖展望台

google 44.097409, 143.836368
Access 베이스캠프에서 자동차로 약 1시간 15분 **Address** 北海道常呂郡佐呂間町浪速 **Open** 24시간 **Holiday** 겨울철 이외 연중무휴(겨울 전망대 도로 폐쇄) **Tel** 0158-72-1200 **Web** town.saroma.hokkaido.jp

몬베츠 紋別와 아바시리 중간에 자리한 해발 376m의 전망대. 사로마호 연안의 중앙에 위치하고 있다. 전망대 주변에 있는 산들이 모두 해발 고도가 낮아, 시야를 방해하는 장애물 없이 사로마호 전체를 시원하게 내려다볼 수 있는 유일한 곳이자 최적의 장소다. 쾌청한 날에는 사로마호 넘어 오호츠크해와 시레토코반도까지 볼 수 있다.

국도 238호를 타고 가다가 사로마호 전망대 표지판을 보고 좌회전, 그리고 비포장도로인 산길 임도 林道를 5km 정도 올라가면 사로마호 전망대 주차장에 도착한다. 주차장에서 전망대까지는 도보로 대략 5분 정도 소요된다.

박물관 아바시리 감옥
博物館網走監獄

google 43.995916, 144.229309 **Access** 베이스캠프에서 자동차로 약 10분 **Address** 北海道網走市字呼人1-1 **Open** 5월~9월 08:30~18:00, 10월~4월 09:00~17:00 **Holiday** 연중무휴 **Cost** 일반 1080엔, 대학·고교생 750엔, 초·중교생 540엔 **Tel** 0152-45-2411 **Web** www.kangoku.jp

메이지시대부터 있었던 아바시리 감옥의 옛 건물들을 보존, 공개하고 있는 야외 역사박물관으로, 형무소 시설로는 일본에서 가장 오래된 곳이다. 아바시리 감옥은 메이지정부가 홋카이도 개척의 일환으로 동서 연결도로를 건설하면서 죄수들을 투입하기 위해 만들었는데, 엄청난 추위와 식량 부족으로 많은 사람들이 사망했다. 박물관은 그들을 기리기 위해 만들었다고 한다. 시설 관리를 깔끔하게 잘했고 당시 수감자들의 생활상을 그대로 재현한 밀랍 인형들의 퀄리티도 높아서 실감나게 구경할 수 있다. 재미있는 곳은 실제로 감옥에서 식당으로 사용하던 감옥식당 監獄食堂. 수감자가 먹는 식사 메뉴를 그대로 재현한 체험 감옥식을 제공하는데, 제법 먹을 만하다.

키하치
喜八

google 44.020462, 144.264610
Access 아바시리역에서 도보 약 10분, 베이스캠프에서 자동차로 약 10분
Address 北海道網走市南4条西3丁目
Open 17:00~23:00, 겨울 관광시즌 11:00~23:00 **Holiday** 부정기 휴무
Tel 0152-43-8108 **Web** theearth1990.co.jp **Parking** 불가

방어

임연수구이

모란새우

석화

삶은 게

고래고기

예부터 고래고기로 유명한 아바시리에서도 유독 현지인의 사랑을 독차지하는 고래고기 전문 식당이다. 연일 만석을 이룰 만큼 인기가 높아 보름 전에 미리 예약해야 무리 없이 방문할 수 있다. 그날 잡히는 어종에 따라 매일 메뉴가 바뀌는 시스템으로, 대표 메뉴인 쿠지라즈쿠시 くじらづくし(고래고기 모둠, 2,200엔)는 여러 부위의 고래고기를 함께 맛볼 수 있어 인기가 높다. 또한, 메인으로 손색이 없는 보탄에비 ボタンエビ(모란새우), 한국에서 보기 힘든 니신 ニシン(청어), 아바시리에서 많이 잡히는 부리 ブリ(방어)도 함께 먹으면 좋은 메뉴. 가게 중심부에는 화로 시설이 있어서 다양한 생선을 구워주는데, 홋케야키 ホッケ焼き(임연수구이)가 압권이다. 미슐랭에서 소개했을 만큼 맛이 훌륭하므로 잊지 말고 맛보길 권한다.

청어 ▶

TIP
홋카이도 생선이 맛있는 이유

홋카이도 이자카야의 메뉴를 보면 도쿄나 오사카처럼 생선의 종류가 많지 않다. 자연산 제철 생선이 풍부해서 굳이 다양한 양식 어종을 사용할 필요가 없는 것이다. 특히, 추운 지역일수록 생선 육질이 단단하고 감칠맛이 뛰어나기 때문에 양식 어종을 많이 쓰는 대도시에서 아무리 많은 종류의 생선을 내놓더라도 홋카이도산 제철 생선의 맛을 따라갈 수 없다.

스시 야마시타
鮨 やまし田

google 44.021268, 144.265716
Access 아바시리역에서 도보 약 15분, 베이스캠프에서 자동차로 약 15분
Address 北海道網走市南三条西2丁目5-1第3ツカサビル1F **Open** 18:00~
Holiday 일요일(월 1회 부정기 휴무)
Tel 0152-67-7398 **Web** sushi-yamashita.jp

동네 사랑방에 온 것 같은 따스함이 느껴지는 스시 전문점. 점주이자 셰프인 야마시타 山下 씨와 한 자만 다를 뿐 발음은 동일한 야마시타 やまし田는 카운터석 8자리가 전부로 내부가 넓진 않지만, 나무 원목으로 인테리어하여 따뜻한 분위기가 넘친다. 들어오는 손님마다 야마시타 씨와 반갑게 인사를 나누는데, 한 번 이곳에서 식사하면 단골이 되어 찾아온다고 야마시타 씨는 설명한다. 그의 살가운 인사와 접대하는 모습을 보면 충분히 납득이 가는 일이다. 모든 메뉴는 냉동식품을 일절 사용하지 않고, 필요할 때마다 제철 재료를 엄선하여 먹기 좋게 요리한 음식을 도기 접시에 정갈하게 올려 내놓는다. 스시 전문점이지만 사시미만 주문하는 것도 문제없고, 가격 역시 2,000~3,000엔 정도로 큰 차이가 없다. 10월이면 아바시리산 부리 ぶり(방어), 핫가쿠 八角(팔각어), 킨메다이 金眼鯛(금눈돔) 등이 주재료로 사용된다.

TIP

스시 전문점에서 사시미 주문하기

흔히 스시는 초밥용 밥 샤리와 밥 위에 얹는 생선 네타의 조화라고 말한다. 생선살만 떠서 만든 사시미와 스시는 엄연히 다른 요리다. 따라서 스시에서 밥을 빼달라는 말은 자칫 스시를 만드는 요리사에게 무리한 요구일 수 있다. 만약 탄수화물 섭취가 어렵다면 아래의 문장으로 사시미 주문이 가능한지 정중하게 문의해보자.

> 사시미로 주문해도 괜찮은지요?
> 刺身で注文しても大丈夫ですか?
> 사시미데 쭈몬시테모 다이죠부데스까?

◀ 오토시

이자카야 사와
居酒屋 さわ

google 44.021569, 144.267872 **Access** 아바시리 역에서 도보 약 13분, 베이스캠프에서 자동차로 약 15분 **Address** 北海道網走市南3条東1丁目 **Open** 월~토 11:30~14:00, 17:30~01:00 **Holiday** 일요일 **Tel** 0152-43-2645 **Parking** 불가

3대를 이어 운영하는 오래된 가게지만 젊은 세대의 취향까지 사로잡을 만큼 세련된 서양식 퓨전 카페 느낌의 이자카야. 활기찬 내부 분위기가 음식을 맛보기도 전에 기분을 유쾌하게 만든다. 안주 가격은 580~1,680엔으로 다양하며, 아바시리 연안에서 어획한 오호츠크해의 해산물로 만든 신선한 사시미나 튀김, 나베 요리도 주문할 수 있다. 야채튀김을 주문하면 일반 소금이 아닌 유즈시오 柚塩(유자소금)를 제공하는데 튀김의 기름진 맛을 말끔하게 잡아준다. 아귀로 만든 나베 요리는 1인분 주문도 가능한데 지금껏 어디서도 맛보지 못한 맛의 신세계가 열린다. 단, 아귀 나베는 가을에서 겨울의 계절 메뉴로 시기를 잘 맞춰 방문해야 주문할 수 있다. 이 외에 메뉴판에는 없지만, 야사이스티쿠 野菜スティッ(야채 스틱)를 주문하면 술안주로 딱 어울리는 신선한 야채 모둠을 맛볼 수 있다.

오토시

모둠회

◀ 야채 스틱

야채튀김과 유자소금

아귀 나베 ▶

FOOD

키타호노카
きたほのか

google 43.810992, 143.907332 **Access** 베이스캠프에서 자동차로 약 50분 **Address** 北海道北見市朝日町 37-2 **Open** 11:00~15:00(재료 소진 시 종료), 17:30~20:00(금요일·토요일만 디너 제공) **Holiday** 부정기 휴무 **Tel** 0157-24-5856 **Web** kitahonoka.com **Parking** 가능

아바시리 지역에서 가장 맛있는 사누키우동 전문점. 셰프 이마노 今野 씨가 100퍼센트 홋카이도에서 생산한 밀로 면을 만드는데, 비교적 굵은 면발이 매끄럽고 탱탱해 씹는 식감이 쫄깃하고 목 넘김이 좋은 것이 특징이다. 대표 메뉴는 야채와 새우 등을 먹기 좋게 잘라서 튀긴 후 우동과 함께 먹는 카키아게우동 かきあげうどん(830엔)과 흰살 생선으로 만든 오뎅과 계란이 들어가는 치쿠타마우동 ちく玉うどん(730엔) 두 개다. 또 시레토코 지역의 닭만 사용하는 닭튀김 우동 토리텐우동 とり天うどん(830엔)은 미슐랭에서 높게 평가했을 만큼 다부진 내공이 느껴진다. 주문 시 따뜻한 우동과 차가운 우동 가운데 선택할 수 있는데 현지인은 대체로 차가운 우동을 선호한다.

▲ 이마노 셰프

◀ 치쿠타마우동

▲ 토리텐우동

카키아게우동 ▶

ROUTE
14

왓카나이, 테시오, 나요로. 이름은 생소하지만, 독특하고 이국적인 풍경이 즐비한 홋카이도 북부 지역은 드라이브와 캠핑 여행을 즐기기에 더할 나위 없이 좋은 곳이다. 홋카이도 최고의 드라이브 코스 오로론라인과 에사누카 임도 모두 이곳 홋카이도 북부 지역에 자리한다.

왓카나이 稚内

WAKKANAI

DRIVING ROUTE

오로론라인을 시작으로 오톤루이 풍력발전소, 사로베츠 초원, 왓카나이의 소야구릉과 소야곶을 거쳐 에사누카 임도를 타고 내려오면, 드라이브 여행의 진수를 맛볼 수 있는 북부 지역 일주가 완성된다. 워낙 넓은 지역이라 하루에 둘러보기는 힘들고, 베이스캠프 1과 베이스캠프 2 두 곳을 이용하면서 여유 있게 드라이브를 즐기는 게 좋다.

WAKKANAI

소야곶
소야구
왓카나이
레분
리시리
사로베츠 초원
오톤루이 풍력발전소
중앙슈퍼 테시오점
호마크 니코트
테시오
BASE CAMP 2
레스토 하나미
오로론라인 북단

카가미누마 해변공원 캠핑장

해안도로 오로론라인에 접해 있는 캠핑장. 홋카이도 최북단 지역을 여행하기 위한 거점으로 적합하다.

레스토랑 하나미사키

오로론라인을 드라이브할 때 들르면 좋은 맛집. 문어와 복어, 게 등 다양한 해산물 요리가 있는데, 그중에서 가장 인기 있는 메뉴는 문어라멘이다.

오로론라인 북단

해안을 따라 이어지는 드라이브 코스. 도로 옆으로 거대한 풍차와 사로베츠 초원이 차례로 등장하는 등 홋카이도 최고의 절경을 즐길 수 있다.

01

슈마리나이 호반 캠핑장
朱鞠内湖畔キャンプ場

google 44.306476, 142.180772 **Access** 아사히카와역에서 자동차로 약 1시간 30분 **Address** 北海道雨竜郡幌加内町字朱鞠内湖畔 **Open** 5월 초~10월 말(체크인 15:00, 체크아웃 10:00) **Tel** 0165-38-2101 **Web** www.shumarinai.jp/accommodation/camping

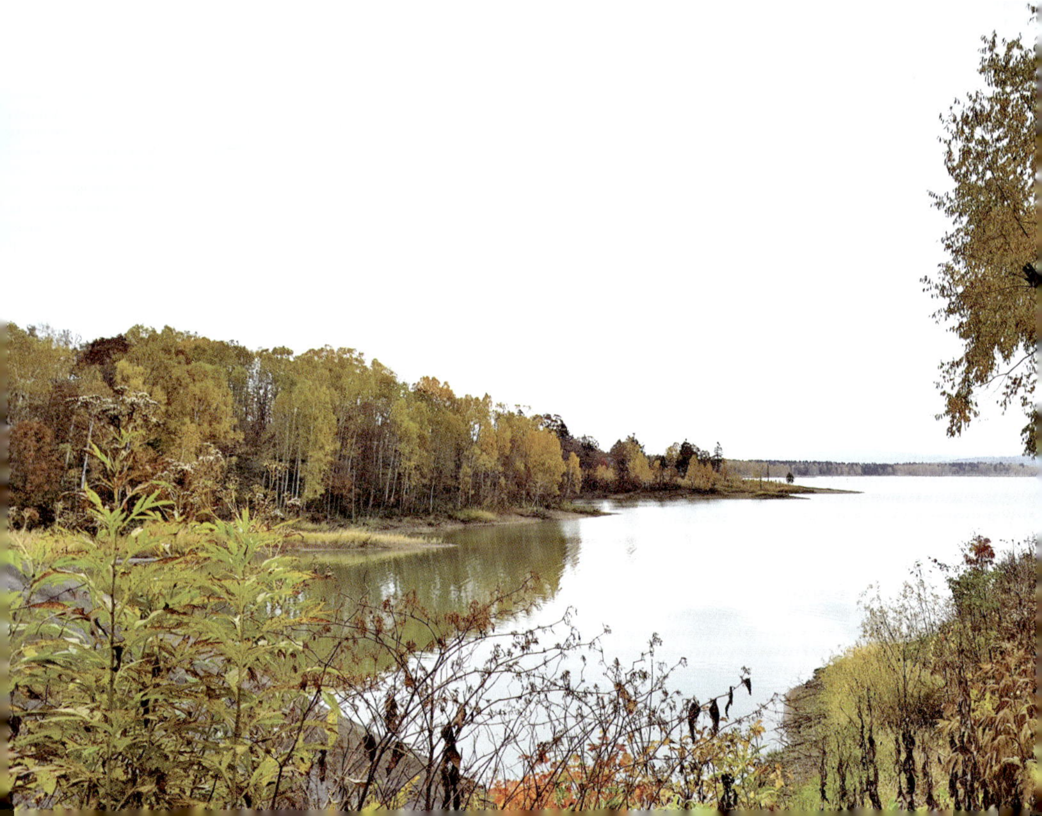

TIP

엄중한 일본의 법령

일본 하천에서 낚시를 하려면 반드시 유어권 遊漁券을 구매해야 한다. 유어권을 소지하지 않고 낚시를 하면 밀렵으로 간주하여 처벌하기 때문이다. 지역 어업협동조합이나 캠핑장 관리동, 낚시용품점 등 어업협동조합과 제휴한 곳에서 유어권을 구매할 수 있다. 또, 드론 촬영 역시 일본 항공법과 국토교통성, 홋카이도 도청, 지역 주민센터나 사유지 주인의 동의를 꼭 얻어야 한다.

부대시설 및 대여용품

부대시설
- 매점
- 낚시
- 온수 샤워실
- 수세식 화장실

대여용품
- 캠핑용품(텐트, 랜턴 등)
- 침구류(침낭 담요 등)
- 바비큐용품
- 스포츠용품(낚싯대 등)

홋카이도에 있는 여러 캠핑장 중 가장 자연 친화적인 곳을 꼽으라면 주저 없이 이곳 슈마리나이 호반 캠핑장을 선택할 것이다. 마치 호수 위에 떠 있는 숲처럼 고요하고 아름답다. 슈마리나이 호수는 홋카이도 최대의 인공호수로 카누를 타거나 주변에 텐트를 치고 낚시를 즐기기 좋다. 단, 주변에 마땅한 상점이 없으므로 필요한 물품은 사전에 구비해야 한다. 캠핑장에 입장하면 좌측과 우측으로 각각 나무 사이와 잔디 위에 텐트를 설치할 수 있는 캠핑 사이트가 있다. 가장 인기가 많은 캠핑 사이트는 호수를 바라볼 수 있는 호반 근처로, 곳곳에 엄청난 크기의 야생버섯이 자라 신비로운 느낌을 준다. 이곳의 캠핑 사이트는 5월에서 10월 말까지 개방되므로, 겨울에 방문한다면 6명이 묵을 수 있는 로그 캐빈을 이용하자. 호수에서 빙어낚시의 '손맛'도 느낄 수 있다. 캐빈에는 매트리스와 담요가 있지만, 침낭을 지참하는 편이 좋다.

GUIDE MAP
슈마리나이 호반 캠핑장

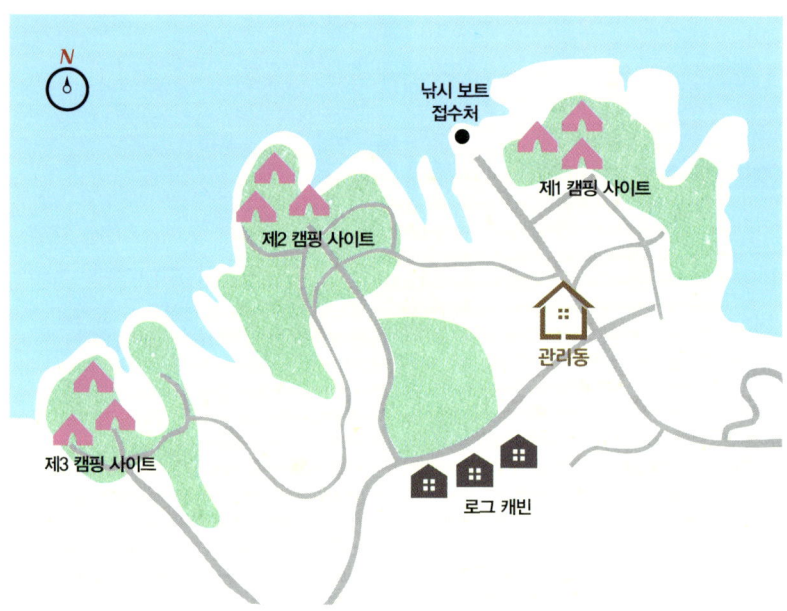

관리동

제1 캠핑 사이트

- **요금** 성인 600엔, 어린이 300엔, 전기 사용료 1박 200엔
- **시설** 공동 개수대, 화장실, 공동 전원

제2 캠핑 사이트

- **요금** 성인 600엔, 어린이 300엔, 전기 사용료 1박 200엔
- **시설** 공동 개수대, 화장실, 공동 전원

제3 캠핑 사이트

- **요금** 성인 600엔, 어린이 300엔, 전기 사용료 1박 200엔
- **시설** 공동 개수대, 화장실, 공동 전원

로그 캐빈

- **요금** 4~6인 1박 7,500~9,500엔
- **시설** 화장실, 스토브, 냉장고, 싱크대, 조리도구, 매트리스, 담요, 탁자 등

장보기 편한 주변 마트

이온몰 나요로점
イオン名寄店

슈마리나이 호반 캠핑장에서 가장 가까운 슈퍼마켓. 만약 아사히카와에서 캠핑장으로 이동한다면, 아사히카와 이온몰에 들러 식재료를 구매하는 것이 편하다.

google 44.338883, 142.451992 **Access** 베이스캠프 1에서 자동차로 약 50분 **Address** 北海道名寄市字徳田80-1 **Open** 08:00~21:00 **Holiday** 연중무휴 **Tel** 01654-9-5000 **Web** www.aeon-hokkaido.jp/nayoro **Parking** 무료

낚시 보트

- **요금** 아침 2,000엔, 오후 2,500엔
* 보트를 타고 낚시 포인트로 이동하는 서비스. 물고기가 가장 잘 잡히는 포인트를 선장이 제대로 안내해준다.

오타루와 왓카나이를 잇는 380km의 해안도로 오로론라인에 접해 있는 캠핑장. 홋카이도 최북단 지역에 해당하는 왓카나이 稚内, 소야 宗谷, 사루후츠 猿払 등을 관광하기 위한 거점으로 적합하다. 카가미누마 호수 옆에는 4인용 방갈로(1박 3,300엔) 8동이 있고, 언덕 위에는 6인용 방갈로(1박 3,800엔) 5동이 있다. 6인용 방갈로가 더 넓고 시설이 좋으므로 6인용 방갈로에 묵기를 추천한다. 두 방갈로의 요금 차이는 크지 않다. 캠핑장 인근은 재첩으로 유명한 고장이라 7월 상순이면 재첩 축제가 열리기도 한다. 이때에는 공원 내 온천 시설에서 재첩 라멘과 재첩 파스타를 먹을 수 있다. 캠핑장에서 10분 거리에는 테시오에서 가장 규모가 큰 중앙슈퍼 테시오점 中央スーパー 天塩店(01632-9-2525)이 있어 식재료를 편리하게 구입할 수 있다.

02

카가미누마 해변공원 캠핑장
鏡沼海浜公園キャンプ場

google 44.876491, 141.743919 **Access** 아사히카와역에서 자동차로 약 1시간 30분 **Address** 北海道天塩郡天塩町字更岸 **Open** 5월 1일~10월 하순(체크인 13:00, 체크아웃 22:00) **Tel** 0163-22-1830 **Web** www.teshiotown.hokkaido.jp/?page_id=4741

부대시설 및 대여용품

부대시설
☐ 세탁기(1회 1시간 100엔)
☐ 건조기(1회 30분 100엔)
☐ 장애인 화장실
☐ 온천

대여용품
☐ 캠핑용품(텐트 등)
☐ 침구류
　(침낭, 간이침대, 매트 등)

오로론라인 북단
オロロンライン北端

google 44.313838, 141.658761
Access 토마마에~왓카나이를 연결하는 해안도로 Open 연중무휴 Tel 0164-64-2339(토마마에유히가오카 캠핑장: 도로 시작점)

오로론라인은 오타루에서 왓카나이까지 380km 길이의 해안도로로 총 7시간 정도 소요되는 홋카이도의 대표적인 드라이브 코스다. 여기선 토마마에 苫前를 기준으로 토마마에 아래쪽은 오로론라인 남단, 토마마에 위쪽은 오로론라인 북단으로 나누어 소개한다. 해안을 따라 도로 옆으로 줄지어 있는 거대한 풍차, 독특한 식물이 자라나는 사로베츠 초원 サロベツ原野과 후지산을 닮은 리시리산 利尻山은 오로론라인 북단에서만 볼 수 있는 이색 풍경이다. 특히, 석양이 질 무렵이면 빼어난 장관을 이루어 여행자의 마음을 홀린다.

조릿대 묘표 전시관
笹の墓標展示館

google 44.295185, 142.171518 **Access** 베이스캠프 1에서 자동차로 약 5분 **Address** 北海道雨竜郡加内町朱鞠内 **Tel** 0165-38-2017

이곳의 존재가 세상에 알려진 건 인근에서 조선인 위패가 발견된 1976년의 일이다. 태평양 전쟁이 한창이던 1940년대, 수많은 조선인이 강제로 징용되어 일본에서 가장 춥다는 홋카이도 슈마리나이 朱鞠内 인근의 철도 공사와 댐 공사에 동원되었다. 살이 에이는 영하 30도의 추위 속에서 강제 노역으로 희생된 조선인들은 슈마리나이호 인근 조릿대 수풀 밑에 소리 소문도 없이 묻혔다. 1997년이 되어서야 본격적으로 유해 발굴을 시작했고, 2015년이 되어서야 비로소 115위의 조선인 유골이 한국으로 봉환되어 파주 용미리 서울시립 추모공원에 안치되었다. 홋카이도 강제 징용자에 관한 이야기는 같은 해 KBS에서 방영한 다큐 〈홋카이도 강제 징용자 70년 만의 귀향〉에서도 소개된 바 있다.

에사누카 임도
エサヌカ林道

google 45.232736, 142.267333 **Access** 베이스캠프 2에서 자동차로 약 2시간 30분 **Address** 北海道宗谷郡猿払村 **Open** 연중무휴 **Tel** 01635-2-3132 **Web** www.vill.sarufutsu.hokkaido.jp/hotnews/detail/00000360.html

에사누카 임도는 대표적인 홋카이도의 드라이브 코스로, 오로론라인과 함께 홋카이도 베스트 드라이브 코스의 쌍두마차다. '라이더의 천국'이라 불리는 홋카이도에서도 바이크 라이더들이 평생에 꼭 한 번은 달려보고 싶어 하는 도로로 유명하다. 이곳에서 인간의 손으로 만들어진 건 도로 하나뿐, 이 외에는 자연이 빚은 풍경으로 가득하다. 광활한 초원 사이 직선으로 쭉쭉 뻗은 도로를 달리다 보면 어느새 마음이 더없이 상쾌하다.

소야구릉
宗谷丘陵

google 45.494646, 141.916972
Access 베이스캠프 2에서 자동차로 약 1시간 50분 **Address** 北海道稚内市宗谷岬 **Open** 24시간 **Holiday** 연중무휴 **Tel** 0162-23-6161 **Web** welcome.wakkanai.hokkaido.jp/sightseeing/shizen_zekkei/souyakyuryo

무려 2만 년 전 빙하 시대에 형성된 소야곶 뒤편의 광활한 구릉지. 메이지시대에 커다란 산불로 일대 삼림의 태반이 소멸된 후 작은 관목과 수풀만 무성한 불모지가 되었다. 그런데, 불행 중 다행일까. 삼림지대가 가리고 있던 빙하 시대의 지형이 있는 그대로 드러나 어디서도 볼 수 없는 신비한 자연경관을 선사해 왓카나이의 대표적인 자연경관 명소로 탈바꿈한 것이다. 특히, 소야구릉 근처에 있는 하얀 조개껍질 도로, 시로이카이가라노미치 白い貝殻の道(구글 45.490919, 141.896365)는 가리비 껍데기를 푸른 초원 사이에 깔아 만든 인도로 한 번 걸어 보면 결코 잊을 수 없을 만큼 경치가 좋다.

일본 영토의 북쪽 끝으로, 북극성의 꼭짓점을 본떠 만든 일본 최북단 기념비가 있는 곳이다. 기념비 근처에는 동상이 하나 있는데, 주인공은 일본인 최초로 사할린섬을 측량하고 연해주 탐방기를 쓴 에도시대 탐험가 마미야 린죠 間宮林藏다. 최북단에 위치한 만큼 여행자들에게 핫한 스폿들도 많다. 호타테라멘으로 유명한 식당최북단 食堂最北端, 급유하면 영수증과 함께 일본 최북단 급유 증명서와 조개 열쇠고리를 제공하는 주유소 이데미츠 Idemitsu, 최북단 우체국 도장이 찍힌 엽서를 보낼 수 있는 소야곶 우체국이 대표적인 인기 명소.

소야곶
宗谷岬

google 45.522901, 141.936593
Access 베이스캠프 2에서 자동차로 약 1시간 30분 **Address** 北海道稚内市宗谷岬 **Open** 24시간 **Holiday** 연중무휴 **Tel** 0162-23-6161 **Web** www.welcome.wakkanai.hokkaido.jp/archives/listings/saihokutan

사로베츠 초원
サロベツ原野

google 45.104593, 141.685611
Access 베이스캠프 2에서 자동차로 약 40분 **Address** 北海道天塩郡豊富町稚咲内 **Open** 6월~7월 08:30~17:30, 11월~4월 10:00~16:00, 5월·8월·10월 09:00~17:00 **Holiday** 11월~4월 매주 월요일, 연말연시 **Cost** 무료 **Tel** 0162-82-3232 **Web** sarobetsu.or.jp/center

습원 면적만 6,700ha에 이르는 사로베츠 초원은 정부가 지정한 국립공원이자 일본의 3대 습원 중 하나로 유명한 곳이다. 별도의 입장료가 없어 부담 없이 방문할 수 있고, 목도가 설치되어 있어 도보로 산책하며 자연을 만끽하기 안성맞춤이다. 목도는 800m 구간과 1km 구간으로 나뉘며 각각 30분과 40분가량 소요된다. 사로베츠 초원의 넓은 습지대에서는 약 100여 종의 야생화, 오로론라인을 따라 펼쳐진 거대한 풍차 그리고 바다 넘어 리시리산 利尻山까지, 다른 곳에서는 보기 힘든 진기한 풍경을 만날 수 있다. 특히, 일몰이면 그 아름다움은 절정에 이른다.

오톤루이 풍력발전소
オトンルイ風力発電所

google 44.976607, 141.698473 **Access** 베이스캠프 2에서 자동차로 약 15분 **Address** 北海道天塩郡幌延町字浜里32番4 **Open** 연중무휴 **Cost** 무료

시원하게 뻥 뚫린 직선 도로 옆으로 높이 100m의 커다란 하얀색 풍차가 끝이 보이지 않을 정도로 길게 줄을 잇는다. '오톤루이'란 '바닷가에 있는 길'이라는 뜻으로, 오톤루이 풍력발전소는 이름처럼 바다와 접해 있는 오로론라인을 따라 3.1km에 걸쳐 28기의 풍차가 늘어서 있는 일대를 말한다. 이곳은 오로론라인 북단에서도 볼 수 있는 이국적이고 멋스러운 경관이므로, 홋카이도 북부 지역을 드라이브할 때 놓치지 말자.

레스토랑 하나미사키
レストラン花岬

google 44.563488, 141.776776 **Access** 베이스 캠프 2에서 자동차로 약 45분, 쇼산베츠온천 '미사키 노유岬の湯' 1층 **Address** 北海道苫前郡初山別村字 豊岬153番地 **Open** 11:00~14:00, 17:30~19:30 **Holiday** 연중무휴 **Tel** 0164-67-2031 **Web** misakinoyu.com **Parking** 가능

마땅히 맛집을 찾기 힘든 오로론라인에서 가뭄의 단비, 사막의 오아시스 같은 식당. 미사키다이 공원 みさき台公園 (0164-67-2211) 인근 쇼산베츠 初山別 온천 내부에 자리한 레스토랑 하나미사키는 오로론라인을 드라이브할 때 생기는 허기를 달래준다. 주변 지역이 어업으로 유명한 만큼 음식도 문어와 복어, 게 등 다양한 해산물을 이용하여 만드는데 그 중에서 가장 인기 있는 메뉴는 문어라멘 タコラーメン(920엔)이다. 식사 후에는 숨은 명소를 찾아가는 즐거움도 누릴 수 있다. 식당 오른쪽 등대 방향으로 걸어가다 절벽 위 캠핑장의 오두막 길을 따라 절벽 아래로 내려가면 콘피라 신사 金毘羅神社를 만나게 되는데, 걸어가는 동안 멋진 풍경을 만끽할 수 있다.

마츠야 과자점
松屋菓子店

google 45.125099, 142.363581
Access 베이스캠프 2에서 자동차로 약 2시간 15분, 에사누카 임도에서 자동차로 약 30분 **Address** 北海道枝幸郡浜頓別町大通2-3 **Open** 09:00~17:00 **Holiday** 1월 1일 **Tel** 01634-2-2002

에사누카 임도에서 가까운 하마톤베츠에 있는 과자점. 홋카이도에 오는 여행자들에게 인기 만점인 우유모나카 牛乳もなか (1개 150엔)로 유명한 곳이다. 모나카는 찹쌀가루로 만든 반죽을 얇게 밀어서 구운 후 팥소로 안을 채운 일본식 과자를 말한다. 일본에서는 후식 개념으로 차와 함께 달달한 모나카를 즐겨 먹는다. 이곳 마츠야 과자점의 모나카가 특별한 이유는 홋카이도 특산품인 우유를 사용해 만들기 때문. 다른 모나카보다 더 부드러운 식감과 달콤한 맛이 그야말로 일품이다. 매장에는 모나카 말고도 일본 전통 과자들이 즐비하게 늘어서 있어 입맛을 당긴다.

최강 수프 카레 붓다
最強スープカリーブッダ

google 44.347822, 142.459042 **Access** 베이스캠프 1에서 자동차로 약 50분 **Address** 北海道名寄市西3条南8丁目 **Open** 11:30~15:30, 17:30~20:00 **Holiday** 일요일 **Tel** 01654-3-9002

나요로에서 가볍게 식사하기 좋은 수프 카레 전문점. 가게 이름처럼 내부 곳곳을 장식한 불교 관련 소품에 이국적인 음악까지 더해져 인도에 온 듯한 느낌을 받는다. 수프 카레의 종류는 부타니쿠 豚肉(1,000엔), 토리니쿠 鷄肉(930엔), 야사이 野菜(930엔)에 낫토(930엔)까지 총 네 가지. 카레의 매운맛은 5단계로 나뉘어 있어 주문 시 기호에 맞게 요청할 수 있다. 매운맛을 선호하는 한국인 입맛에는 4단계나 5단계가 적당하다. 치즈 チーズ(60엔)를 넣을 수도 있는데, 짜지 않고 깔끔해서 카레와 잘 어울린다. 매운 수프 카레가 부담스럽다면 주문해보자.

◀ 돼지고기 카레

◀ 닭고기 카레

TIP
카레와 어울리는 밑반찬
한국에서는 어느 식당이나 김치를 밑반찬으로 내놓지만, 일본에서 밑반찬으로 김치를 제공하는 곳은 일부 번화가 라멘집을 제외하고는 극히 드물다. 만약 김치와 비슷한 밑반찬이 필요하다면 아사즈케 浅漬け를 주문해보자. 오이·무·배추 등 야채를 조미액에 단시간 담가 만드는 장아찌로 물을 조금 넣으면 백김치처럼 먹을 수도 있다. 최강 수프 카레 붓다에선 아사즈케를 250엔에 판매한다.

▼ 아사즈케

오콧페 아이스
Okoppe Ice

google 44.469587, 143.128670
Access 베이스캠프 1에서 자동차로 약 2시간, 오콧페 시내에 위치
Address 北海道紋別郡興部町字興部 518 **Open** 5월~10월 10:00~18:00, 11월~4월 10:00~17:00 **Holiday** 화요일·연말연시 **Tel** 0158-82-2961
Web ja-kitaokhotsk.jp/icecream

오콧페 興部에서 몬베츠 紋別로 내려가는 오호츠크라인 초입에 위치한 아이스크림 가게. 낙농 지역인 오콧페의 지역 주민이 생유 生乳의 부가가치를 높이기 위해 자발적으로 아이스크림 공장을 만들어 직판하는 곳이다. 홋카이도산 우유를 듬뿍 사용한 소프트 아이스크림(레귤러 260엔, 와플 270엔)은 일반 아이스크림보다 훨씬 깊고 진한 우유 맛이 난다. 아침에 짠 생유로 그날 판매할 아이스크림을 만들고, 기타 첨가물을 일절 사용하지 않아 생유 본연의 맛을 극대화한 것이 오콧페 아이스크림이 자랑하는 맛의 비결이다.

ROUTE 15

전 세계 스키어들의 마음을 설레게 하는 홋카이도의 대표적인 스키장이 밀집해 있는 곳. 겨울철이면 니세코, 굿찬, 루스츠는 특별 폭설 지역으로 지정될 만큼 눈이 많이 내린다. 그래서 인근 스키장에서는 인공설이 아니라 수분이 적고 부드러운 최상급 파우더 설질을 느낄 수 있어 전 세계 스키어들이 열광한다.

니세코 ニセコ
NISEKO

DRIVING ROUTE

겨울 여행의 꽃, 스키장 투어를 즐길 수 있는 최고의 지역. 각 스키장 모두 독특한 매력이 있고 이동 시간이 10~40분 정도로 길지 않기 때문에 최소 두 곳은 체험을 해보는 것이 좋다. 스키장을 한 군데만 간다면 리조트 내 호텔을 이용하는 것이 편하지만, 두 군데 이상 들러볼 예정이라면 산장 숙소 비앤비 구스 베리가 괜찮다.

NISEKO

지도 속 위치:
- 쿠라빵
- 스프라우트
- 니세코안누푸리야마
- 수타 소바 이치무라
- 니세코 그랜드 히라후 스키장
- 마이 에코토
- 카미무라 레스토랑
- 히라후역
- 니세코 안누푸리 스키장
- 로프트 쿠라부
- 키라노유
- 니세코역
- 니세코
- 스시 하나요시

카미무라 레스토랑
미슐랭 원스타를 받은 프렌치 레스토랑으로 니세코 스키장을 찾는 외국인 사이에서도 제대로 입소문이 난 식당

니세코 그랜드 히라후 스키장
시설, 규모, 품질 관리 등 모든 면에서 홋카이도 최고를 자랑하는 인기 스키장. 다양한 코스가 있어 스키 마니아들이 많이 모인다.

니세코 안누푸리 스키장
가족 단위의 방문객이 즐기기에 최적의 스키장. 규모가 아주 크지는 않지만, 사람이 비교적 적고 코스 폭은 넓어 편하게 스키를 탈 수 있다.

스시 하나요시
남다른 신선함을 자랑하는 스시 전문점으로, 인근에서 견줄 만한 곳을 찾기 어려울 만큼 맛있는 스시를 선보인다.

SKI RESORT

01

니세코 그랜드 히라후 스키장

Niseko Grand Hirafu

google 42.863358, 140.702102 **Access** 히라후역에서 자동차로 약 15분 **Address** 北海道虻田郡倶知安町字山田204 **Open** 11월 말~5월 초 09:00~16:00(상세 일정은 홈페이지 확인) **Holiday** 영업 기간 동안 무휴 **Cost** 성수기(12월 초~3월 말) 리프트권 1일 5,900엔, 8시간 5,400엔, 5시간 4,800엔, 비수기(11월 말~12월 초, 3월 말~4월 초) 리프트권 1일 4,100엔, 5시간 3,400엔 **Tel** 0136-22-0109 **Web** grand-hirafu.jp **Parking** 가능

니세코 연합 스키장 네 곳 중 인기가 가장 높은 스키장. 니세코 연합 스키장은 가족 단위 방문객이 많은 니세코 안누푸리, 슬로프의 폭이 좁고 급사면이 많아 상급자가 선호하는 니세코 빌리지, 그리고 니세코를 세계적인 스키 명소로 알리는 데 중요한 역할을 한 니세코 그랜드 히라후와 하나조노 네 곳을 말한다. 그중 니세코 그랜드 히라후는 시설 규모와 품질 관리 측면에서 세계적인 수준을 자랑한다. 또한, 리프트와 곤돌라도 16대나 운행하고 있는데, 산 정상까지 올라가는 리프트 마지막 구간에는 나무가 전혀 없어 아름다운 요테이산의 설경을 덤으로 즐길 수 있다. 정상에서 내려오는 코스는 누구도 지나가지 않은 눈을 처음 타는 백 컨트리 Back Country 스키를 즐길 수 있지만, 상급자 코스보다도 난이도가 높은 전문가 코스로, 스키 최상급자만 탈 수 있는 오프피스트 Off Piste 구간이다. 초보자가 이 코스를 타고 내려오기엔 어려움이 있으므로 주의가 필요하다.

> **TIP**
>
> ### 슬로프 정상의 인기 카페
>
> 정상 바로 아래에는 카페 '1000M HUT'가 있다. 휴식이 필요할 때 장작 난로에서 스키 장비를 말리면서 따듯한 코코아와 커피 한 잔을 마실 수 있는 단비 같은 공간이다. 특히 이곳에서 파는 단팥 호빵 앙만 あんまん(500엔)은 꼭 맛보자. 설산을 내려다보면서 맛보는 달콤한 호빵 맛이 일품이다.

SKI RESORT

02

니세코 안누푸리 스키장
Niseko Annupuri

google 42.847582, 140.647942 **Access** 니세코역에서 자동차로 약 15분 **Address** ニセコ町字ニセコ485 **Open** 11월 말~5월 초 08:30~16:30, 야간 영업 12월 초~3월 말 16:30~20:30(상세 일정은 홈페이지 확인) **Holiday** 영업 기간 동안 무휴 **Cost** 성수기(12월 초~3월 말) 리프트권 1일 5,000엔, 8시간 4,600엔, 비수기(11월 말~12월 초, 3월 말~5월 초) 리프트권 1일 4,200엔 **Tel** 0136-22-2080 **Web** annupuri.info **Parking** 무료

TIP
곤돌라가 멈췄을 때

종종 눈보라가 강하게 불어 곤돌라 운행이 중지되기도 한다. 이런 일이 발생할 경우 다시 날씨가 좋아져 곤돌라가 재운행하기를 기다리지 말고, 곤돌라 사무실에 연락하여 빠르게 문제 해결을 요청하자. 대개 곤돌라 사무실에서 스키 패트롤이 나와 안전한 곳까지 직접 안내한다.

 니세코 연합 스키장 중 가족 단위의 방문객이 즐기기에 최적의 스키장은 단연 니세코 안누푸리다. 니세코 그랜드 히라후 스키장보다 규모는 상대적으로 작지만, 스키어가 비교적 적고 코스 폭이 넓어 편하게 스키를 탈 수 있다. 또, 초급자·중급자·고급자가 함께 스키를 즐길 수 있는 공간이 있어 스키 수준이 다양한 사람이 함께 방문한다면 단연 니세코 안누푸리를 추천한다. 스키 코스는 총 13개가 있으며 초급코스·중급코스·고급코스의 비율이 균등하게 조성되어 있다. 니세코 연합 스키장 네 곳 모두 스키장 정상에서 요테이산의 멋진 설경을 즐길 수 있지만, 슬로프를 내려오면서 요테이산을 배경으로 사진을 찍기에는 니세코 안누푸리가 가장 좋다.

03

루스츠 리조트 스키장
Rusutsu Resort

google 42.736772, 140.910315 **Access** 니세코역에서 자동차로 약 30분 **Open** 11월 말~4월 초 9:00~15:45(상세 일정은 홈페이지 확인) **Holiday** 영업 기간 동안 무휴 **Cost** 리프트권 1일 5,900엔, 6시간 5,200엔, 4시간 4,600엔 **Tel** 0136-46-3331 **Web** rusutsu.co.jp **Parking** 평일 무료, 주말·공휴일 1,000엔

스키를 타는 것도 좋지만 경치를 감상하는 것도 스키장을 선택하는 핵심요소라고 생각한다면 이곳을 강추한다. 루스츠 리조트 스키장은 높이가 30~40m에 이르는 잣나무가 스키장 좌우에 울창하게 자리하고 있고, 그 사이로 활강을 즐기는 트리 런 Tree Run이 가능해 트리 런 스키의 천국으로도 불린다. 'West', 'East', 'Isola'라고 부르는 세 개의 산을 모두 활용해 만든 루스츠 리조트 스키장의 전체 활주 거리는 40km가 넘어 일본 최대 규모를 자랑한다. 'West'에서 'East'나 'Isola'로 넘어갈 때는 곤돌라를 이용하고, 하루 정도만 스키를 즐긴다면 'East'와 'Isola' 트랙을 위주로 즐기자. 스키 초보자가 탈 수 있는 슬로프도 넉넉해 스키가 익숙하지 않은 여행자에게는 이만한 스키장이 없다. 루스츠 리조트 건물 바로 뒤에는 어린이를 위한 눈썰매장을 운영하고 있으므로, 자녀와 함께 방문하기에도 좋다. 주차장은 리조트 호텔 외부의 주차장을 사용하고, 리프트 티켓은 호텔 1층 매표소에서 구매할 수 있다.

트리 런

어린이 눈썰매장

비앤비 구스 베리
B&B Goose Berry

google 42.7793 72, 140.787178 **Access** 니세코역에서 자동차로 약 15분 **Address** 北海道 虻田郡真狩村社201-6 **Open** 체크인 15:00, 체크아웃 10:00 **Cost** 2인실 1박 조식 포함 1인 6,000엔~ **Tel** 0136-45-2142 **Web** facebook.com/bbgooseberry

산장 숙소 비앤비 구스 베리는 홋카이도 스키여행을 대표하는 니세코 스키장과 루스츠 스키장의 중간에 위치하여 어느 스키장이라도 자동차로 20분이면 도착할 수 있다. 삿포로에서 아웃도어 장비를 판매하던 키타무라 北村 부부가 스키와 낚시가 좋아 2008년 이곳으로 자리를 옮겨 산장을 짓고 숙박업을 시작했다. 객실은 총 3개로 객실 정원은 7명이지만 추가로 10명까지 숙박할 수 있다. 산장 주인 키타무라 씨는 플라이낚시 전문가로 지역의 벌레를 활용해 직접 미끼를 만들고, 겨울철이면 플라이낚시 가이드도 진행한다. 산장에는 아톰과 민트라는 귀여운 강아지 두 마리가 있어 숙박하는 손님들의 사랑을 듬뿍 받는다. 숙박비는 현금으로만 결제 가능하며, 아침 식사로 빵, 우유와 커피, 샐러드와 소시지 등을 제공한다.

마이 에코로지
My ecolodge

google 42.863438, 140.723687 **Access** 니세코역에서 자동차로 약 15분 **Address** 北海道虻田郡倶知安町 Aza Yamada, 70-15 **Open** 체크인 15:00, 체크아웃 10:00 **Cost** 더블룸 1박 1인 10,000엔~ **Tel** 0136-55-5208 **Web** my-ecolodge.com

호스텔 스타일의 숙소를 선호한다면 이곳 마이 에코로지를 숙소로 추천한다. 니세코 연합 스키장을 이용할 때 머물기에도 적합하다. 2015년 신축 개장하여 내부 인테리어와 시설 모두 도심 지역의 비즈니스호텔 못지않게 시원하고 깔끔하다. 12월 1일부터 3월 31일까지 겨울 시즌에는 아침 식사가 무료로 제공된다는 것도 마이 에코로지의 커다란 장점. 단, 겨울 시즌에 제공되는 아침 식사는 식단이 바뀌지 않고 매일 동일하다. 매일 같은 식단을 견디기 힘들다면 주변에 있는 맥스밸류 굿찬점을 방문해 먹을거리를 구매하자.

호텔 로무루스
Romulus Hotel

google 42.754074, 140.911038 **Access** 니세코역에서 자동차로 약 30분 **Address** 北海道虻田郡留寿都村 泉川36 **Open** 체크인 15:00, 체크아웃 10:00 **Cost** 1박 1인 5,000엔~ **Tel** 0136-46-3881 **Web** stayrusutsu.com/ja/accommodation/hotel-romulus

루스츠 지역은 루스츠 리조트 호텔 이외에 숙박시설이 다양하지 않다. 산장 숙소가 좋다면 루스츠와 니세코 중간에 있는 비앤비 구스 베리를, 호스텔 숙소가 좋다면 루스츠 스키장에서 약 800m 떨어진 이곳을 추천한다. 스키장과 상당히 가까워 왕래하기 쉽고, 건물 내부를 리모델링하여 깔끔한 비즈니스호텔 분위기가 난다. 또, 호텔 주변에는 시야를 방해하는 큰 건물이 없어, 숙소 창문으로 아름다운 루스츠 슬로프 전경을 즐길 수 있다. 도보 10분 내외 거리에 괜찮은 선술집과 레스토랑도 많아 메뉴 걱정 없이 맛있는 음식을 먹을 수 있는 것도 매력적인 부분.

쿠라빵

くらぱん

google 42.901844, 140.748071
Access 굿찬역에서 도보 약 1분
Address 北海道虻田郡倶知安町北一条西2-8 **Open** 07:30~13:00, 품절 시 종료 **Holiday** 일요일 **Tel** 0136-22-5223 **Parking** 불가

굿찬역에서 도보로 1분이면 갈 수 있는 쿠라빵은 오전 7시 30분부터 저렴한 가격에 빵을 판매한다. 가게 문을 열고 들어가면 가게 주인 미츠에 みつえ 씨가 친할머니처럼 밝은 미소로 손님을 맞는다. 쿠라빵에서 판매하는 빵은 대부분 100엔으로 푸짐하게 구매해도 부담이 전혀 없다. 가장 놀라운 점은 저렴한 가격인데도 고급 베이커리 못지않은 맛과 품질을 보여준다는 것. 특히, 100엔에 판매하는 계란샐러드빵은 아침식사 대용으로 그만이다. 아침에 일찍 서둘러 움직여야 한다면 이곳에서 빵을 구매하고 옆에 위치한 카페 스프라우트에 방문하여 커피를 한 잔 주문해서 간편하게 아침식사를 해결하자.

▼ 계란샐러드 빵

FOOD

스프라우트
スプラウト

google 42.901782, 140.747010
Access 굿찬역에서 도보 약 1분
Address 北海道虻田郡倶知安町北1条西3-10 **Open** 08:00~20:00
Holiday 화요일 **Tel** 0136-55-5161
Web sprout-project.com **Parking** 무료

오전 8시면 가게 문을 여는 바지런한 카페. 모닝커피 한 잔 마시려는 가벼운 마음에 들어왔다가도 아웃도어 스타일로 꾸며진 카페에 앉아서 따뜻한 커피를 마시면 커피 맛에 반하고 분위기에 취해 자리에서 일어나기가 쉽지 않다. 카페 주인 토게 Toge 씨는 자연이 좋아 치바현에서 이곳 굿찬으로 이주한 아웃도어 마니아로, 카페 인테리어도 전부 아웃도어 관련 상품으로 꾸미고 아웃도어 상품도 판매한다. 커피의 종류는 다양한 편인데, 과테말라와 에티오피아 원두의 인기가 높다. 카페 안에서 직접 로스팅하고 커피의 바디감과 신맛의 정도를 기호에 따라 직접 주문할 수 있어 취향에 맞는 커피를 마실 수 있다. 하지만, 스프라이트 최고의 커피 메뉴는 카페라테. 신선한 홋카이도 우유를 넣어 부드럽고 고소한 맛이 일품이다. 외부 음식도 반입할 수 있으므로 가볍게 주전부리할 것을 가져와 커피와 함께 먹어도 좋다.

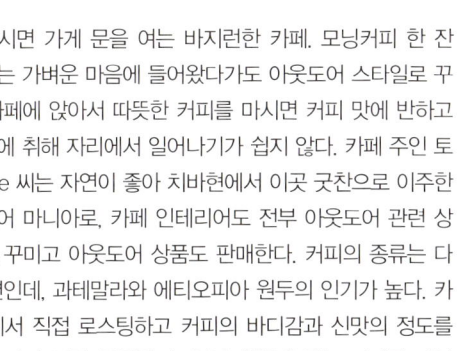

스시 하나요시

鮨 花吉

google 42.804449, 140.688007
Access 니세코역에서 자동차로 약 5분 **Address** 北海道虻田郡ニセコ町富士見65 **Open** 11:00~14:00, 17:00~21:00(점심은 하계 한정 판매 6월 1일~10월 31일) **Holiday** 월요일
Tel 0136-44-3444 **Parking** 가능

▲ 모둠회
◀ 연어구이
가리비버터구이와 김말이
참치야채샐러드
대게찜

인근에서 견줄만한 곳을 찾기 어려울 정도로 맛있는 스시 전문점. 요시오카 吉岡 셰프는 2006년 고향에서 스시 하나요시를 개점했다. '하나'는 꽃을 뜻하는 일본어로, 스시를 꽃에 비유해 우아하고 품격 있는 요리로 만들겠다는 요시오카 씨의 다짐이 담겨 있다. 무엇보다도 하나요시의 가장 큰 장점은 남다른 신선도를 자랑하는 생선에 있다. 요시오카 씨가 도쿄의 스시집에서 13년 동안 일하고, 치바에서 어류를 감정하고 유통하는 일을 해온 터라 신선하고 맛좋은 해산물을 감별하는 데 일가견이 있기 때문이다. 매일 홋카이도 주요 어시장에서 신선도를 확인하고 구매한 재료를 직접 숙성하여 신선한 회와 스시를 제공한다. 코스메뉴 가격은 10,000엔으로 저렴하지 않지만 아깝지 않은 만족감을 느낄 수 있다. 제철에 나는 생선으로 메뉴를 구성하는데, 3월에는 참치야채샐러드를 시작으로 빨간볼락, 도미, 소라, 청어, 참치, 모란새우, 성게알, 오징어, 청어알, 연어구이, 가리비버터구이와 김말이, 그리고 대게찜이 나온다.

카미무라 레스토랑
KAMIMURAレストラン

google 42.860049, 140.705921 **Access** 히라후역에서 자동차로 약 13분 **Address** 北海道虻田郡倶知安町山田190-4 四季ニセコ 1F **Open** 7월~10월 12:00~13:30, 18:00~20:30, 12월~4월 18:00~20:30 **Holiday** 일요일 **Tel** 0136-21-2288 **Web** kamimura-niseko.com **Parking** 가능

미슐랭 원스타를 받은 프렌치 레스토랑으로 니세코 스키장을 찾는 외국인 사이에서도 제대로 입소문이 난 식당이다. 예약하고 방문하지 않는 '노쇼 NoShow'를 방지하기 위해 반드시 홈페이지에서 사전 예약을 하고 카드 결제를 해야만 방문할 수 있다. 카미무라 레스토랑의 대표 메뉴는 프랑스 요리지만 제철에 나는 식재료로 만드는 독창적인 단품 음식도 일품이다. 특히, '연어구이 보리 리소토'는 연어구이에 보리 리소토를 얹고 그 위에 연어 알과 버섯을 조합한 요리로 재료의 궁합이 절묘하다. 알레르기가 있는 재료를 사전에 알리면 다른 음식을 대체하여 제공한다. 만약 만석으로 인터넷 예약이 불가능하다면 직접 전화를 걸어 문의해보자. 운이 따른다면 예비로 비워둔 공석을 예약할 수도 있다. 디너 코스메뉴는 1인당 15,000엔인데, 가격이 부담스럽다면 18시에 예약해서 20시에 식사를 마무리하는 얼리버드 메뉴를 이용하자. 1인당 8,000엔으로 비교적 합리적인 가격이다. 단, 얼리버드 메뉴는 인터넷 예약만 가능하다.

닭가슴살 구이

문어샐러드

연어구이 보리 리소토

초콜릿 셔벗

구피스 와룽
Goofy's Warung

google 42.752544, 140.904618
Access 니세코역에서 자동차로 약 30분, 호텔 로무루스에서 도보 8분
Address 留寿都村字泉川24 **Open** 17:00~24:00 **Holiday** 연중무휴 **Tel** 0136-55-5569 **Web** facebook.com/goofyswarung

천장에 달려 있는 서핑보드가 인상적인 인도네시아 해산물요리 전문점. 서핑마니아였던 가게 주인 호리코시 씨는 도쿄에서 음식점을 운영하다 서핑 여행으로 갔던 인도네시아 음식에 반해 현지에서 2년 동안 요리를 배운 뒤 이곳에 자리를 마련했다. 가게 이름 구피스 와룽은 인도네시아어로 '작은 식당'이란 뜻이다. 아보카도샐러드(780엔), 오징어구이 이카야키 いか焼き(880엔), 인도네시아풍 가리비볶음(880엔)과 인도네시아풍 춘권(880엔) 모두 만족스럽다. 그중 인도네시아풍 춘권은 주문을 받은 즉시 아보카도와 새우를 춘권피로 말아서 튀겨 만드는데, 이제껏 먹어본 적 없는 신선한 춘권 맛을 선보인다.

▲ 가리비볶음

▼ 춘권

▲ 아보카도샐러드

이카야키 ▶

수타 소바 이치무라
手打蕎麦いちむら

google 42.863511, 140.724367 **Access** 니세코역에서 자동차로 약 17분, 마이 에코로지에서 도보 1분 **Address** 北海道虻田郡倶知安町字山田68-4 **Open** 11:00~15:00 **Holiday** 연말연시 **Tel** 0136-23-0603 **Web** niseko-ichimura.jp **Parking** 가능

◀ 카레소바

타누키소바 ▶

세이로소바

니세코에서 수타 소바로 유일하게 미슐랭에 등재된 소바 맛집. 일본의 전통가옥 느낌을 살린 내부 인테리어는 고풍스럽고, 햇살을 가득 받을 수 있는 통유리로 된 창가는 몸을 녹이듯 따스하다. 이치무라 소바의 매력은 100% 메밀로 만든 면을 사용하지만, 텁텁한 맛을 최대한 줄이고 고소한 맛을 잘 살린 것. 그래서 현지인들은 메밀 본연의 맛을 느끼기 위해 대나무 채반 위에 면을 올려 시원하게 먹는 세이로소바 せいろそば(650엔)를 선호한다. 맛있는 튀김과 함께 이치무라의 수타 소바 맛을 제대로 느끼고 싶다면 텐푸라세이로소바 てんぷらせいろそば(1,450엔)를 추천한다. 쯔유에 찍어 먹는 세이로소바 스타일이 맞지 않는다면 튀김 부스러기와 미역을 얹은 타누키소바 たぬきそば(800엔)나 카레소바 カレーそば(850엔)를 주문하도록 하자.

로프트 쿠라부
Loft倶楽部

google 42.833523, 140.656805
Access 니세코역에서 자동차로 약 9분 **Address** 北海道虻田郡ニセコ町曽我397-5 **Open** 17:00~23:00
Holiday 부정기 휴무 **Tel** 0136-44-2883 **Web** loftclub1989.com
Parking 가능

니세코에 자리한 로프트 쿠라부는 1989년 개업한 징기스칸 전문점으로, 양고기의 풍미를 제대로 느낄 수 있는 미슐랭 맛집이다. 생후 6개월 이내의 어린 양을 사용해 양고기 특유의 누린내가 적어, 양고기를 처음 도전하는 사람도 거부감 없이 먹을 수 있는 것이 특징이다. 또한, 양고기 본연의 맛을 살리기 위해 별도의 양념을 첨가하지 않았으며, 숯불에 양고기를 구워 먹기 때문에 누린내가 잡힌 양고기의 풍미를 제대로 경험할 수 있다. 1인분은 300g에 1,900엔인데, 양고기의 양이 상당하다. 스키장에서 오후를 보내고 이곳에서 양고기와 시원한 맥주로 하루를 마무리해보자.

◀ 양고기 4인분

로데오 드라이브
Rodeo Drive

google 42.752569, 140.904926
Access 니세코역에서 자동차로 약 30분, 호텔 로무루스에서 도보 10분 **Address** 北海道虻田郡留寿都村字泉川24 **Open** 16:00~02:00 **Holiday** 연중무휴 **Tel** 0136-46-3115 **Web** facebook.com/Rodeo-Drive-159199394135542

겨울 시즌이면 항상 외국에서 방문한 손님으로 북적여 여기가 홋카이도인지 아니면 유럽인지 헷갈리게 만드는 핫한 루스츠의 바. 안주 메뉴 구성도 나쁘지 않다. 후추를 살짝 뿌린 카르보나라(1,200엔), 새우를 넣어 만든 카슈엘라(1,300엔), 그리고 로데오 드라이브에서 직접 만든 수제 소시지(980엔) 모두 정갈하게 나와 술 한 잔에 곁들이기 딱 좋다. 눈이 특히 많이 오는 3월에는 가게 외관은 보이지 않고 키만큼 높이 쌓인 눈 사이로 가게 입구만 보이므로, 찾아갈 때 잘 살펴야 한다.

▲ 위스키

▲ 카슈엘라

◀ 수제 소시지

카르보나라

나카마
なかま

google 42.901624, 140.750945
Access 굿찬역에서 자동차로 약 3분 Address 沖縄県国頭郡恩納村名嘉真2217-1 大道アパート1F Open 11:30~14:30, 17:30~23:30 토요일·일요일 24시간 Holiday 연중무휴 Tel 0136-22-0660 Parking 가능

미슐랭 맛집 '나카마'는 가족이 운영하는 라멘가게로, 가게 이름은 일본어로 친구 또는 동료를 뜻한다. 대표 메뉴는 시오라멘(750엔). 시오라멘이라 하면 보통 국물이 짜다고 생각하는데, 나카마의 시오라멘은 손수 만든 매실소금 우메시오 梅塩로 라멘 육수의 맛을 잡아 짜지 않고 담백하다. 게다가 국물에서 은은하게 매실향이 감돌아 맛을 더한다. 조금 더 깊은 풍미를 느끼고 싶다면 돌김 시오라멘 岩のり塩ラーメン(1,050엔)을 주문하자. 미소라멘 味噌ラーメン(750엔) 역시 짜지 않고 담백하다.

키라노유
綺羅乃湯

google 42.807979, 140.685291
Access 니세코역에서 도보 1분 Open 10:00~21:30 Holiday 두 번째·네 번째 수요일, 8월~10월 무휴 Cost 500엔 Tel 0136-44-1100 Web www16.plala.or.jp/kiranoyu

니세코역 바로 앞에 위치해 찾아가기 쉬운 온천. 접근성이 좋고 깨끗하게 관리하고 있어 현지인은 물론 스키를 타기 위해 홋카이도를 방문한 해외여행객도 많이 찾는다. 바위 노천탕과 화강암 노천탕으로 나뉘어 있는데, 남탕과 여탕을 매일 번갈아 교체해주므로 두 가지 형태를 모두 즐길 수 있다. 노천탕 옆에는 사우나 시설도 갖추고 있다.

니세코에서 만난 사람들

쿠라빵 미츠에 셰프

싸고 맛있는 빵을 파는 쿠라빵의 미츠에 할머니는 원래 할아버지와 빵과 술을 파는 사카야 酒屋를 운영했다고 한다. 그런데, 몇 년 전 할아버지가 돌아가신 후부터는 이곳에 정착해 빵을 굽고 있다. 힘들지 않느냐고 물어봤더니, 마을이 작아서 혼자하기 딱 좋다고 웃으며 말씀하신다. 그러고는 나에게 그림엽서 같은 종이를 쥐어주셨다. 얼결에 받은 종이 위에는 "努力をしつづけられる人が天才 −みつえ"라고 적혀 있었다. "노력을 계속 할 수 있는 사람이 천재 −미츠에." 묘한 감동이 밀려왔다.

카미무라 레스토랑 올리버 소믈리에

우리 테이블을 담당하던 소믈리에 올리버에게 영어로 주문을 하려고 하는데, 갑자기 "한국분 이세요?"라며 유창하게 한국말을 건넨다. 반가워서 얘기를 좀 나눠보니, 어머니가 한국 사람이고 겨울 동안만 이곳에서 일할 거라고 한다. 그렇게 만났던 올리버는 지금 어머니의 나라 한국에 있다. 서울 신사동에 있는 바에서 일하는 중이다. 여행의 즐거움 속에 만났던 인연을 서울에서 다시 만난 기분이란. 이 반가운 마음을 어떻게 설명할까.

구피스 와룽 호리코시 셰프

액세서리를 좋아하는 필자의 눈에 호리코시 셰프의 목걸이가 들어왔다. 펜던트가 꼭 보석 같아 보였는데 알고 보니 유리공예였다. 친구 중에 유리공예 작가가 있는데 그에게 선물로 받았다고 했다. 정교한 모양이 마음에 들어 토모마츠 Tomomatsu라는 친구의 이름을 받아두었다. 기회가 되면 꼭 그의 작업실을 찾아가보고 싶다. 모르는 사람을 통해 갖고 싶은 게 생기는 것도, 여행 중 만난 다른 사람들로부터 새로운 세상을 알게 되는 재미 아닐까.

찾아보기

베이스캠프 ⛺

21세기 숲 패밀리존 캠핑장	170
국설 시레토코 야영장	290
그린 스테이 도야코	130
니지베츠 오토캠핑장	286
닷코부 오토캠핑장	266
도립 오호츠크 공원 텐트 랜드	304
도미 인 아사히카와	175
도미 인 프리미엄 삿포로	075
마아부 오토캠핑장	174
마이 에코로지	347
비앤비 구스 베리	346
사츠나이카와 정원 캠핑장	226
슈마리나이 호반 캠핑장	320
시로이시 공원 오토캠핑장	148
아사리가와 온천 오토캠핑장	097
오비라초 망양대 캠핑장	212
오토리조트 토마코마이 아루텐	114
오토리조트 타키노	070
우타사이 오토캠핑장 루피크	134
조잔케이 자연마을	074
카가미누마 해변공원 캠핑장	324
키지히키 고원 캠핑장	152
한간다테 삼림공원 캠핑장	252
햐쿠닌하마 오토캠핑장	248
호텔 로무루스	347
히노데 공원 오토캠핑장	192

명소 📷

142번 도로	294
고료카쿠	161
구시로 습원 호소오카 전망대	272
노삿푸곶	295
노스 사파리 삿포로	077
노츠케반도	293
누사마이바시	273
다이세츠산 아사히다케 로프웨이	177
다테시대촌	120
더 윈저 호텔 전망대	136
마슈호	270
박물관 아바시리 감옥	311
사로마호 전망대	310
사로베츠 초원	330
사쿠라 폭포	308
소야곶	329
소야구릉	329
스즈란구릉 공원	076
시라히게노타키	198
시레토코 고개 주차장	297
시레토코 다섯 호수	292
시카사이노오카	200
아사히야마 동물원	176
아오이이케	196
야키토리 히데짱	122
에리모곶	254

에사누카 임도	328
에산	154
오로론라인 남단	216
오로론라인 북단	326
오론코 바위	296
오신코신 폭포	295
오유누마	121
오타루 운하와 석조창고	100
오톤루이 풍력발전소	331
왓카 원생 화원	309
자작나무 가로수길	231
조릿대 묘표 전시관	327
지옥계곡	119
지큐곶	118
카네모리 붉은 벽돌 창고	155
카무이곶	101
카톨릭 모토마치 교회	157
칸노 팜	197
쿠이도코로 니이나나	123
타치마치곶	160
팜 토미타	201
푸유니곶 전망대	297
하코다테 모토마치	156
하코다테 아침시장	159
하코다테 전망대	158
하코다테 하리스토스 정교회	157
호시노리조트 운해 테라스	230
황금도로 망양대	256
히노데 공원	199

맛집 🍴

구피스 와룡	352
나카마	356
니시즈카	103
도리안	298
도쿠샤쿠산시로	179
돈카츠 미야비	233
디아만 퓨르	219
라마이	164
라멘 키이치로	259
라쿠텐	102
러키 피에로	163
레스토랑 하나미사키	332
레이크 힐 팜	139
로데오 드라이브	355
로바타 마치야	184
로바타 시라카바	278
로바타 우오센	236
로프트 쿠라부	354
마루키	217
마스야팡 무기오토	240
마츠야 과자점	333
만사쿠	204
모츠노이사다치	086
베이커리 히로	184
브랑제리 라팡	257
세이류	276
셋카테이	083
수타 소바 이치무라	353
슈보우신센	084
슘미소사쿠 하시오네	105
스미비야키토리 료	178
스시 야마시타	313
스시 하나요시	350
스시킨	086
스키야키 산코샤	182
스프라우트	349
아마야	258
아지햐쿠센	079
오뎅 잇페이	082
오모이야리 팜	241
오콧페 아이스	335
오타루 삼각시장	104
와산조 카타오카	183
이자카야 사와	314
잇폰테이	140
잇핀 본점	238
지유켄	181
징기스칸 다이코쿠야	180
징기스칸 시라카바 오비히로 본점	237
최강 수프 카레 붓다	334
치쿠로엔	279
카미무라 레스토랑	351
쿠리빵	348
쿠시 바 오하나	239
쿠시아게타로	183
크랜베리 패스트리 숍	241
키라이토	080
키신	274
키쿠젠	138
키타호노카	315
키하치	312
타베고토야 고자루	081
테우치소바노 타구토	078
테우치우동 테라야	087
텐푸라젠	085
톤타	235
팡야 야마나카	202
프티 플래지르	232
핏제리아 다 맛시모	218
하마 짬뽕 오샤만베산파치점	141
하코다테테이	162
하쿠긴소	205
핫슨	234
핫치 베이커리	277
회전스시 마츠리야 신바시점	275
히츠지노오카	203

스키장 & 온천 🎿♨

기록의 온천	260
니세코 그랜드 히라후 스키장	340
니세코 안누푸리 스키장	342
루스츠 리조트 스키장	344
산코 온천	280
삿포로 테이네	090
아사리가와 온천 스키장	108
오유누마카와 천연 족욕탕	125
유노미노유	124
유모토 타쿠보쿠테이	165
카무이 스키 링크스	187
쿠로마츠나이 온천 부나노모리	143
키라노유	356
키로로 리조트 스키장	107
호텔 반소	165
후라노 스키장	206
후타마타 라듐온천	142

비경, 미식 그리고 캠핑
홋카이도 드라이브 여행

초판 1쇄 2018년 11월 7일

지은이 불곰

발행인 양원석
본부장 김순미
편집장 고현진
책임편집 고현진, 김영훈
디자인 RHK 디자인팀 이경민
지도 글터
해외저작권 황지현
제작 문태일
영업마케팅 최창규, 김용환, 정주호, 양정길, 이은혜, 신우섭, 유가형
　　　　　　조아라, 김유정, 김양석, 임도진, 우정아, 정문희

펴낸 곳 (주)알에이치코리아
주소 서울시 금천구 가산디지털2로 53 한라시그마밸리 20층
편집 문의 02-6443-8891 **구입 문의** 02-6443-8838
홈페이지 http://rhk.co.kr
등록 2004년 1월 15일 제2-3726호

ⓒ 불곰 2018

ISBN 978-89-255-6462-3(13980)

※이 책은 (주)알에이치코리아가 저작권자와의 계약에 따라 발행한 것이므로
　본사의 서면 동의 없이는 책의 내용을 어떠한 형태나 수단으로도 이용하지 못합니다.
※잘못된 책은 구입하신 서점에서 바꾸어 드립니다.
※이 책의 정가는 뒤표지에 있습니다.

COUPON NUMBER

64355-1935-99886